KB117015

경희 고대사 · 고고학 연구총서 2

한국 청동기시대 공간과 경관

한반도 중서부 지역을 중심으로

김선우

고대사·고고학 연구총서 2

한국 청동기시대 공간과 경관

지은이 | 김선우
펴낸이 | 최병식
펴낸날 | 2016년 10월 31일
펴낸곳 | 주류성출판사 www.juluesung.co.kr
서울특별시 서초구 강남대로 435 주류성빌딩 15층
TEL | 02-3481-1024(대표전화)·FAX | 02-3482-0656
e-mail | juluesung@daum.net

값 20,000원

잘못된 책은 교환해 드립니다.

ISBN 978-89-6246-289-0 94910
ISBN 978-89-6246-283-8 94910(세트)

이 책은 정부(교육부)의 재원으로 한국연구재단의 지원을 받아 수행된 연구임(과제번호 NRF-2014S1A5B8062948).

경희 고대사 · 고고학 연구총서 2

한국 청동기시대 공간과 경관

김선우

감사의 글

이 책은 필자의 박사학위논문 『Life and Death in the Korean Bronze Age (c. 1500-400 BC): An Analysis of Settlements and Monuments in the mid-Korean Peninsula』(PhD thesis, Inst, of Archaeology, University of Oxford)의 본문 내용을 번역한 것으로(부록의 분석 자료 부분은 지면 관계상 다음을 기약하고자 합니다), 많은 분들의 도움이 없었다면 결코 완성될 수도, 출간될 수도 없었을 것입니다. 이에 도와주신 모든 분들께 지면을 빌려 진심으로 감사의 인사를 올립니다(소속과 직책은 자료요청을 한 2009~2016년을 전후한 시기임을 밝혀둡니다).

우선 여러모로 부족한 필자를 고고학에 입문할 수 있도록 제자로 받아주시고 격려해 주신 최몽룡 교수님께 진심으로 감사의 인사를 올리며, 논문을 지도하여 주신 옥스포드대학교 고고학과의 크리스 고스든 교수님(Prof. Chris Gosden)과 릭 슐팅 교수님(Dr. Rick Schulting), GIS를 지도해준 존 파운셋 님(Mr. John Pouncett)과 게리 록 교수님(Prof. Gary Lock), 논문 심사를 맡으셨던 닉 바튼 교수님(Prof. Nick

Barton), 에미 보가드 교수님(Prof. Amy Bogaard), 그리고 사이먼 카너 교수님(Dr. Simon Kaner), 박사과정을 잘 마칠 수 있도록 도와주신 크리스토퍼 람지 교수님(Prof. Christopher Ramsey), 자넷 들레인 교수님(Dr. Janet DeLaine)과 행정 담당 리디아 로자노 님(Ms. Lidia Lozano)께도 진심으로 감사드립니다. 또한 옥스포드대학교 고고학과의 일러스트레이터인 앨리슨 윌킨스 님(Mrs. Alison Wilkins)을 비롯하여 일일이 모두 언급할 수는 없지만, 옥스포드대학교 고고학과와 고고학연구소[Research Laboratory for Archaeology and the History of Art(RALHA)]에 근무하시는 많은 교수님들과 연구원들, 행정 직원 분들과 박사과정 동기 및 선·후배님들께도 감사 인사를 전합니다.

또한, 흔쾌히 자료 이용을 허락해 주시고 행정적인 도움을 주신 전 이화여자대학교의 최숙경 교수님, 이배용 교수님(전 한국학중앙연구원 원장), 신형식 교수님(현 이화여대 사학과 명예교수)과 이화여자대학교의 김영미 교수님, 동북아지석묘연구소의 이영문 교수님과 신경숙 선생님, 세종대학교의 하문식 교수님, 국립한국교통대학교의 백종오 교수님, 서울대학교 기초과학공동기기원의 김종찬 교수님, 서울대학교 의과대학 신동훈 교수님과 이숭덕 교수님, 국립농업과학원의 김이현 선생님, 국토해양부 산하 국토지리정보원의 김경수 원장님, 홍승렬 선생님, 김정택 선생님, 곽영서 선생님, 이화여자대학교 박물관의 김보희 관장님, 김인호 선생님, 최정희 선생님, 황이숙 선생님, 서울대학교 박물관의 양시은 선생님(현 충북대 고고미술사학과 교수), 경기도박물관의 이헌재 선생님, 충북대학교 박물관의 우종윤 선생님·이소영 선생님·오욱진 선생님, 예맥문화연구원의 정연우 선생님, 심재연 선생님(현 한림대 한림고고학연구소 연구교수), 강원문화재연구소의 최종모 박사님과 김권중 박사님(현 중부고고학연구소 소장), 인천시립박물관의 배성수 선생님, UCL의 팀 윌리암스(Mr. Tim Williams) 교수님, SOAS의 로드릭 위트휠드 교수님(Prof. Roderick Whitfield)과 박영숙 교수님, 이밖에 언급하지 못한 도움을 주신 많은 분들께 지면을 빌려 다시 한 번 진심으로 감사의 인사를 올립니다. 많은 분들의 도움에도 불구하고, 본 연구에 남겨진 미흡한 부분은 전적으로 필자의 학문적 소양이 부족했기 때문임을 밝혀두고자 합니다.

한편, 사진 자료 게재를 허가해 주신 국립중앙박물관 관장님과 정지은 학예사님 외 직원 여러분, 건국대학교 박물관 관장님과 김이브 학예사님 외 직원 여러분, 고려대학교 박물관 관장님과 서명일 선생님 외 직원 여러분, 서울대학교 박물관 관장님과 이정은 선생님 외 직원 여러분, 숭실대학교 한국기독교박물관 관장님과 박경신 선생님 외 직원 여러분, 동북아지석묘연구소 이영문 소장님과 김훈희 선생님, 경기문화재연구원 원장님과 김영화 선생님, 고려문화재연구원 원장님과 김안나 선생님 외 직원 여러분, 구준모 선생님(현 중부고고학연구소), 최창조 교수님과 서해문집 대표님, 그리고 임경훈 과장님 외 직원 여러분, 이우평 선생님과 신원문화사 대표님, 김승현 선생님 외 직원 여러분 그리고 최몽룡 교수님께도 다시 한 번 진심으로 감사드립니다.

한편 한국어 번역본을 허락해 주신 아키오프레스(Archaeopress)의 제럴드 에드워드 브리쉬 이사님(Mr. Gerald Edward Brisch), 데이비드 데이비슨 박사님(Dr. David Davison), 그리고 라즈카 마크야닉 박사님(Dr. Rajka Makjanic)께 감사드리며, 연구 총서로 출간될 수 있도록 허락해 주신 경희대학교 한국고대사·고고학연구소의 조인성 교수님, 강인욱 교수님 이하 이경섭 연구교수님, 이정빈 연구교수님(현 동북아역사재단), 행정을 맡아주신 한진성 선생님, 편소리 선생님과 여러 연구원분들과 학생분들, 그리고 출판을 흔쾌히 허락해 주신 주류성출판사 최병식 대표님과 이준 이사님 외 직원분들께도 진심으로 감사의 인사를 올립니다.

마지막으로, 어려운 상황에서도 끝까지 저를 믿고 지원해 주신 가족들과 친구들에게도 깊이 감사 드리며, 특히 격려와 함께 제 영문 원고를 읽고 수정해 준 루시 헤이네스 양(Miss Lucy Haines)과 윌리엄 부트 선생님(Mr. William M. Boot), 격려를 아끼지 않은 김진양 선생님, 리지 도노반 선생님(Ms. Lizzie Donovan), 도로시아 마틴 박사(Dr. Dorothea Martin), 제4장 번역에 도움을 주신 정진욱 선생님 그리고 물심양면으로 도와주신 조국제 사무국장님과 원극연 이사님, 원고의 교정을 맡아주신 국립한국교통대학교 강진주 선생님과 교정을 맡아준 친구 김호현에게도 깊은 감사의 마음을 전합니다.

2016년 10월

김선우 拜上

차례

제 1 장

서 론

한국 청동기시대에 관한 가장 중요한 논의 중의 하나는 거석 기념물인 고인돌에 대한 해석과 당시 사회를 재현해내려는 시도이다. 부르스 트리거(Trigger, 1990: 20)가 지적했듯이 기념비적 건축물은 세계의 모든 복합사회(complex societies)들이 공유했던 특성들 중의 하나이다. 한반도와 유럽에 존재하는 거석 기념물들 간에는 제작 시기와 그 형식에 차이가 존재하지만, 유럽에서 거석 기념물들을 해석해내기 위해 활용된 고고학 이론과 방법론들이 한반도의 거석 기념물들에 대한 이해를 돕는 데에도 유용한 도구가 될 수 있을 것으로 생각된다. 특히 유적과 그를 둘러싼 경관을 함께 고려하는 '경관 고고학(Landscape archaeology)'은 청동기시대 사회에 대한 이해를 증진시킬 수 있는 유용한 접근법으로 보인다. 그러므로 본고에서는 경관 고고학의 배경이 되는 이론과 방법론들에 대해 검토하고 이를 한국 거석 기념물 중의 하나인 고인돌 연구에 적용해 보고자 한다.

거석 기념물들은 그것을 축조한 사람들과 기념물들이 세워진 경관이라는 공간에 의해 영향을 받았을 것이다. 서유럽에 존재하는 거석 기념물들에 대해서는 다양한 이론적 접근과 해석이 존재한다. 예컨대 문화사 고고학자들(Culture-historical archaeologists) 중의 한 사람이었던 고든 차일드는 거석문화의 확산을 그것을 축조한 사람들의 이주와 관련지어 설명하였다(Childe, 1957). 이후 등장한 신고고학자들(과정주의 고고학자, processual approaches)은 고고학적 기념물들의 사회적 기능과 의미에 대해 더 많은 관심을 가졌다. 그 중 콜린 렌프루(Renfrew, 1976)는 거석 기념물들을 특정 영역의 경계를 표시하기 위한 지표(territorial markers)로 해석하였으며, 로버트 채프만(Chapman, 1981)은 거석 기념물의 위치가 당시 축조한 사회의 핵심 자원과 관련이 있다고 보았다. 가브리엘 쿠니(Cooney, 1983)는 아일랜드에서 실시했던 일련의 발굴에 기초하여 이전의 취락 점유 지역이나 취락지 인근에 거석 기념물들이 축조되었던 것으로 보았는데, 이를 근거로 하여 리트림(Leitrim) 주는 비옥한 토지 위에 거석 무덤들이 조성된 것으로 추정하였다.

한편, 문화적 객관성이나 생태학적 접근(Trigger, 1990: 119; Hodder and Hutson, 2003: 4)보다 문화적 주체성이나 역사적 맥락을 중시하는 후기과정주의 방법론(post-processual perspective)을 주창한 이안 호더(Hodder, 1984)는 서유럽의 장형분(長形墳, long-barrows)이 기원전 5천년 내지 4천년 전의 주거 양식을 변형한 것으로 추정하였다. 그는 거석 기념물들을 영역의 표시로 보거나 또는 핵심 자원과의 관계의 중요성을 주장한 과정주의 고고학자들의 해석을 인정하면서도 자원에 대한 지배와 경쟁은 각 사회마다 차이가 있었음을 지적하였다. 예를 들어, 대서양에 접한 유럽의 장례 및 의례 관행은 씨족의 참여와 공동체의 노력을 통하여 생산 자원 및 재생산 자원에 대한 지배권과 연관되었을 것으로 추정하였다. 또한, 리처드 브래들리(Bradley)는 경관 고고학의 방법론을 활용하여 크랜본 체이스(Cranborne Chase)에서의 신석기시대로부터 청동기시대로의 장기적 변화 양상을 이해하기 위한 연구를 시도하였다(Barrett et al., 1991a; 1991b). 티모시 다르빌(Darvill, 2004) 또한 코츠월드(Cotswolds) 및 인근 지역의 장형분(長形墳, long-barrows)을 장기적인 역사적 관점에서 연구하였는데, 영국에서 발견되는 장방형 무덤군은 문화적 경계를 나타내기보다는 지리적인 특성이 반영된 집단 양상을 드러내는 것으로 보았다. 크리스토퍼 틸리(Tilley, 1994)는 현상학적 접근법을 적용하여 상이한 3곳의 경관을 연구하였다. 그 결과, 첫째, 남서 웨일즈(Wales)의 거석 기념물들은 노출된 바위 등 토지의 경계 표지 가까이에 축조되었던 것으로 추정하였고, 둘째, 블랙 마운틴(Black mountains) 지역의 석실분(chambered cairn)들의 장축 방향은 어스크(Usk) 및 와이(Wye) 계곡으로 가는 길을 향하고 있었던 것으로 보이며, 셋째, 크랜본 체이스(Cranborne Chase)의 장형분은 초기 무덤의 위치를 향하고 있었던 것으로 추정하였다. 틸리의 이러한 현상학적 방법론은 경관 고고학에 대한 새로운 방향을 제시했다는 데 의의가 있다. 그러나 앤드류 플레밍(Fleming)은 틸리의 방법론에 대해(1999a; 2005; 2006) 연구 대상이 되는 표본 수의 부족, 주관적인 관점으로 인한 평가의 어려움, 사회적 맥락이나 천체와 같은 대안적인 기준의 간과 등을 한계로 지적하였다.

연구 목적 플레밍이 지적한 바와 같이, 경관 고고학이라는 접근법은 일부 보완되어야 할 측면이 있다. 그러나 경관 고고학은 여러 가지 고고학적 방법론 중 하나로 인정받고 있으며 그 유효성 또한 간과할 수 없다. 크리스 고스든(Gosden)과 게리 록(Lock)은 그들의 논문(1998: 5)에서 '경관의 특징은 경관이 단지 물리적 사물만을 나타내는 것이 아니라, (그 안에서 생활했던 인간들의) 사회적 관계를 표출하고 있다'고 지적하면서 경관 고고학이 선사시대의 장기적인 변화 과정을 탐구하기에 유용한 도구로 볼 수 있다고 주장하였다. 또한 고스든(1994: 79)은 경관 혹은 장소(place)에 대한 연구는 그 지역 특유의 환경을 깊이 고려해야 한다고 하였으며, 틸리(1994: 10–11)도 어떠한 장소가 가지고 있는 고유한 주위 환경은 그 장소의 의미를 이해하는 데 매우 중요한 역할을 한다고 지적하였다. 이와 더불어 앨라스데어 휘틀(Whittle, 2003: 48–49)과 릭 슐팅(Schulting, 2004: 22)은 거석 기념물들이 당시 관련된 사람들에게 큰 의미를 지닌 것이 분명하지만, 그 자체에 너무 집착하기보다는 그들의 일상 생활에 대해서도 함께 관심을 기울여야 한다고 하였다.

이와 같은 견해들을 바탕으로 이 글에서는 한반도 중서부 지역의 청동기시대인들이 어떻게 삶의 공간과 죽음의 공간을 설정하였으며, 어떠한 요소들이 그들의 의사 결정 과정에 영향을 미쳤는지에 대하여 고찰해 보고자 한다. 또한, 연구 지역 범위 내에서의 장기적 변화 과정을 추적할 수 있는지에 대한 가능성과 과거 행위의 결과들에 내재된 환경적·문화적 요인들 간의 상호작용을 어떻게 이해하고 해석해 낼 수 있을 것인지에 대해 탐구해 보고자 한다. 더불어 선사시대 사람들이 인식했던 자연경관에 대한 전체론적 이해(holistic understanding), 물리적 경관과 그 고유한 환경에 적응해가는 과정들이 한국 청동기시대 사회의 문화적 정체성을 형성해 나가는 데 얼마나 중요한 역할을 하였는가에 대해서도 고찰할 것이다.

다시 말해, 이 글의 주된 목적은 한반도의 청동기시대 사람들이 자신들의 삶과 죽음의 공간을 결정할 때 고려된 환경적 요인들과 문화적 요인들을 밝히는 것이다. 그리고 당시 농경의 발달로 인한 생업 경제(subsistence economy)의 변화 또한 주거구역과 장례 구역을 결정하는 데 큰 영향을 끼쳤을 것인데, 이러한 과정을 추적함으로써 환경적 요인과 문화적 요인의 상호작용에 대해서도 알아보고자 한다.

결론적으로 한반도 청동기시대의 사회적 변화 양상의 일면은 주거 유적들과 고인돌 유적들 간의 관계에 대한 장기적 변화를 살펴봄으로써 유추가 가능할 것으로 판단되는데, 한반도 청동기시대인들은 그들의 경관과 환경에 대한 적응 및 그들과의 상호작용 과정을 통해서 그들의 공동체 의식과 문화적 정체성을 형성시켜 나갔을 것이다.

문제 인식 한국에서 고인돌에 대한 연구는 이미 백여 년 전부터 진행되었으며, 6백여 편 이상의 연구 논문이 발표되었다(제2장 연구 성과 참조). 이러한 연구 성과에서 입증하듯이 고인돌은 한국의 청동기시대를 이해하는 데 가장 중요한 대상인 것을 알 수 있다. 그런데 기존에 간행된 연구 성과들을 검토해 보면, 고인돌 유적과 관련된 주거 유적들과의 관계에 대한 연구가 거의 제외되어 있음을 확인할 수 있다. 이는 과거에 고고학적 발굴들이 소규모 형태로 이루어져 고인돌들이 위치한 주위 경관들에 대한 연구까지 폭넓게 이루어지지 못한 것에서 기인한다. 그러나 1990년대 이후 문화재보호법 개정으로 보다 넓은 범위의 발굴이 가능해지고 연구 성과들의 축적으로 인해 거시적인 관점에서 주거 유적들과 거석 기념물(고인돌)들 간의 관계를 살필 수 있게 됨으로써 청동기시대 사회의 재구성과 이와 관련된 다양한 해석들을 시도해 볼 수 있게 되었다. 따라서 이 책에서는 이러한 선행 연구 성과들을 바탕으로 한반도 중서부 지역에 위치한 주거 유적들과 고인돌 유적들의 정보를 지리정보시스템(GIS: Geographical Information Systems)을 활용하여 분석함으로써 한반도 중서부 지역 청동기시대 사회를 유추해 보고자 한다.

연구의 진행에 앞서 경관에 남겨진 주거 유적들과 매장 유적들의 분석을 통하여 청동기시대인들의 의사결정 과정과 그와 관련된 사회 변화 양상을 고찰하기 위하여 몇 가지 문제를 인식하고 이에 대한 질문을 제기하고자 한다.

먼저, 어떠한 환경적 요인들이 청동기시대인들이 주거 유적과 거석 기념물들의 경관 조성에 영향을 주었는가? 예를 들면, 주거지와 고인돌들이 논농사와 밭농사에 적합한 토양에 얼마나 가깝게 위치하였는가? 시간이 경과함에 따라 이들의 위치는 어떻게 변화되었는가? 주거 유적 혹은 고인돌 유적들의 위치와 수자원(물)과의 관계에는 어떠한 특징이 확인되는가? 유적들이 위치하는 경사 방향(Aspect), 경사도와 고도들은 주거 유적과 고인돌 유적들의 위치 결정에 주요 변수로 작용하였는가? 등이다.

둘째, 어떠한 문화적 요인들이 청동기시대인들이 주거 유적과 거석 기념물들의 경관 조성에 영향을 주었는가? 예를 들어, 어떠한 지세 즉, 산등성이(ridge), 경사면(inclined plane), 산봉우리(peak) 중 어떠한 요소가 이들 유적들의 위치 선정에 선호 대상이 되었는가? 각 유적들로부터의 시야의 범위(시계)는 어떠하였는가? 선사인들의 이동의 용이성은 이들 장소의 위치 선정에 어떠한 영향을 미쳤는가? 주거지와 고인돌들을 배치할 때 장축 방향은 어떠한 방위 또는 방향을 선호하였는가? 등이다.

마지막으로 청동기시대인들은 자신들의 경관을 어떻게 인식하고 그것을 구조화시켰는가이다. 청동기시대 전·중·후기의 기간 동안 유적의 위치 변화 과정, 각 시기의 주된 특징, 각 시기의 특성으로 수집된 자료들로부터 당시 세계관의 유추 가능성 등이다.

이렇게 인식된 문제들을 청동기시대의 경관 분석을 바탕으로 해결해감에 따라 해당 연구 지역의 신석기시대 말기부터 철기시대 전기까지 선호된 경관의 변화 양상을 파악하려 한다. 또한 이번 연구에서 새롭게 발견된 사항들과 제시된 결과들을 통해 한국 청동기시대의 연구를 보완하고 한국사의 맥락에서 청동기시대의 중요성에 대해 다시 한 번 생각해 보고자 한다.

연구 방법 위에 제기된 연구 과제들을 수행하기 위하여 공간 분석에는 지리정보시스템(GIS)을, 시간(편년) 분석에는 베이지안 모델링(Bayesian modelling)을 활용하였다. 그간 지리정보시스템(GIS)을 이용하여 공간적 변화 단계를 통시적(通時的) 관점에서 시각화하려는 노력이 있어왔지만 시간 요소를 적절히 나타내는 데는 미흡하였기에(Lock and Daly, 1999) 이를 보완하려는 시도이다.

이러한 방법론들을 통하여, 제2장에서는 연구 주제와 관련된 배경지식과 연구사를 검토하고, 제3장에서는 연구 대상 지역의 소개와 시간(편년)에 관한 분석을 다룰 것이다. 즉, 연구 대상 지역의 주거 유적에서 확인된 방사성탄소연대들을 베이지안 모델링(Bayesian modelling)을 이용하여 유적의 시기 구분을 시도하고 이에 대해 논의할 것이다. 제4장에서는 연구 대상 지역에 분포된 유적들의 공간 분석을 위해서, 우선 지리정보시스템(GIS) 방법론을 간략히 살펴본 다음, 각 유적의 입지에 영향을 미친 자연환경적 요인들을 분석할 것이다. 제5장에서는 각 유적에 영향을 미친 문화적 요인들에 대하여 살펴보고, 제6장에서는 이 논문의 쟁점들에 관해 살펴본 후 제7장에서는 결론을 제시하고자 한다.

제 2 장

한반도의 자연 경관과 선사고고학 연구 성과

1. 한반도의 자연환경

위치 한반도는 중국 대륙과 일본 열도 사이에 위치한다. 한반도는 북쪽으로 만주 및 시베리아와 경계를 이루고 동쪽으로는 동해, 남쪽으로는 좁은 대한 해협 그리고 서쪽으로는 황해와 경계를 이룬다(Oh, 1958: 35). 한반도는 길이가 1,000㎞이며 폭은 대략 300㎞로 한반도와 부속 섬들은 위도 33°06′40″N~43°00′39″N, 경도 124°11′00″E~131°52′42″E 사이에 위치해 있는데, 위도는 그리스와 유사하며 크기는 미국의 캘리포니아 주와 비슷하다(The Korean Overseas Information Service, 2003: 8)(이후, KOIS로 표기)(그림 2.1).

면적 남한과 북한을 합한 한반도의 총 면적은 222,154㎢이며, 남미의 가이아나(Guyana; 215,000㎢)와 영국(United Kingdom; 244,100㎢)의 면적에 상응한다. 남한의 영토는 휴전선(Demilitarized Zone; DMZ)을 제외하고 99,313㎢이고 남한만의 크

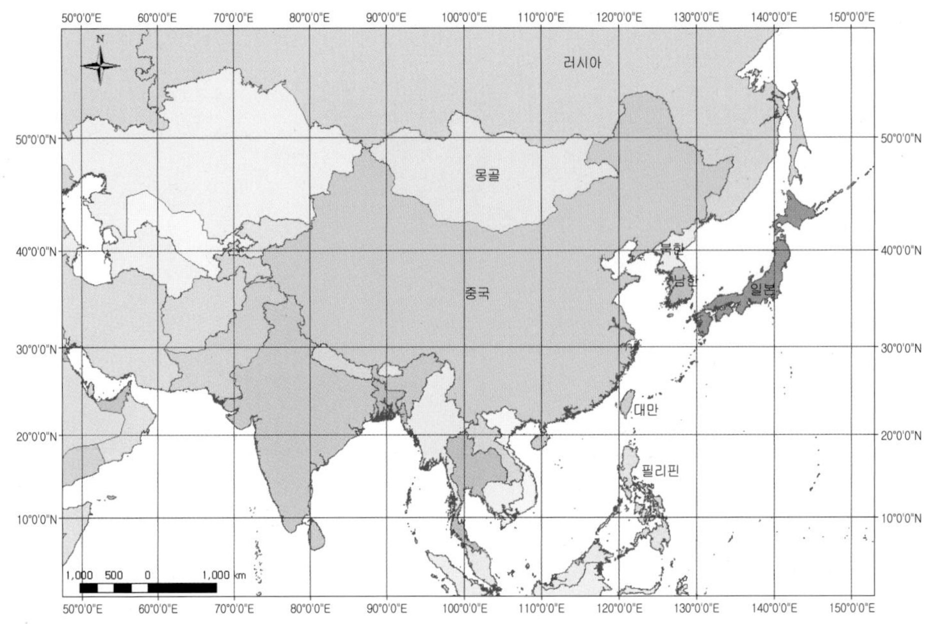

그림 2.1. 한반도의 위치[기본 지도: 세계의 국가들(ESRI.com 2011), 필자 재작성]

기는 헝가리(Hungary; 93,000㎢)와 요르단(Jordan; 97,700㎢)의 크기와 비슷하다(KOIS 2003: 9).

지질 패트리시아 맥브리지 바르츠에 따르면(Bartz, 1972), 남한의 기반암은 시생대(Archaeozoic era)의 일부인 화강편마암계(Granite-Gneiss system)이다. 연대는 9억년 이상 된 것으로 추정되고 남한의 1/3을 점유하며 주로 북부와 서부 지역에 해당된다. 이 선캄브리아 기반암(pre-Cambrian bedrock)은 안정적 상태를 유지해 왔으나, 시생대 이후 중생대 후기 동안 단층들이 생겨나기 시작했다. 예를 들면, '신생' 화강암(granite)이 침입한 것인데, 이 화강암은 시생대 화강암과 달리 보다 분홍색을 띠며 이전의 회색 화강암보다 풍화작용의 영향을 더 빨리 받았다. 태백산맥, 소백산맥, 차령산맥, 노령산맥, 지리산맥 등 한국의 주요 산맥들은 특히 이 '신생' 화강

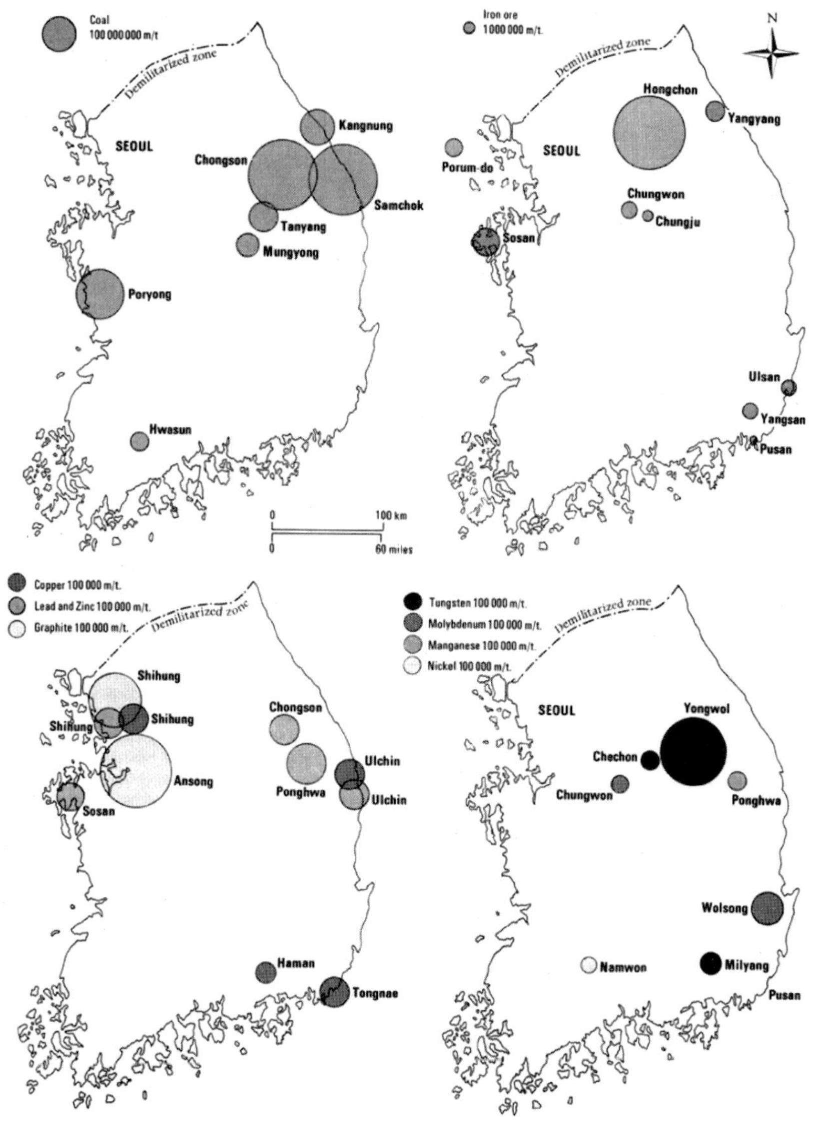

그림 2.2. 남한의 금속 자원 (Bartz, 1972: 86 인용)

암으로 이루어졌다(Bartz, 1972: 9~10). 대부분의 기반암이 화강암이기 때문에, 토양은 평균 6.0 pH 혹은 그 이하의 산성을 띤다(*Ibid*: 23). 이러한 이유에서 인골들이 보존되거나 발굴되는 경우가 매우 드문 편이다.

한반도에는 화강암과 편마암이 가장 흔한 암석이며, 그 외 석회암·점토암·사암과 같은 퇴적암 및 현무암과 반암을 포함하는 화성암(igneous rock) 또한 많이 존재한다(연합통신, 1997: 314). 토양의 상당 부분이 화강암과 편마암으로 구성되어 있기 때문에 산악 지역의 토양은 산성 갈색 산림형인 반면, 저지대 농업 지역에서 가장 흔히 발견되는 토양은 산화철이 풍부한 라테라이트성(lateritic) 적색 혹은 황색 토양이다(최몽룡, 1984: 26). 저지대 토양의 상당 부분은 바람, 비, 시냇물 등 자연의 힘에 의해 기반암으로부터 떨어져 나온 충적토 혹은 붕적토(崩積層)를 포함한다. 그리고 제주도와 울릉도에서는 화산토가 주로 발견된다(연합통신, 1997: 314).

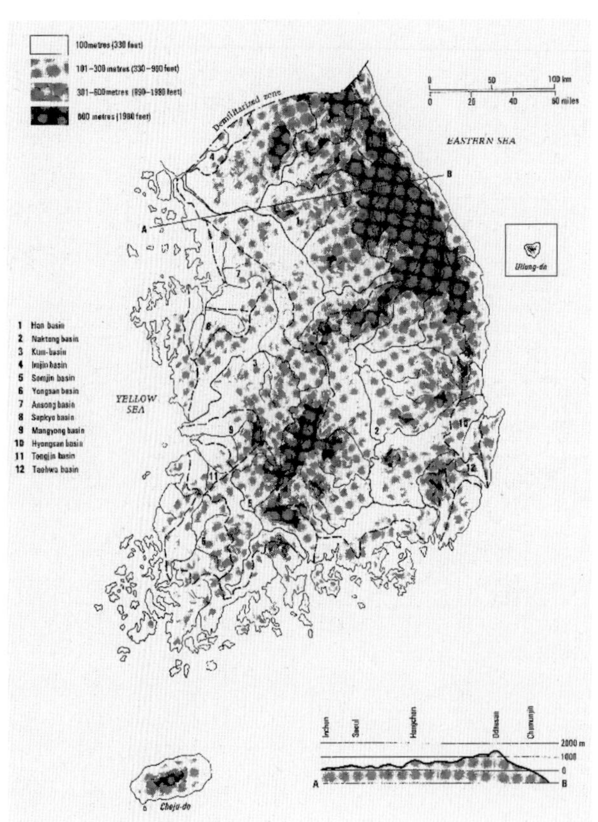

그림 2.3. 남한의 지형과 횡단면
(Cross-section: 인천-주문진)(Bartz, 1972: 14 인용)

경기도 화강편마암계의 화강암은 구리, 납, 아연 등의 금속을 포함한다(Bartz, 972: 11, 86). 구리는 주로 경기도의 동남부 지역에 매장되어 있다. 1997년에 실시된 정부 조사에 의하면, 한국에는 287종의 광

물질이 존재하나 금·은·구리·철·납·아연·텅스텐·고령석·중정석·몰리브덴 등 제한적인 수의 광물질들만이 상업적으로 이용되고 있다. 구리·철·알미늄 등 주요 금속들이 남한에 매장되어 있으나, 북한에 더 많은 양이 매장되어 있다(연합통신, 1997:315). 지도(그림 2.2)는 매장된 금속의 분포를 나타냈는데, 선사시대의 금속 채취 및 야금술에 관한 고고학적 연구(archaeometallurgy)는 앞으로가 더욱 기대되는 분야이다.

지형 한반도 총 면적의 약 70%는 산악 지대로 구성되어 있다(조화룡, 2000: 30; 김종욱 외, 2008: 21; 권종희, 2011: 82). 동해안의 경사는 매우 가파르며, 서해안의 경사는 완만하다. 가장 높은 산은 백두산으로 해발 2,744m이며, 한반도 대다수의 산은 그리 높지 않은데, 해발 1,000m 이상의 산들이 전체의 5% 미만이다(KOIS, 2003: 91; Nelson, 1975: 10, 그림 2.3).

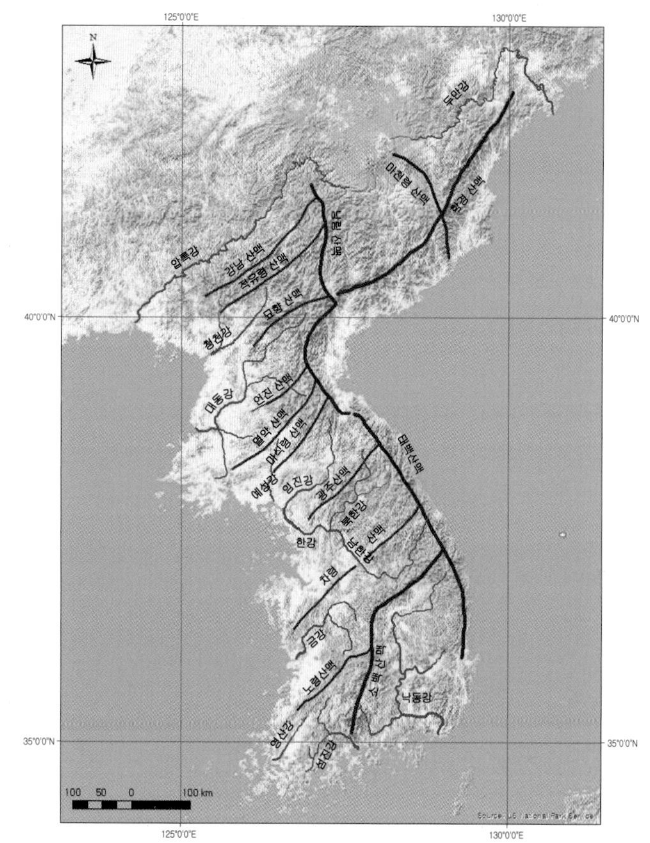

그림 2.4. 한국의 주요 강들과 산맥들(기본 지도: Kim, 2002: 6, 필자 재작성)

한반도에는 10개의 주요 강이 흐르며 이 중 8개는 서쪽으로 흘러 황해와 만난다(그림 2.4). 압록강은 중국과 북한의 경계선을 이루고 청천강과 대동강은 북서 지역에, 예성강 · 임진강 · 한강 등은 중서부에 자리한다. 그리고 금강과 영산강은 남서 지역에 위치하며, 아홉 번째의 낙동강은 대한해협 즉 남해로 흘러든다. 만주와 북한 및 러시아와 북한과의 경계를 이루는 두만강은 동해로 흘러드는데(Nahm, 1996: 18; Nelson, 1993: 12), 대다수의 주요 고고학 유적들과 도시들은 이들 강 주변에 위치해 있다.

기후 한국에는 사계절이 존재한다. 겨울은 시베리아 고기압 때문에 춥고 건조하며, 여름은 태평양 고기압 때문에 덥고 습하다. 겨울에는 시베리아로부터의 찬 바람과 태평양으로부터의 더운 공기가 교대로 불어와 '삼한사온(three days cold and four days warm)'이라 불리는 주기적 현상이 나타난다. 겨울의 평균 온도는 섭씨 1° 정도이며 여름의 평균 온도는 섭씨 22°~26° 사이이다. 봄과 가을은 두 기압이 서로 교체되는 계절로 봄과 가을의 평균 기온은 섭씨 7°~19° 사이이다(최몽룡, 1984: 25;

표 2.1. 1996년도 주요 도시들의 월평균 기온(연합통신, 1997: 66) (단위: ℃)

월	서울	강릉	대전	대구	전주	광주	부산
1월	−2.2	0.6	−1.6	0.8	−0.4	1.0	3.8
2월	−1.6	0.8	1.2	1.5	−0.5	0.4	3.4
3월	4.9	4.8	4.8	6.4	5.1	5.7	7.9
4월	10.2	12.4	10.2	12.9	9.9	10.4	12.2
5월	18.4	16.5	18.0	19.3	17.5	17.9	18.0
6월	22.3	19.6	22.1	22.4	22.2	22.0	20.5
7월	24.4	23.6	25.2	25.3	25.9	25.6	23.8
8월	26.0	23.6	26.1	26.9	26.7	26.6	26.2
9월	22.0	20.6	20.5	21.8	21.2	21.8	22.6
10월	14.5	15.1	13.7	16.0	14.6	15.8	17.8
11월	6.1	8.0	6.7	8.6	7.8	8.8	11.4
12월	1.6	4.0	1.1	2.9	2.2	2.9	6.3

Nelson, 1993: 19; KOIS, 2003: 93~95, 표 2.1).

강수량의 변화 폭이 크며, 연간 평균 강수량은 지역에 따라 다르다. 평균 강수량은 800~1,000㎜ 내외이고 북동 내륙 지방은 500㎜, 남쪽 해안 지역은 1,500㎜ 내외이다(연합통신, 1997: 64, 표 2.2). 연간 강수량의 55~65%는 6~8월 사이에 내리며, 연간 강우의 30%는 7월에 발생한다. 강우는 건기(10~3월)와 우기(4~9월)의 두 시기로 나뉘는데(Choi, 1984: 25~26; Oh, 1958: 44), 강의 유량(流量) 역시 계절에 따라 차이가 나며, 여름에 규칙적으로 강의 수위가 높아진다. 서울의 경우, 겨울철(1월 혹은 2월)의 한강 평균 유량은 7월 평균 유량의 20분의 1에 불과하다. 여름철의 급류로 인해 큰 돌들을 포함하여 상당량의 암설(岩屑)이 하류로 떠내려가는데, 그 양이 약 400,000t에 이르며, 유입되는 강물에 의해 황해의 염도(鹽度)도 상당히 낮아진다(Nelson, 1975: 12).

한편, 쌀을 재배하기 위해서는 성장기에 높은 온도와 풍부한 물이 필요한데, 한반도의 고온 다습한 여름 날씨가 벼농사를 가능하게 만든 중요한 요인이다. 벼농사는 단위 면적당 수확량이 높기 때문에 높은 인구밀도를 지원할 수 있는 반면에, 많은 노동력을 필요로 한다(곽종철, 2001: 42~46; 김선희, 2007; 경기도박물관, 2001: 61).

표 2.2. 1996년도 주요 도시들의 월평균 강수량(연합통신, 1997: 66)(단위: ㎜) 출처: 기상청

월		서울	강릉	대전	대구	청주	광주	부산	평균
1월	평년	16.3 (22.9)	37.9 (58.2)	32.7 (33.6)	18.7 (20.5)	36.0 (35.7)	32.9 (38.6)	33.8 (31.8)	29.8 (34.5)
2월	평년	1.0 (24.6)	92.2 (61.1)	4.4 (40.8)	1.3 (28.8)	5.0 (41.4)	11.8 (46.4)	6.9 (42.9)	17.5 (40.9)
3월	평년	77.9 (46.7)	107.3 (71.2)	138.0 (58.4)	110.9 (50.7)	120.1 (60.1)	127.4 (62.0)	171.1 (79.2)	121.8 (61.2)
4월	평년	60.0 (93.7)	58.1 (77.3)	49.8 (96.9)	58.3 (78.0)	40.1 (99.4)	38.4 (110.3)	115.9 (148.4)	60.4 (100.6)
5월	평년	29.3 (92.0)	17.6 (73.2)	62.9 (95.4)	49.2 (75.2	77.5 (97.2)	37.4 (101.4)	46.8 (147.9)	45.8 (97.5)

월		서울	강릉	대전	대구	청주	광주	부산	평균
6월	평년	249.7 (133.8)	279.0 (110.7)	411.4 (153.6)	313.2 (128.6)	401.7 (146.7)	302.9 (182.6)	327.1 (224.0)	326.4 (154.3)
7월	평년	512.8 (369.1)	193.9 (217.4)	257.7 (316.7)	120.1 (233.5)	174.9 (278.5)	186.3 (283.3)	284.8 (256.9)	247.2 (279.3)
8월	평년	132.4 (293.9)	220.2 (261.7)	114.4 (277.8)	82.5 (193.0)	119.9 (244.5)	261.7 (235.9)	140.0 (203.6)	153.1 (244.3)
9월	평년	11.0 (168.9)	32.7 (216.4)	11.4 (154.5)	37.6 (122.8)	13.6 (143.8)	66.1 (149.8)	26.7 (186.6)	28.4 (163.3)
10월	평년	90.3 (49.4)	139.3 (111.9)	90.8 (53.0)	30.2 (48.1)	103.3 (60.2)	60.7 (59.4)	42.3 (62.2)	79.6 (63.4)
11월	평년	62.9 (53.1)	82.0 (78.1)	77.1 (48.8)	48.4 (37.3)	86.9 (59.0)	112.4 (56.1)	65.4 (64.9)	76.4 (56.8)
12월	평년	11.0 (21.7)	22.5 (38.6)	28.6 (30.4)	18.1 (14.1)	37.8 (29.7)	30.8 (30.8)	28.4 (24.3)	25.3 (27.1)
총계 (평년)		1256.6 (1369.8)	1282.7 (1375.8)	1279.2 (1359.9)	888.5 (1030.6)	1216.8 (1296.2)	1268.8 (1356.8)	1289.6 (1472.7)	1211.7 (1323.1)

식물군 한반도에는 경엽 식물(莖葉 植物, vascular plants)의 약 190개의 과(families), 1,079개의 속(genera), 3,130개의 종(species), 630개의 변종(varieties), 310개의 품종(forms)이 존재한다. 다시 말해, 한국에는 4,000여종 이상의 식물이 존재하는데, 이는 영국에 존재하는 종 수의 두 배가 넘는다(Nelson, 1993: 20; KOIS, 2003: 18). 한국의 자연 식물군은 크게 5가지 유형으로 나뉘 는데, 가문비나무·전나무 등 북동부 지역의 고산침엽수림, 단풍·자작나무 등 북부 지역의 혼합 상록침엽·낙엽활엽수림, 중부 지역의 낙엽활엽수림, 남부 지역의 혼합림, 그리고 최남단의 난대성 상록활엽수림 등이 그것이다(Nelson, 1993: 20, 그림 2.5).

동물군 한반도는 구북구 동물지리권(舊北歐 動物地理圈, Palaearctic zoogeographical realm)에 포함된다(Nelson, 1993: 22). 한국의 동물 분포는 고지대와 저지대의 2개 권역으로 나뉘는데, 고지대 구역은 해발 800~1900 m에 위치한 개마고원,

묘향산, 태백산 등을 포함하고, 이 지대의 기후는 아무르 강 유역과 유사하다(KOIS, 2003: 22). 이 지대 동물 종은 북중국의 북쪽지대·만주·일본 북부 지역과 비슷하며 붉은 사슴, 꽃사슴(일본 사슴의 만주 아종), 아무르 산양, 흑담비, 일본 담비, 아시아 흑곰, 살쾡이, 알프스 우는 토끼, 물가 땃쥐, 들꿩, 수리부엉이, 밀화부리, 딱따구리 등이 대표적이다(*Ibid*: 23). 온난한 기후의 저지대 동물군은 중국 중부·남만주·일본과 유사하며, 한국 토끼, 노루, 쥐 모양 햄스터, 흰가슴 흑딱따구리, 팔색조, 꿩 등이 대표적이다(*Ibid*). 한편, 고고학적 증거에 의하면 신석기시대 유적지에서 개와 돼지 뼈 등이 발견되었다(Nelson, 1993: 22; 안승모, 1998f: 430).

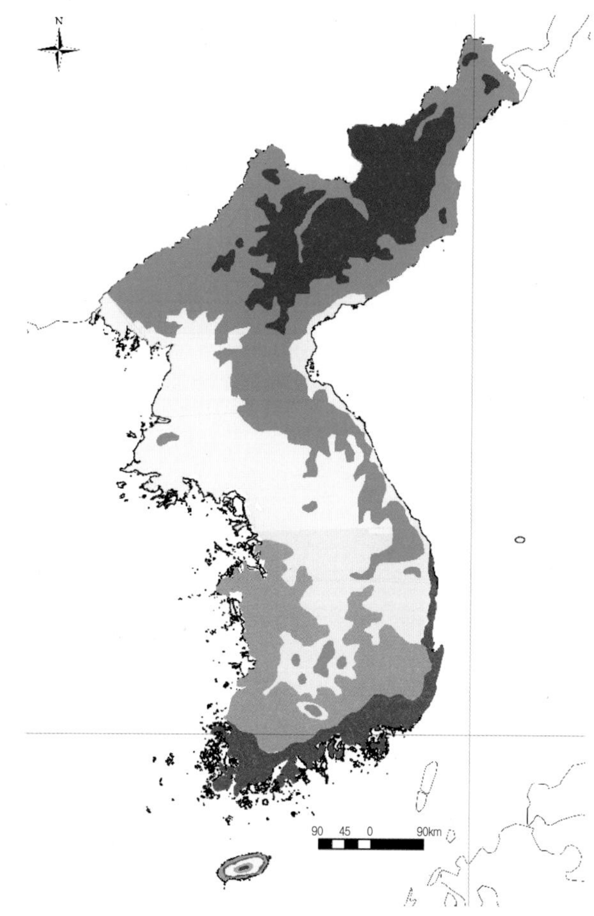

그림 2.5. 한국의 자연 식생군(북쪽에서 남쪽 순으로: 고산침엽수림, 혼합상록침엽·낙엽활엽수림, 혼합림, 난대성 상록활엽수림)(기본 지도: Nelson, 1993: 21, 필자 재작성)

2. 한국 선사시대의 (고고학적) 편년과 연구 성과[1)]

한국은 지리학적 · 지질학적 · 고고학적으로 동아시아의 다른 나라들과 구별되는 독특한 면이 있다(Nelson, 1993: 12). 그러나 이 지역의 사회 · 문화적 측면의 발전을 이해하기 위해서는 한국 문화의 복합성을 인식하고 탐구해 나아가야 하는데, 이것이 21세기 한국 고고학이 지향해 나아가야 할 방향이다(Choi and Rhee, 2001: 119).

덴마크의 크리스티안 톰센(Christian J. Thomsen; 1788~1865)에 의해 고안된 '3시기 분류법(Three age system)'은(Gräslund, 1987) 한국 고고학에도 적용되고 있다. 2001년도에 최몽룡과 이송래 그리고 2008년도에 최몽룡은 새로 추가된 방사성탄소연대 측정 결과들과 시기 구분에 기초하여 다음과 같이 개정된 편년을 발표하였

표 2.3. 한국 고고학 편년의 신연표와 기존 연표
(최몽룡, 2003: 3; 최몽룡, 2008: 20~23, 90~99; Kim, 2002: 24)

신 연표	연대	기존 연표
구석기시대	700,000 BP ~ 10,000 BC (신) 500,000 BP ~ 10,000 BC (기존)	구석기시대
중석기시대 (또는 과도기)	10,000 ? BC ~ 8000 BC (신)	
신석기시대	8000 BC ~ 1500~2000 BC (신) 6000 BC ~ 1000 BC (기존)	신석기시대
청동기시대	조기: (신석기시대 특징과 공존) 20000 ~ 1500 BC 전기: 1500 ~ 1000 BC 중기: 1000 ~ 600 BC 후기: 600 ~ 400 BC (신) 1000 ~ 300 BC (기존)	청동기시대
철기시대 전기	400 ~ 1 BC (신) 300 ~ 1 BC (기존)	초기 철기시대
철기시대 후기	AD 1 ~ 300	원삼국시대

1) 이 장은 최몽룡(Choi, 1984, 2008), 최몽룡 · 이송래(Choi and Rhee, 2001), 김경택(Kim, 2002)의 자료에 기초하여 작성되었다.

고, 연구사의 시기 구분은 이 편년을 따랐다.

1) 신석기시대

한반도의 신석기시대는 제주도 고산리 유적지의 발견으로 기원전 8000년경에 시작된 것으로 보고 있다. 최몽룡과 이송래의 견해에 따르면(Choi and Rhee, 2001: 124), 이 유적지는 다음과 같이 3개 층위로 나뉜다.

a. 후기 구석기/중석기 층 – 세몸돌(microcores), 세석기(microliths) 출토
b. 신석기 제 I 층 – 융기문 토기와 삼각 화살촉으로 대표
c. 신석기 제 II 층 – 슴베 달린 화살촉 출토

한국 신석기시대의 대표적인 물질문화는 토기와 마제 석기로 한반도 지역에서는 다양한 토기형식이 발견된다. 첫째, 무문 또는 융기문 토기(기원전 6000~4000년경)가 오산리(양양), 동삼동(부산), 서포항(웅기) 등지에서 발견되었고, 둘째, 첨저형(pointed bases) 빗살무늬 토기[2](기원전 4000~2000년경, 그림 2.6)가 한강 유역에서 출토되었다. 신석기 유적은 한반도의 거의 모든 지역에서 발견되는데, 지탑리(봉산)·남경(평양)·궁산리(온천)·미사동(하남)·암사동(서울)·동삼동(부산)·수가리(김해)·오산리(양양) 유적 등이 이에 해당되며, 이들은 대체로 해안가나 강가에 위치해 있다(Choi and Rhee, 2001: 125~126;

그림 2.6. 빗살무늬토기
(국립중앙박물관, 1993: 17)

2) 1930년에 후지다 료사쿠(藤田 亮策)는 한반도의 빗살무늬 토기가 유럽과 시베리아에서 발견된 빗살무늬 토기와 연관이 있을 것으로 추정하였다(김원룡, 2002: 37). 그러나 S.Nelson(1973)은 한국 빗살무늬 토기의 시문법과 유럽의 것이 전혀 다르며, 예니세이·바이칼 지방의 토기는 유럽과 한국의 매개적 형식이 아니고 양자는 연결되지 않는다고 보았다. L.Sample(1974) 또한 한반도의 빗살무늬 토기는 시베리아와 관련이 없다고 보았다(김원룡, 2002: 38).

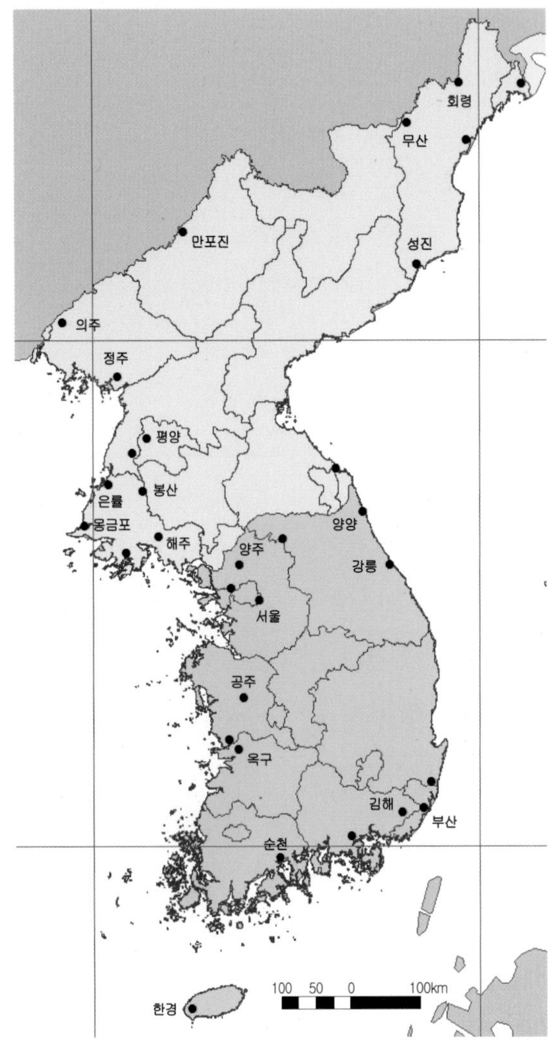

그림 2.7. 신석기시대 유적지
(기본 지도: 고등학교 국사 교과서, 2008: 22, 필자 재작성)

임효재, 2005)(그림 2.7).

서남 아시아와 유럽 지역[3]의 이른바 '신석기 혁명'(Childe, 1951)의 경우와 달리, 극동 아시아에 위치한 한반도 지역의 농경은 현재까지의 고고학 자료로 볼 때 신석기시대 중기에 시작된 것으로 추정된다(안승모, 1998c: 383; 임효재, 2005: 342~343). 그리고 밭농사 작물의 재배를 시작으로 점차 벼농사로 이어져 간 것으로 보인다(안승모, 1998c; 1998d; 최기룡 2001; 임효재, 2005).

연구 대상 지역에서의 신석기시대 주거 유형은 주로 수혈 주거(pit dwelling)이나, 부석(敷石) 주거지나 동굴 주거지도 발견되었다. 주거지 평면형태는 원형이거나 말각방형(抹角方形)이다(안승모, 1993: 70~74). 한반도 주거 유형에 관한 이상균의 연구에 따르면(2005: 195), 장방 형태의 주거지가 한반도의 동남부에서는 신석기시대 중기 이후에, 서북부와 서남부 지역에서는 대체로 신석기시대 후기에 등장한 것으로 보고

3) 유럽 지역의 경우, 수렵과 채집에서 농경으로의 생계경제 변화 양상은 중석기시대로부터 신석기시대로의 이행 과정을 통해 연구되고 있다(Bradley, 1998; Schulting, 1998).

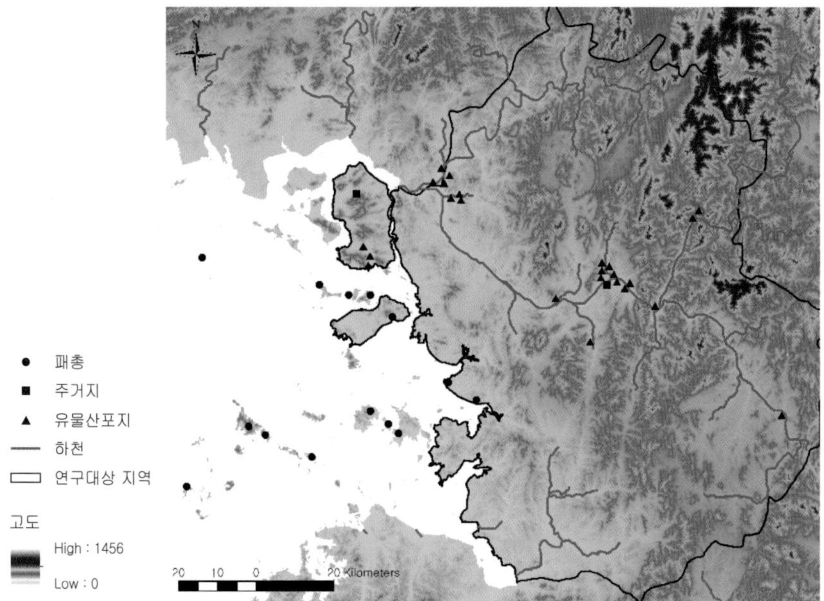

그림 2.8. 경기도 지역의 신석기시대 유적지(기본 지도: 안승모, 1993: 31, 필자 재작성)

있다. 그러나 이 논문의 연구 지역에 해당하는 한반도 중서부 지역에서는 신석기시대에 장방형의 주거 형태가 발견되지 않았다. 한편, 신석기시대의 분묘는 춘천 교동 동굴과 시도 적석총[4]의 경우를 제외하고 거의 발견되지 않았다. 따라서, 신석기시대 사람들은 죽은 자를 토장(土葬)한 것으로 보인다(안승모, 1993: 75).

서울·인천·경기도 지역에서의 신석기시대 유적지들의 대부분은 해안이나 한강 유역에서 발견되고[5](그림 2.8 참조), 패총 역시 해안가나 섬들에서 확인되고 있다. 이로 볼 때, 신석기시대에 농경에 관한 고고학적 증거들이 발견되고 있으나, 어로가

4) 이 유적에 관해서는 다른 분석이 존재하는데, 이 유적지가 암사동에서 발견된 것과 같은 야외 조리시설일 가능성이 있다는 것이다(김원룡, 2002: 43~44).

5) 신석기시대 유적은 충주 주암 및 합천 댐 건설 전에 행해진 구제 발굴(rescue excavations)을 통해서 내륙에서도 발견됨에 따라, 신석기시대 유적의 위치에 재고가 필요하다는 의견도 있다(이성주, 1992: 150~151).

수렵, 채집 및 약간의 농경과 더불어 신석기시대 생계 경제의 중요한 부분을 차지했던 것으로 추정된다(상동: 75~80).

2) 청동기시대

한국의 청동기시대의 시작 시기에 대해서는 이견이 많지만, 대략 기원전 15세기경에 시작된 것으로 추정된다. 청동기시대 유적에서 발견되는 유물로는 비파형 동검, 동경, 반월형 석도, 마제 석검(그림 2.9) 및 여러 종류의 무문 토기 등이 있다. 최몽룡은 한국의 청동기시대를 토기 유형에 따라 크게 네 시기로 구분하였는데, 즐문토기 시대 말기에 약 500년간 청동기시대의 시작을 알려주는 돌대문(突帶文) 토기(그림 2.11)가 공반되며(청동기시대 조기: 기원전 2000년~기원전 1500년경), 이어서 단사선문이 있는 이중구연 토기(그림 2.12, 청동기시대 전기: 기원전 1500년~기원전 1000년경), 구순각목이 있는 공렬문 토기(그림 2.13, 2.14-1, 2.14-2, 청동기시대 중기: 기원전 1000년~기원전 600년경)와 경질무문 토기(청동기시대 후기: 기원전 600년~기원전 400년경) 및 점토대 토기(그림 2.16)로의 이행과정이 나타났다고 보았다 (최몽룡, 2008: 21~22). 청동기시대는 토기 유형에 기초하여 위와 같이 4단계로 구분될 수도 있지만, 이와 더불어 송국리형 토기(그림 2.15)와 같이 토기의 지역적 차이도 고려해야 한다. 한편, 청동검은 비파형(요녕식) 동검과 세형(한국식) 동검(그림 2.10)의 두 가지 범주로 나뉘는데, 전자는 기원전 약 10세기경부터 기원전 3세기경까지 사용된 것으로 추정되며(이건무, 1992b: 131~132), 한국식 동검

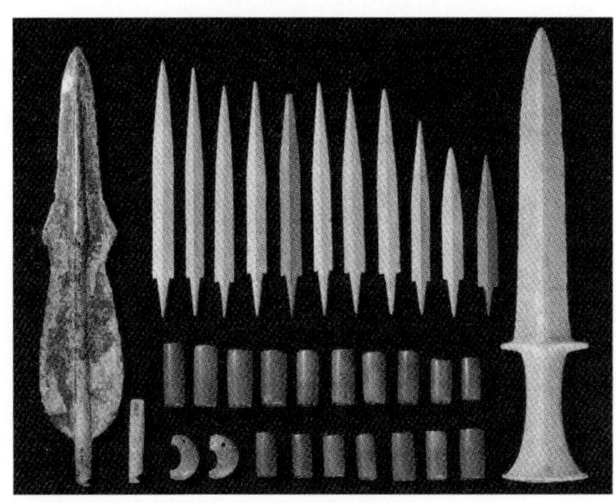

그림 2.9. 부여 송국리 석관묘 출토 일괄유물
비파형 동검·동착·석촉·곡옥·관옥·마제 석검(좌·상·하·우)
(국립중앙박물관, 1992: 10)

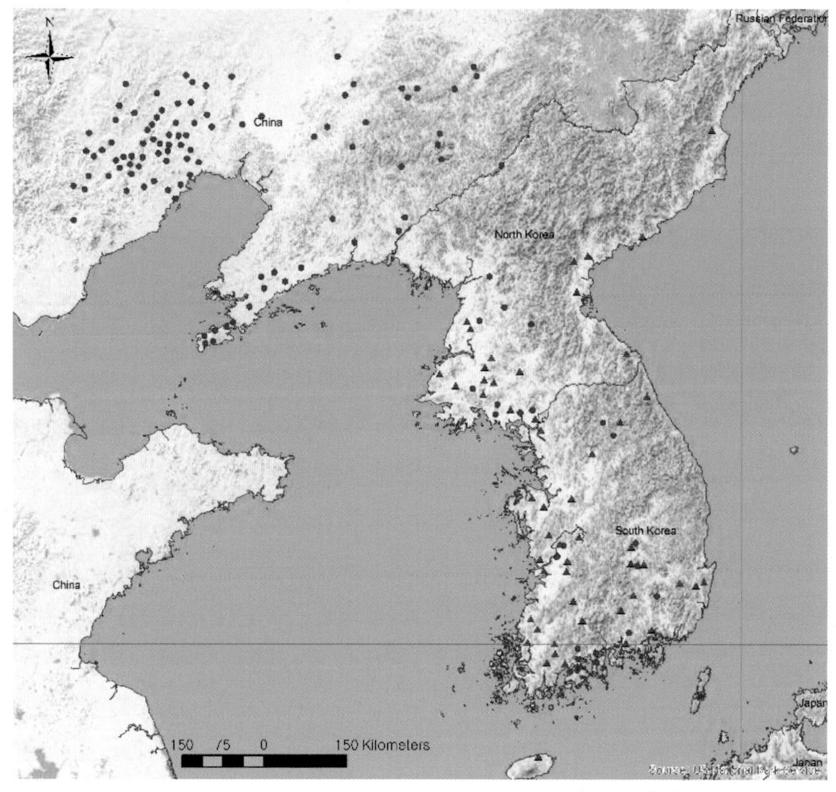

그림 2.10. 비파형 동검과 세형 동검 분포도
(기본 지도: 한국교원대학교 역사교육과 교수진, 2004: 21, 필자 재작성)

문화는 대략 기원전 3세기에 등장하여 기원 전후에 막을 내린 것으로 보았다(이건무, 1992a: 133~136).

이 시기의 물질문화에 의하면, 청동기시대에 농경, 거석 기념물의 축조, 사회 계층 분화의 대두 등 사회경제적 및 문화적 변혁이 있었을 것으로 추론된다(최몽룡, 1984: 156~164).

그림 2.11. 돌대문 토기
(경상남도 · 동아대학교 박물관, 1999: 212)
건국대학교 박물관 소장

그림 2.12. 이중구연 단사선문 토기
(국립중앙박물관, 1993: 32)
고려대학교 박물관 소장

그림 2.13. 공렬문 토기
(국립중앙박물관, 1993: 27)
국립중앙박물관 소장

그림 2.14-1. 구순각목 토기
(국립중앙박물관, 1993: 30)
서울대학교 박물관 소장

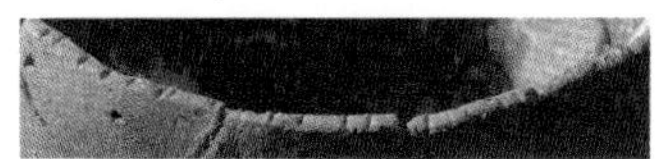

그림 2.14-2.
2.14-1의 구순부 각목
(국립중앙박물관, 1993: 30)
서울대학교 박물관 소장

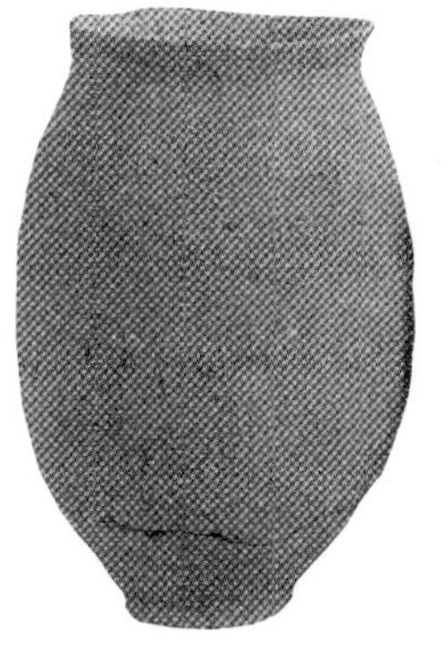

그림 2.15. 송국리형 토기
(국립중앙박물관, 1993: 39)
국립중앙박물관 소장

그림 2.16. 점토대 토기
(국립중앙박물관, 1993: 59)
국립중앙박물관 소장

(1) 고인돌

한반도에서 발견되는 거석 기념물은 크게 두 가지 유형으로 나뉘는데, 고인돌(dolmen)과 입석(menhir) 형태이다. 한반도의 고인돌은 1999년 시점까지 약 29,510기가 발견되었으며, 이 중 12,000기 이상의 고인돌은 한반도의 서남부 지역에서 발견되었다(최몽룡, 1999a: 4). 한반도의 고인돌은 석실의 위치와 지석의 유무에 따라 북방식(탁자식, 그림 2.17-1, 2.17-2), 남방식(기반식 또는 바둑판식, 그림 2.18) 및 개석식(그림 2.19) 등 세 유형으로 나뉜다(김원룡, 1986: 92~96; 최몽룡, 1999: 21~24). 한편, 이 외에 위석식 고인돌(그림 2.20) 형식도 있는데, 이는 1개의 개석을 여러 개의 판석이 지지하고 있는 형태로 주로 한반도의 최남단에 위치한 제주도에서 발견된다(김병모, 1981; 이영문, 2002: 96~100; 유태용, 2003: 140~141).

한국의 고인돌은 관련 유물과 방사성탄소연대 측정 결과들에 기초하여 기원전 15세기경부터 기원전 1세기 사이에 축조된 것으로 추정되는데, 이러한 형태의 고인돌들이 한반도와 중국의 동북부 지역(최몽룡, 2008a: 139) 및 일본의 큐슈 서북부 일대에서 발견되고 있다(심봉근, 1999: 155~156, 168).

그림 2.17-1. 북방식 또는 탁자식 고인돌
(강화 부근리 고인돌, 사진: 필자)

그림 2.17-2. 북방식 또는 탁자식 고인돌
(강화 부근리 고인돌, 사진: 필자)

그림 2.18. 남방식 또는 기반식 (바둑판식) 고인돌
(전북 고창, 최몽룡 외, 1999: 236, 사진: 최몽룡)

그림 2.19. 개석식 고인돌
(경기도 연천군 진상리, 사진: 필자)

그림 2.20. 위석식 고인돌
(제주 용담동, 이영문, 2004: 39, 사진: 이영문)

① 연구사 검토

1945년 이전 최숙경의 연구에 따르면, 고인돌과 고대 유물들에 관한 최초의 기록은 고려시대(918~1392년) 이규보(李奎報: 1168~1241년)가 기술한 『동국이상국집(東國李相國集)』 제23권 「남행월일기(南行月日記)」에서 찾을 수 있다고 하였다(明日將向金馬郡 求所謂支石者觀之, 支石者俗傳古聖人所支, 果有奇迹之異常者). 이규보는 당시[(神宗 3년(1200년) 전주목(全州牧)]의 사록겸장서기(司錄兼掌書記)로서, 11월 말 전주목의 속군(屬郡)들을 여행하며 이 일기를 남겼다. 그는 전해내려오는 이야기를 토대로, '지석(支石, 고인돌)이란 것은 세속에서 전하기를, 옛날 성인(聖人)이 고여 놓은 것이라 하는데, 과연 기적(奇迹)으로서 이상한 것이 있었다(한국고전번역원)'고 기록하였다. 이후, 1481년에 간행된 『동국여지승람(東國輿地勝覽)』에 '지석(支石)'이란 명칭이 기록되었으나 유적이 아니라 지명으로 언급되었다. 입석(立石)의 경우는 지석보다 여러 번 언급되었으나 이 역시 지명이나 경유하는 여정으로 나오고 있을 뿐이다. 또한, 입석과 관련된 민간 신앙이 오늘

날까지 전승되어 풍년과 다산을 기원하는 제의가 이어지고 있다고 기술하였다(최숙경, 1987a: 747~748). 한편, 손진태(1934: 19~21)는 고인돌에 관한 신앙과 전설에는 고인돌이 마고(麻姑)할미의 집이었다는 설, 산천이 웅대한 지역에 반역을 도모할 장수가 나지 않도록 지기(地氣)를 누르기 위하여 혈(穴)이 되는 곳에 축조하였다는 풍수지리설, 죽은 병사들의 공동묘지라는 도분설(都墳說) 등이 있었다고 하였다.

우장문과 하문식의 연구에 의하면, 한국의 고인돌에 관한 서구인들의 관심은 1883년 당시 영국 대사관의 부영사였던 칼레스(W. R. Carles)와 대사관 직원 알렌(Allen)에 의해 시작되었다고 한다(우장문, 2006: 18; 하문식, 2002: 60~61; 2007: 612). 역사학자인 손진태(1934: 16~17; 1948: 3)는 칼레스가 한국의 고인돌을 서구학계에 최초로 보고한 인물이라고 언급하였다. 그가 조사한 고인돌은 서울에서 원산으로 가는 길목인 포천에 있던 고인돌로 추정되나, 기록이 너무 소략하여 자세한 내용을 파악하기 어렵다(하문식, 2007: 612). 그 후, 고우랜드(Gowland)는 1895년에 영국 및 아일랜드 인류학 연구소(the Anthropological Institute of Great Britain and Ireland)의 저널에 포천 송우리와 자작리 고인돌들의 주요 특징에 관해 보고하였다(우장문, 2006: 18; 하문식, 2002: 60~61; 2007: 612). 한편, 에밀 보다레(Emile Bourdaret)라는 프랑스인이 황해도 심산리에 있는 21개의 고인돌들을 발견했다는 기록도 확인된다(우장문, 2006: 19; 하문식, 2002: 60~61; 2007: 612).

1910년부터 1945년까지 행해진 일본의 한국강점으로 인해, 한국의 고고학은 한국학자가 아닌 일본 학자들에 의해 시작되었다(Choi, 1984: 12). 조선총독부의 후원 아래, 이마니시 류(今西 龍), 세키노 타다시(關野 貞), 후지다 료사쿠(藤田 亮策), 우메하라 스에지(梅原 末治) 등의 일본 학자들이 일본 식민정책의 일환으로 일련의 고고학적 조사를 수행하였다(Kim, 2002: 20). 이 기간 동안 몇 군데의 고인돌들에 대한 발굴이 시행되기도 하였다. 1916년에 이마니시 류에 의해 강화도 하도리의 고인돌이 발굴되었고, 은율군 군량리와 안악군 입리동의 고인돌군은 토리 류조(鳥居 龍藏)에 의해 조사되었다(우장문, 2006: 20~21).

한편, 최남선(崔南善), 손진태(孫晉泰), 한흥수(韓興洙) 등의 한국 학자들 역시 고인돌에 관한 연구를 시도하였다. 최남선은 은율 안악 일대의 고인돌을 확인하고, 거석문화가 무엇인지에 대해 간단히 소개하였으며 'Dolmen'이란 단어의 번역어로 '고인돌'이란 용어를 처음 사용하였다(우장문, 2006: 19). 한편, 손진태(1934; 1948)는 지석(支石)의 유무에 기초하여 고인돌을 두 개의 범주로 나누었다. 마지막으로, 한흥수는 그림(drawings)을 통해 탁자식과 바둑판식 고인돌을 알기 쉽게 설명하였다(우장문, 2006: 19).

1945년부터 1960년대까지 1945년은 한국이 일본의 지배로부터 해방된 해이다. 그러나 독립 대신, 한국은 38도 선을 기준으로 남과 북으로 분단되었다. 남한은 1948년 8월까지 미국군에 의해 점령되었고, 북한은 1948년 9월까지 소련군에 의해 장악되었다. 연합국의 통제하에, 임시 정부는 통일된 국민정부를 세우려 노력했지만 이 노력은 실패로 돌아갔다. 따라서, 한국을 두 국가(states)로 나누는 안이 1948년에 합의되었다(Nahm, 1996: 329). 북한으로 알려진 조선 민주주의 인민공화국(DPRK) 정부는 사회주의 국가를 구축하기 위해 공산주의를 선택했고, 남한으로 알려진 대한민국(Republic of Korea)은 의회 민주주의를 채택했다. 남한과 북한은 완전히 다른 정치 시스템과 이데올로기를 선택했지만, 북한은 분단된 나라를 자기들 마음대로 재통일하기로 결정하고, 1950년에 한국 전쟁(the Korean civil war)을 일으켰다. 본 글은 남한에서의 연구 성과를 주 대상으로 작성하였으며, 북한에 가까운 휴전선 및 비무장 지대(DMZ: demilitarized zone) 부근의 자료의 이용에는 국가보안상의 이유로 일정한 제한이 있었다.

해방 및 한국 전생(1950~1953년) 이후의 고고학적 연구 경향은 크게 두 가지로 구분될 수 있다. 첫째, 고고학적 증거의 부족으로 일본 학자들의 왜곡된 식민사관이 지속되었다(이선복, 1988: 226~229). 김원룡(金元龍, Kim, 1981a: 22)이 지적한 바와 같이, 우메하라 스에지(梅原 末治)는 한국에는 구석기 문화와 청동기 문화가 없었다고 주장하였다. 그는 기원전 3세기경에 청동과 철이 거의 동시에 중국 동북부 지역으로부터 한국으로 유입되어 4세기 말까지 지속적으로 사용되었다고 보았다(Choi, 1984: 13). 다시 말해, 일본 학자들은 한반도에서 구석기시대와 청동기시대가 독립적으로 전개되지 않았다고 주장하였다. 따라서 한국 학자들은 1945년 일본으로부터의 해방 이후 새로운 발굴 결과에 기초해 일본 학자들의 견해를 재검토하려고 노력하였는데, 이것이 이 시기의 두 번째 특징이다. 그 예로, 김원룡(1961)은 한국에서의 청동기시대 시작을 재조명하였다. 그는 요녕식(비파형) 청동검이 한국식 청동검의 원형이라고 주장하였는데, 중국 동북의 요녕(遼寧) 지역의 십이대영자묘(十二台營子墓)에서 발굴된 청동검의 연구에 기초하여 이 유물의 편년을 기원전 6세기와 5세기 사이로 추정하였다(조유전, 1992: 175). 한편, 이 시기의 가장 중요한 연구 결과는 국립중앙박물관에서 간행한 '한국 지석묘 연구'이다(김재원·윤무병, 1967). 이 책이 중요한 이유는 마제 석검이 세형(한국식) 동검을 모방하였다는 일본 학자들의 주장을 반

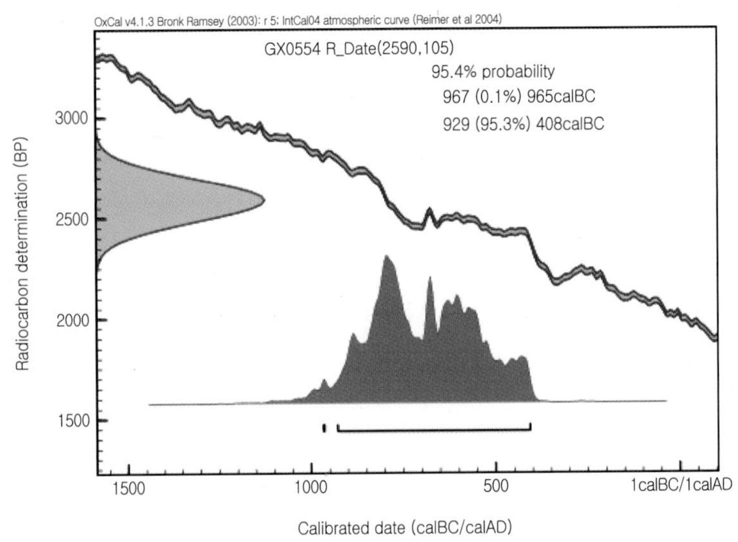

그림 2.21. 파주 옥석리 주거지의 방사성탄소보정연대 그래프[옥스칼(OxCal) 프로그램 4.0 버전 이용 필자 산출]

박할 수 있는 발굴 결과가 실려있기 때문이다(하문식, 1985: 6). 아리미츠 교이치(有光教一, 1990~1999)는 1959년 논문에서 한반도의 마제 석검이 이 지역에서 기원전 3세기경부터 서기 1세기 초까지 사용된 세형 동검의 모양을 모방했었을 것이라고 결론지었다. 그러나 마제 석검 한 점이 파주 옥석리(현재명: 덕은리) 소재 고인돌 아래 층위에서 발견된 주거지에서 출토되었고, 이 주거지에서 수습된 목탄의 연대가 2590±105BP[(GX0554. OxCal 4.0: 967~408 BC(2 sigma)]로 측정되면서(그림 2.21), 마제 석검이 세형 동검보다 이전에 만들어져 사용되었다는 근거를 제공하였다.

1970년대 1970년대의 고고학 분야에서 보여지는 주된 경향은 몇몇 학자들이 중국 동북부/러시아 시베리아 지역과 한국 문화와의 연관성을 찾으려는 시도였다. 김정학(1978)은 중국의 남산근(南山根) 소재 석실분을 연구하여 요녕(遼寧) 지역에서 요녕식 청동검이 출현한 시기가 대략 기원전 10세기경이었을 것으로 추정하였고, 한반도에서 발견된 요녕식 청동검은 기원전 약 10세기 초부터 서기 1세기 사이에 사용되었을 것으로 보았다. 시베리아와의 연관성에 관한 연구는 김정배(Kim, 1975)에 의해 시도되었다. 그는 시베리아 남부 카라수크(Karasuk) 문화와의 비교 연구를 통하여 한반도로의 청동기 문화 유입이 기원전 1300년경에 일어났을 것으로 주장하였다. 한편, 이 시기에는 고인돌에 관한 연구가 또 하나의 축을 이루었다. 최몽룡(1978)은 전라남도에 존재하는 109기의 고인돌들을 집중적으로 분석하였다. 그는 고인돌의 외형에 기초하여 북방식(northern)·남방식(southern)·개석식(capstone)의 3가지 범주로 분류하였으며 이 순서로 고인돌들이 축조된 것으로 보았다. 또한, 전라남도 지석묘들의 존속 기간을 기원전 5~4세기경부터 서기 약 1세기까지로 추정하였다.

1980년대 1980년대에는 고고학 분야에서 많은 연구가 이루어졌다. 이 중 가장 괄목할 만한 것은 1970년대를 이어 고고학자들이 그들의 시야를 한반도 너머로 확장시켰다는 점이다. 그들은 역사적 맥락을 이해하려고 노력하였으며, 선사인들의 삶을 그들이 남긴 물질문화 중 특히 토기의 분석을 통하여 이해하려고 노력하였다. 이 기간의 연구 경향은 크게 5가지의 범주로 나누어 생각할 수 있는데, 첫 번째로는 최몽룡(1981; 1982; Choi, 1984)의 연구를 들 수 있다. 그는 나주 판촌리와 광주 충효리의 고인돌들을 분석하였는데, 엘만 서비스(Elman Service)의 진화론적 방법론을 적용하여, 수전 농경과 잉여 생산(surplus wealth)의 재분배가 고인돌 사회를 족장 사회(chiefdom)로 변모시키는 주된 원인으로 작용하였을 것으로 추론하였다. 또한, 고인돌 사회에서 전문 장인의 발생과 계급 분화 등은 무문 토기의 분석과 지석 밑에 위치한 고인돌의 내부 구조를 통해 추론이 가능하다고 보았다. 노동의 전문화는 유사한 형태의 토기와 토기 생산에 사용된 표준화된 기술, 즉 유사한 토양(montmorillonite)의 사용, 다공성 표면 구조, 낮은 소성 온도(573℃ 미만) 등을 통하여 가늠할 수 있다고 하였다. 또한, 고인돌 축조에 대한 연구를 통해 노동과 사회계층의 분화를 나타내는 증거로 활용될 수 있다고 보았다. 이는 다시 말해, 고인돌이 높은 지위의 인물과 그 가족들을 위해 축조되었으며 판촌리 고인돌 하부에 유아용으로 보이는 무덤칸이 발견되는 것으로 보아 당시 사회에 세습적 지위가 존재하였을 것으로 추정하였다. 그리고 전라남도 고인돌 사회의 편년을 자신의 종전 입장을 재확인하며, 기원전 5~4세기에서 서기 1세기 사이로 추정하였다.

두 번째로는 고인돌의 기원에 대한 연구를 들 수 있다. 고인돌의 기원에 관해서는 북방 기원론, 남방 기원론, 자생론 등 3가지 주요 견해가 있다(최몽룡, 2000: 20). 북방 기원론은 한반도의 고인돌이 시베리아 석관묘의 영향을 받은 것으로 보았으며(김원룡, 1986a: 92), 남방 기원론은 김병모의 연구(1981)에 기초하는데 인도네시아의 거석 문화를 분석한 뒤, 한국의 고인돌 문화가 동남 아시아의 농경 문화와 깊은 관련이 있었을 것으로 보았다. 세 번째는 자생론으로 한반도의 고인돌들이 외부 영향 없이 독자적으로 발생하였다는 이론인데, 하문식(1985; 1988)이 대표적이다. 그는 금강 및 남한강 유역의 고인돌들을 분석한 뒤, 당시의 사회경제적 분석에 기초하여 자생적으로 발전한 것으로 추정하였다. 한편, 이영문(2002: 236~238)은 각각의 이론이

나름의 문제점을 안고 있다고 지적하였다. 즉 북방 기원론의 경우에는 북부 시베리아에서 아직 어떠한 고인돌도 발견되지 않았으며, 남방 기원론과 관련해서는 전파 경로인 중국의 동부 해안 지역과 한반도 사이에 상이한 형태의 고인돌이 확인되며, 이 두 지역에 위치한 고인돌의 수도 상당히 다른데, 즉 중국의 동부 해안 지역에는 50여 기의 고인돌이 존재하는 반면, 한반도에는 약 3만여 기의 고인돌이 분포한다고 지적하였다. 마지막으로, 자생론의 경우에는 한반도 지역에 고인돌들이 가장 밀집해서 존재하는 것은 사실이지만, 형태와 개념면에서 한국 고인돌이 과연 한반도에서 독자적으로 생겨났는지에 대해서는 아직까지 증명해내기가 어렵다는 점이다.

김병모(1981)와 지건길(1982; 1987)은 고인돌의 배치가 강의 흐름과 평행하거나 혹은 산맥의 방향과 같이 한다고 보았는데, 이러한 견해는 고인돌과 고인돌이 속한 경관을 연계하여 이해하려는 최초의 시도라고 볼 수 있다. 김병모는 고인돌 사회가 농경에 기초하여 조성된 것으로, 지건길은 고인돌의 축조가 선사시대 공동체의 일종의 자연 숭배관과 관련이 있었을 것으로 추론하였다. 또한, 지건길(1987)은 프랑스 브리타니(Brittany) 지역의 거석 기념물들도 조사하였는데, 여기서 다음과 같은 5가지 특징들을 확인하였다.

① 프랑스의 거석은 시야가 넓은 언덕이나 언덕 정상에 축조되어 있는 반면, 동북 아시아의 고인돌은 해안이나 강변에 위치

② 대부분의 유럽 거석묘에서는 매장주체부가 지표면 위에 존재하지만, 한국 고인돌의 경우는 바둑판식 혹은 남방식 고인돌의 매장주체부가 지하에 위치

③ 유럽의 거석들은 공동묘로 이용된 반면에 동북 아시아의 고인돌은 대체로 한 사람을 위해 축조되었으며 지질 부분에서 언급한 것처럼 산성 토양 때문에 뼈의 보존 상태가 매우 열악한 상황

④ 유럽에서는 거석 기념물들의 장축(long axis) 방향이 동-서 혹은 동북-서남으로 되어 있는데 반해 한반도 고인돌들의 장축 방향은 산맥 또는 강의 방향과 같이 지형적 특징과 관련

⑤ 유럽 거석의 축조 시기는 대략 기원전 5000년에서 기원전 1800년경으로 추정되나 한국 고인돌의 축조는 기원전 1000년경부터 시작해 약 1000년간 지속된 것으로 추정

지건길은 앞에서도 언급한 바와 같이 고인돌 연구를 경관을 고려한 입장에서 접근한 것으로 보이며, 지석묘 장축 방향과 관련된 ④번의 경우는 본 글의 제5장에서 검토·논의될 것이다.

또한, 박희현(1984)은 양수리 고인돌의 방사성탄소연대(KAERI-95 3900±200 BP, OxCal 4.0: 2910~1784 BC at 2 sigma(95% 확률), 그림 2.22)와 뗀석기 도구들에 기초하여 고인돌 축조가 신석기시대 중기에 시작되었을 것이라는 견해를 제시하였다. 고인돌이 신석기시대에 축조되었을 가능성도 배제할 수 없으나, 연구 지역 및 기타 지역의 고인돌 유적에서 확인된 방사성탄소연대 측정 결과들을 보면, 보다 확실

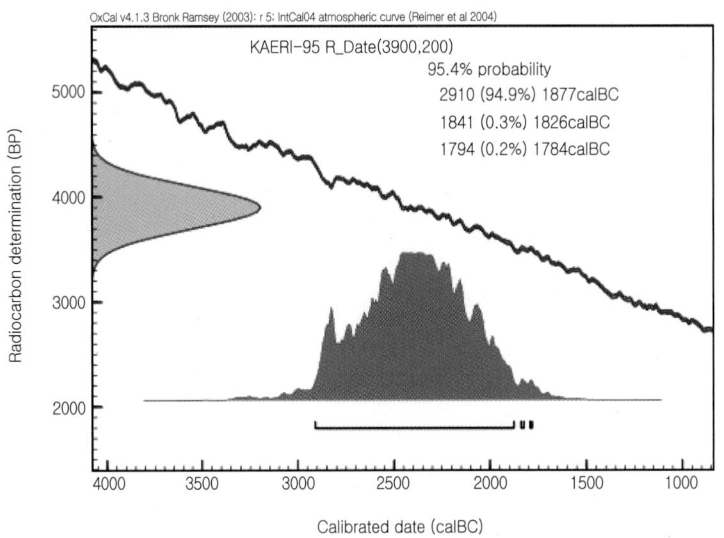

그림 2.22. 양평 양수리 고인돌의 방사성탄소보정연대 그래프[옥스칼(OxCal) 프로그램 4.0 버전 이용 필자 산출]

한 연대측정 결과들이 수집될 때까지 신중해야 할 것으로 판단된다. 즉 양평 양수리의 단 하나의 방사성탄소연대 측정 결과만을 가지고 위의 견해를 주장하기에는 부족한 면이 있으며, 방사성탄소연대의 불확실성이 ±200년이므로 이 연대 결과를 안정된 결과로 보기에는 불충분한 면이 없지 않다.

1980년대의 세 번째 주요 연구 경향으로는 상당수의 연구자들이 한국 문화의 기원에 관한 질문을 해결하기 위한 유용한 도구로서 고고학 분야에 관심을 가졌다는 것이다. 이는 주로 중국의 동북부 지역에 관한 연구들과 관련이 있다. 김정배(1987)는 비파(琵琶)형 동검 문화가 석관묘로 특징지어지는 매장 제도를 가진 선사시대의 한 '부족'이었던 예맥(濊貊)족에 의해 형성된 것으로 보았다. 그리고 한국의 청동기시대는 기원전 10세기경에 시작되었을 것으로 추론하였다. 김정학(1984; 1987)은 고고학 유적 및 청동유물 분석을 바탕으로 요동(遼東) 지역을 한민족의 형성 지역으로 보았다. 밭농사가 산동(山東) 반도를 중심으로 만주(滿洲) 지역에까지 이루어졌는데, 그 시기는 기원전 2500년경에서 기원전 1500년경 사이일 것으로 추정하였다. 또한, 그는 고조선(古朝鮮)을 한국의 청동기시대에 처음으로 등장한 군장 사회(chiefdom)로 보았다. 마지막으로, 이형구(1987)는 중국 동북부 지역 요동반도의 고인돌을 연구한 후 이들이 한반도의 고인돌과 같은 계통에 속하는 것으로 결론지었다.

이와 더불어, 한국과 일본의 관계에 대한 연구가 진행되기도 하였다. 심봉근(1981)은 일본 큐슈 지역에 있는 개석식과 기반식의 고인돌들이 기원전 4세기 후반경에 한반도 남부 지역으로부터 전파된 것으로 추정하였다. 손병헌(1987)은 무문 토기 시대의 매장유형에는 고인돌, 석관묘, 수혈묘, 옹관묘 등이 있으며 수혈묘와 옹관묘가 고인돌보다 후대에 나타난 것으로 보았다.

마지막으로 이 시기의 특징은 다수의 학자들이 무문 토기 분석에 관심을 가진 것이다. 빗살무늬 토기가 신석기시대의 대표적인 물질문화의 하나라고 본다면, 무문토기는 한국 청동기시대의 대표적 물질문화라 할 수 있다. 한국의 청동기시대에는 여러 유형의 무문 토기들이 발견되었는데, 공렬 토기·구순각목 토기·이중구연 토기·송국리형 토기 및 적색마연 토기(홍도) 등이 그것이다.

이백규(1984; 1986)는 한강유역의 무문 토기를 검토한 후, 출토 유물을 다음과 같이 네 시기로 구분하였다.

① 한반도 동북 지역에서 유래한 것으로 추정되는 공렬문 토기(그림 2.13), 구순각목 토기(그림 2.14-1, 2.14-2) 등이 한강 유역에 도달한 후, 토기 생산 시작
② 한국 동북부 지역의 토기와 한국 서북부 지역의 토기, 즉 팽이형 토기(그림 2.23)가 결합되어 공존
③ 팽이형 토기와 구순각목 토기가 점차 소멸
④ 점토대 토기(그림 2.16)와 세형동검이 등장하기 시작

또한, 그는 밭농사가 기원전 7세기 말부터 기원전 6세기 초 사이에 한국 동북부 지역으로부터 전래되었고, 논농사는 한반도 서북부 지역으로부터 기원전 약 6세기 중엽에 전파되었다고 보았다. 이러한 이백규의 연구 결과는 김장석(2001)에 의해 검토되었는데, 그에 관해서는 다음의 '(2) 주거 유적' 부분을 참조하기 바란다.

그림 2.23. 팽이형 토기
(황해도 지방, 국립중앙박물관, 1993: 31)
국립중앙박물관 소장

한편, 이청규(1988)는 남한 지역에서 출토된 무문 토기 유물군(assemblages)과 공렬 토기를 검토한 글에서 토기 유형에 따라 가락동식, 역삼동식, 흔암리식, 송국리식, 수석리식, 군곡리식 등 6개의 그룹으로 나누었다. 그리고 남한의 무문 토기 문화는 청동 유물이 등장하기 이전에 이미 시작되었으며 철기시대 전기까지 지속되었을 것이라는 의견을 제시하였다. 마지막으로 최성락(1987)은 전라남도의 무문 토기 문화를 ① 무문 토기와 석기 ② 무문 토기

와 청동 유물 ③ 철기 유물과 무문 토기 등 세 시기로 구분하였다.

1990년대 1990년대의 고인돌 연구 성과는 고인돌 사회와 그 역사적 맥락과의 관계 고찰, 고인돌 사회의 재구성, 한국 지석묘(고인돌) 유적의 종합 조사·연구서 및 경기도 고인돌의 종합적 조사 및 연구서 출간 등을 들 수 있다. 이 시기부터는 연구사 검토 범위를 서울·인천·경기도, 즉 한반도 중서부 지역으로 축소·집중시키고자 한다. 그 이유는 전국적으로 발굴을 전담하는 기관들의 증가와 함께 주요 발굴들도 증가하였기 때문이다.

이 시기의 첫 번째 경향은 이전 기간의 연구 경향과 관련되어 있다. 송호정(1990)은 고조선(古朝鮮) 문화의 정체성과 위치에 대해 고찰하였는데, 비파형 동검 문화의 특징과 미송리형 토기(그림 2.24)의 분포 및 문화적 특성을 조사한 후 다음과 같은 연구 결과를 발표하였다. ① 미송리형 토기를 사용한 집단이 고조선이었을 가능성이 있다. ② 이들의 활동 반경을 요하(遼河) 동부 지역에서 한반도 서북부 지역으로 추정할 수 있다. ③ 중국 춘추전국시대(기원전 770년~기원전 221년)의 7개국 중 하나였던 연(燕) 나라의 정치적 영향으로 인하여 요동(遼東) 지역의 주민들이 한반도 서북부 소재 대동강(大洞江) 유역으로 이동하게 되었으며, 그 결과 대동강 유역이 고조선 문화의 중심지가 되었을 것으로 추정된다.

두 번째 경향으로는 고인돌 사회의 제 양상을 재구성하려고 시도한 점을 들 수 있다. 이영문(1993)은 1993년까지 발굴된 한국 고인돌 유적의 발굴 성과들은 종합하였다. 전라남도 지역에 존재하는 약 1만6천여 기의 고인돌을 영산강 유역, 보성강 유역, 남해안 지역 등의 3지역으로 구분하여 면밀히 검토하고, 고인돌이 분묘·제단[6]·영역 표시 등의 3가지 기능을 하였을 것으로 추정하였다. 또한, 1/250,000의 지도에 16,369기의 고인돌을 표시한 결과를 기초로 고인돌을 축조한 집단들이 반경 20㎞의

6) 일부 고인돌들은 제단으로 사용한 것으로 추정되는데, 이는 순천 비룡리, 해남 호동리 등의 고인돌에서 개석 밑에 어떠한 매장 흔적도 발견되지 않았기 때문이다(이영문, 2002: 264).

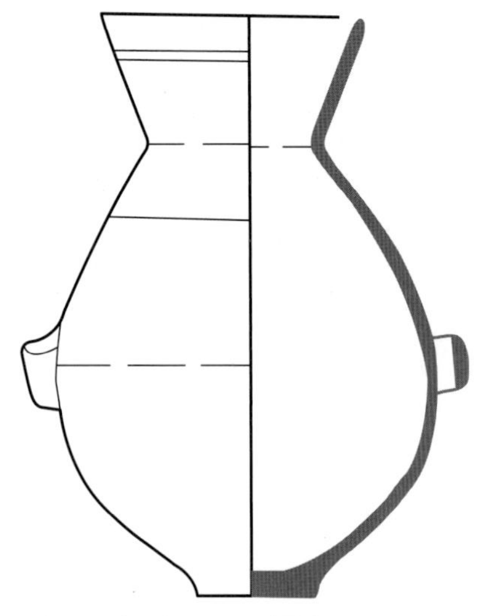
그림 2.24. 미송리형 토기(국립중앙박물관, 1993: 26)
서울대학교 박물관

영역을 중심으로 하나의 사회조직을 형성하고 있었던 것으로 추정하였다. 그는 고인돌의 분포를 크게 두 범주로 나누었는데, 작은 범주는 해안·계곡·언덕·분지를 중심으로 한 반경 5㎞ 이내에 위치한 고인돌 집단을 의미하며, 큰 범주는 계곡·산맥·강을 중심으로 한 반경 20㎞ 내에 위치한 4~6개의 작은 범주들의 집합을 의미한다. 마지막으로, 그는 고인돌의 밀도가 높은 지역들이 대체로 1979년에 천관우가 지적한 마한(馬韓; 기원전 약 4세기부터 기원후 5, 6세기까지 경기·충청·전라도 지역에 위치한 54개 소국들로 구성된 정치체; 최몽룡, 2008: 310)의 소국들의 위치와 일치한다는 점을 강조하였다(이영문, 2002: 316~326).

한편, 하문식(1997)은 『동북아세아 고인돌 문화의 연구』에서 주로 중국의 요녕(遼寧) 지역과 길림(吉林) 지역 및 북한의 고인돌에 관해 연구하였다. 그는 고인돌의 분포(그림 2.25 참조), 위치, 구조 및 유형과 부장품, 고인돌의 편년 등을 조사하였다. 연구 결과, 요하(遼河)의 서쪽 지역에서는 고인돌이 거의 발견되지 않았고 고인돌의 지리적 분포가 비파형 동검의 분포와 거의 비슷한 것으로 보아 두 물질문화가 같은 문화적 배경을 가진 것으로 추정하였다. 그리고 요녕 지역과 북한 지역의 고인돌들은 언덕이나 강 옆의 평지에 위치해 있는 반면, 길림 지역의 고인돌들은 산등성이나 산 정상에 위치한 것을 밝혔다. 또한 고인돌이 분포에 있어서는 요녕, 길림, 북한 지역에 따른 차이를 보이고 있으나, 동아시아의 고인돌들이 요녕, 산동, 절강, 한반도 서해안 등지에 밀집하여 분포되어 있다는 사실에 기초해, '환황해(Yellow Sea Rim)' 고인돌 지역을 상정하는 것도 가능할 것으로 주장하였다. 고인돌의 입지를 산마루, 산기슭, 구릉지대, 평지로 나누어 분석하였는데, 평지와 구릉지대의 경우에는 고인

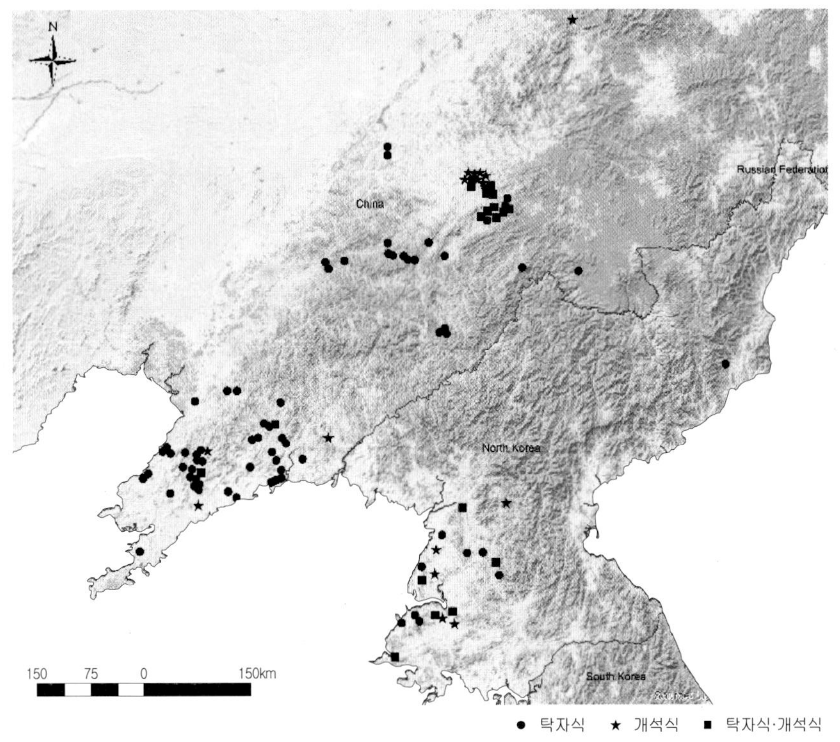

그림 2.25. 중국 동북 지역과 북한 지역의 고인돌 중요 유적 분포도
(기본 지도: 하문식, 1999: 311~312, 필자 재작성)

돌 가까이에 물의 공급처가 있지만, 산기슭이나 산마루에 위치한 고인돌은 조망이 주된 관심사였을 것으로 추정하였다. 이와 더불어, 그는 개석의 크기, 고인돌의 구조와 형식, 부장품 등의 분석을 통하여 고인돌의 성격과 이 시기의 사회를 복원하려고 노력하였다.

2000년대 유태용은 자신의 박사 논문(2001)과 저서(2003)에서 한국 청동기시대 고인돌 사회의 사회 계층화에 대해 연구하였다. 첫째로, 그는 강화도 고인돌들의 지리적 분포를 조사하였는데, 강화도 지석묘는 지형에 따라 10개의 밀집 지역군으로

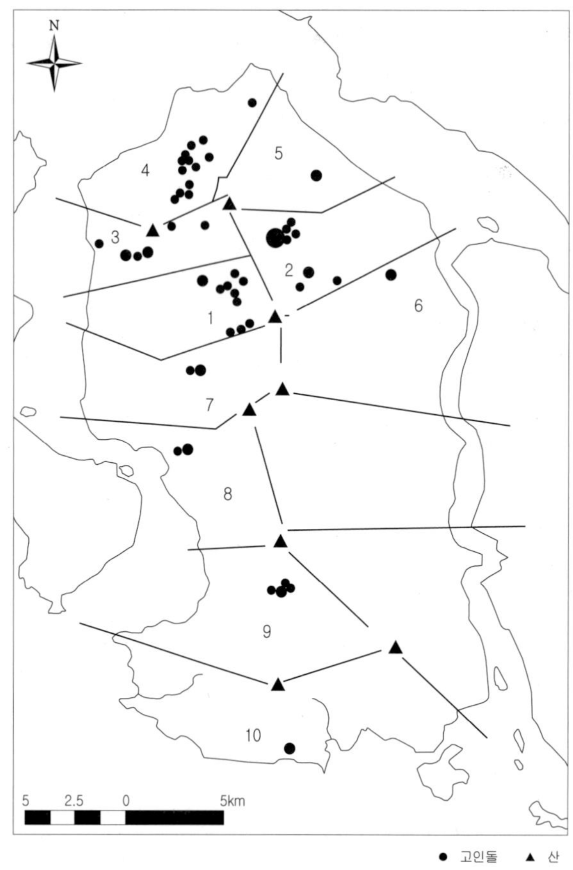

그림 2.26. 강화도 지석묘의 분포와 소밀집 지역군
(기본 지도: 유태용, 2003: 411, 필자 재작성)

나누어 볼 수 있다고 하였다(그림 2.26과 표 2.4 참조).

이들 소밀집 지역 고인돌 수를 백분율로 나타내면, 1군은 35%를, 나머지 군들은 순서대로 23%, 7%, 19%, 1%, 1%, 8%, 1%, 4%, 1%의 분포 양상을 보이고 있다(표 2.4 참조). 여기서 주목할 점은 가장 분포 비율이 높은 1군의 위치가 강화도의 중심부에 해당된다는 점이다. 고인돌 소밀집지 3군에서 10군은 1군이나 2군 밀집지로부터 일정한 거리를 두고 분포되어 있는데, 그는 지석묘 사회가 1군 지역에서 7군, 8군, 9군, 10군의 순서로 확장되어 갔을 것으로 해석하였다(그림 2.26 참조).

또한, 유태용은 이들 소밀집 지역의 지석묘들이 그 형식 분포면에서 약간의 차이를 나타내고 있다고 하였다. 1군에서는 탁자식 지석묘의 수가 개석식 지석묘의 수보다 높게 나타나고 있는 반면에, 7군을 제외한 나머지 소밀집 지역군의 경우 개석식 지석묘의 수가 우세한 것으로 나타났다. 1군은 지리적으로 고려산 서북쪽 평야 지대에 위치해 있는데, 여기에는 신석기시대 빗살무늬 토기가 산포되어 있고 청동기시대의 장방형 주거지와 팽이형 토기편도 확인되었다. 팽이형 토기는 한반도 서북 지역에서 기원한 것으로 추정되며,

표 2.4. 강화도 지석묘의 밀집분포 현황(유태용, 2003: 413)

지역군	분포수(개수)	분포 (백분율)	고인돌 형식		
			탁자식	개석식	기타
1군	60	36	38	21	1
2군	38	23	13	22	3
3군	12	7	5	7	
4군	32	19	11	21	
5군	1	1	1		
6군	1	1	1		
7군	13	8	10	2	1
8군	1	1	1		
9군	6	4	1	5	
10군	1	1			1
합계	165	100	81	78	6

이 토기편의 발견으로 인해 고고학자들은 두 지역 간에 어떠한 관계가 있었을 것으로 판단하였다. 2군은 1군의 동쪽 지역에 위치하며, 지리적으로는 1군보다 평야지대가 적고 분지성 계곡이 발달한 곳이다. 특히, 강화도 지역에서 가장 큰 규모의 고인돌이 발견되어 주목된다. 유태용은 치석(治石)상태가 가장 좋고 개석의 무게도 약 108t 정도 나가는 것으로 보아 강화도의 지석묘들 가운데 대규모의 인력 동원이 가능하였을 가장 늦은 시기에 축조된 것으로 추정하였다. 또한, 렌프루(Renfrew)의 접근법에 기초하여 약 1,100명 정도의 인원[7]이 고인돌의 축조에 동원되었을 것으로 보았다. 이 정도 규모의 인구를 동원하려면, 이 시기의 지석묘 사회는 아마도 정치적으로 하나의 족장아래 통합되어져야만 가능했을 것이므로 탁자식 고인돌은 족장의 정

7) 최성락·한성욱, 1989,「地石墓 復元의 一例」,『전남 문화재』 2집, 11~24쪽. 최성락·한성욱의 연구는 우리 나라 지석묘 이동문제를 추정할 수 있는 근거를 제시해 주었다. 이 실험은 상석과 옮기는 길 등이 준비된 상태에서 밧줄과 통나무를 사용하여 6.8t의 상석을 150m 정도 끌어 옮기기 위해서는 73명의 인원(실제로는 60명)이 필요했으며, 한 사람이 100㎏ 정도를 움직일 수 있다고 추론하였다.

치적 · 경제적 영향력을 보여주는 것이라 해석하였다.

또한, 유태용(2001; 2002)은 강화도 고인돌의 축조입지를 산마루, 산능선, 산하사면, 평지, 논 등 5개의 범주로 나누었고, 지세에 따른 입지비율은 각각 14%, 19%, 61%, 5%, 1%에 해당된다(표 2.5 참조).

표 2.5. 강화도 지석묘의 지세에 따른 입지 비율(유태용, 2003: 425)

지세	산마루	산능선	산하사면	평지	수전지
지석묘수(%)	23(14)	31(19)	101(61)	8(5)	2(1)

이 접근의 지세 구분에서는 한 가지 애매한 기준이 확인되는데, '논(수전지)'이란 범주는 현재 토지 사용 용도에 따른 명칭이라는 점이다. 한편, 그는 고인돌의 축조입지로 산하사면이 가장 선호되는 지세였다고 추정하였다. 이러한 발견은 상당한 의미가 있어 보이지만, 강화도 지역에 대한 자연 지세 분석이 이루어질 때까지는 이 결론을 수용하기에 다소 어려움이 있어 보인다. 여기서 관건은 강화도의 산하사면이 강화도 지세 분포의 어느 정도에 해당되느냐 하는 것일 것이며, 이에 대한 분석은 제5장에서 다루고자 한다. 유태용은 당시 사람들이 이 입지를 선택한 이유로, 주로 산하사면이 시야(시계)가 넓기 때문일 것으로 해석하였다. 시야 또는 시계에 대한 접근법도 제5장에서 검토될 것이다.

한편, 고인돌의 축조입지와 고인돌의 형식과의 관계에 관한 분석을 보면, 기타에 해당하는 6기의 지석묘를 제외하고 강화도의 지석묘 수가 159기인데, 이들은 탁자식 또는 개석식의 두 유형 중 한 가지에 속하고, 각각 81기(49.1%)와 78기(47.3%)에 해당된다(표 2.6 참조). 그리고 지세에 따라서도 고인돌 형식에 따른 분포 수에 약간의 차이를 보이는데, 산마루와 산능선에는 탁자식 고인돌의 축조비율이 높다. 산마루에는 탁자식 고인돌이 16기(69.5%), 개석식 고인돌이 7기(30.4%)가 축조되었고 산능선에는 17기(54.8%)의 탁자식 고인돌과 14기(45.1%)의 개석식 고인돌이 조성되었다.

또한, 산하사면에 입지한 지석묘는 탁자식이 43기(42.5%)이며, 개석식은 53기(52.5%)로 나타나고 있다. 산하사면에 축조된 지석묘는 기타의 5기를 포함해 101기로 산마루나 산능선 지역보다 숫적으로 많고, 형식도 탁자식보다는 개석식의 축조 비율이 높게 나타나고 있음을 알 수 있다. 하지만 카이제곱 검정(chi-square test)[8] 결과에 따르면, 고인돌의 두 형식과 축조입지라는 두 변수는 연관성이 없는 것으로 나타났다.

표 2.6. 강화도 지석묘의 형식과 입지에 따른 분포 비교(유태용, 2003: 427)

입지	산마루	산능선	산하사면	평지	수전지
탁자식 고인돌(%)	16(69.5)	17(54.8)	43(42.5)	4	1
개석식 고인돌(%)	7(30.4)	14(45.1)	53(52.5)	3	1
기타	0	0	5	1	0

유태용은 또한 고인돌 사회의 규모는 고인돌 축조에 동원된 인력의 규모를 통하여 파악할 수 있을 것으로 보고, 개석의 무게를 분석하였다. 표 2.7은 각 고인돌 소밀집 지역에 존재하는 최대 개석의 무게를 기록한 것이다.

표 2.7에 의하면, 각 고인돌 소밀집지에는 최소한 1개의 대형 고인돌이 있고 하점면 부근리 317번지와 송해면 양오리 산 11번지의 지석묘를 제외하면 평균 개석의 무

8) 카이제곱 검정 결과

	탁자식	개석식	합계	Observed	Expected	(Oi−Ei)^2	(Oi−Ei)^2/Ei
산마루	16	7	23	16	11.65	18.89	1.62
산능선	17	14	31	7	11.35	18.89	1.67
산하사면	43	53	96	17	15.71	1.67	0.11
	76	74	150	14	15.29	1.67	0.11
				43	48.64	31.81	0.65
				53	47.36	31.81	0.67
Chi−squared							4.83
	df=(2−1)*(3−1)						
	df=2						
95% confidence level	p=0.08946						

게는 15.1t이라고 볼 수 있다. 유태용은 대략 1t의 상석을 옮기는 데 성인 남자 10명 정도의 노동력이 투입된다는 공식에 의거해, 15t 정도의 지석묘를 축조하기 위해서는 대략 성인 남자 150여 명 정도의 노동력이 투입되어야 한다고 추정하였고, 이를 토대로 소밀집 지역의 인구를 추산하면(150명×한 가구당 5인 기준) 750명이라는 수치가 나온다. 따라서 각 소밀집 지역의 사회적 규모는 직경 3~5㎞의 범위에 인구가 700~800명 정도에 이르는 사회적 규모를 형성하고 있었을 것으로 추정하였다(유태용, 2003: 453, 그림 2.26 참조). 하지만 당시 공동체의 규모에 대한 그의 추측을 뒷받침할 만한 충분한 고고학적 증거가 아직 발견되지 않았고, 표 2.8과 그림 2.27을 보면, 강화도에 축조된 대다수 고인돌(약 74 %)의 개석은 5t 이하이다. 따라서 이러한 규모의 고인돌을 축조하기 위해서는 보다 적은 수의 인원이 필요했을 것이다. 그러므로 표본의 분포가 정규분포를 보이지 않을 경우에는 평균치(mean)보다는 중앙값(median)을 이용하는 편이 보다 적합한 결과를 도출해 낼 가능성이 있다고 판단된다(그림 2. 28 참조). 이는 대형 고인돌이 어느 시기에 축조되었는지에 관한 문제와도 밀접한

표 2.7. 소밀집 지역의 대표적 개석 분포(유태용, 2003: 451)

밀집군	소재지	무게(t)
1군	하점면 부근리 743-4 점골	15.2
	하점면 심삼리 524-2	17.6
2군	하점면 부근리 317	108.2
	송해면 하도리 A 187-1	15.7
3군	하점면 창후리 산11 창후 A	16.8
	하점면 창후리 사촌 창후 F	17.5
4군	양사면 교산리 산615 묵골 H	13.3
5군	송해면 양오리 산11	38.6
6군	강화읍 대산리 1189 청송	12.8
7군	내가면 오상리 산125 고상골 1	16.6
8군	내가면 외포리 외포	·
9군	양그림 도장리 어두 1o-myeon	10.5
10군	화그림 동막리 동막	·

표 2.8. 강화도 지석묘 개석의 무게(유태용, 2003: 452)

무게 (t)	숫자	백분율 (%)
0.1 ~ 1.0	16	13.22
1.1 ~ 5.0	73	60.33
5.1 ~ 10.0	16	13.22
10.1 ~ 15.0	8	6.61
15.1 ~ 20.0	6	4.95
20.1 ~ 40.0	1	0.82
40.1 ~ 110.0	1	0.82
합계	121	100.0

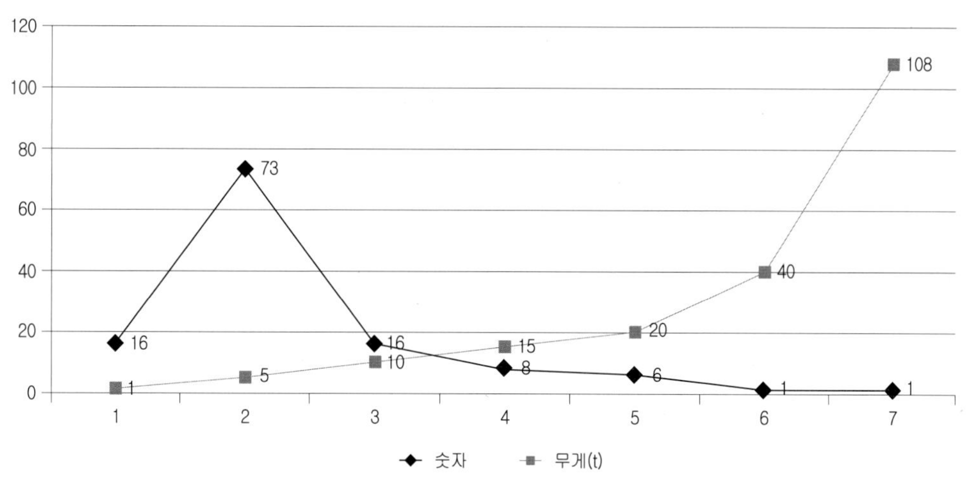

그림 2.27. 강화도 지석묘의 무게와 분포수와의 상관관계(유태용, 2003: 454)

관련이 있다고 볼 수 있을 것이다.

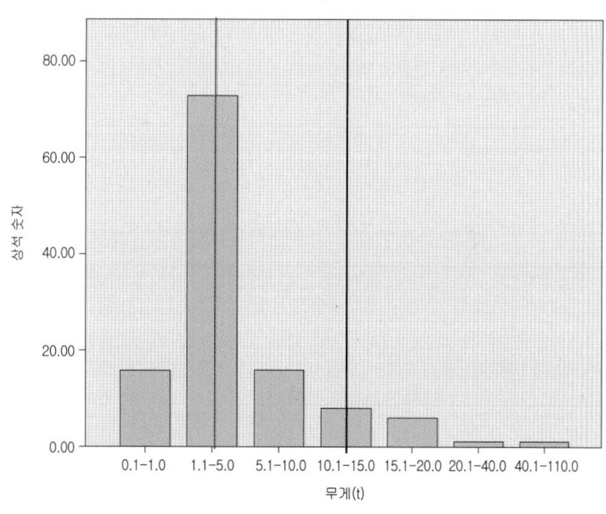

그림 2.28. 강화도 고인돌 상석 무게의 중앙값(median, 붉은선: 1.1~5.0)과 평균값(mean, 검은선: 10.1~15.0)

표 2.8은 강화도에서 개석의 무게가 확인되는 고인돌들의 수를 나타냈으며, 그림 2.27은 고인돌 상석의 무게와 분포수와의 상관관계를 보여주고 있다. 이에 따라 가장 작은 범주를 제외하고는 고인돌 개석의 무게가 증가함에 따라 지석묘의 숫자가 감소하는 모습을 보이고 있다. 한편, 가장 무거운 개석을 가진 부근리 317호 고인돌은 고려산 북쪽 평지의 동부와 서부 사이의 경계 지점에 위치한다. 이곳은 지리적으로 고려산 북쪽의 동서 양쪽 지

역을 통괄하는 위치이기 때문에, 유태용은 이 고인돌에 묻힌 피장자가 생존 시에 강화도의 다른 소밀집 지역까지 정치·경제적으로 영향력을 행사하였을 것으로 추론하였다(유태용, 2003: 454~455).

강동석도 석사 논문(2002a)과 또 다른 논문(2002b)에서 고인돌 사회를 분석하였다. 강화도는 고인돌의 밀집 지역으로 특히 남한에서 탁자식 고인돌이 가장 많이 분포하고 있다. 그는 강화도의 고인돌 157기 중 형식 추정이 가능한 것을 유형별로 76기의 탁자식 고인돌과 55기의 개석식 고인돌로 나누었다. 분포 양상을 보면, 탁자식 고인돌은 단독으로 축조된 경우가 많았고 주로 해안이나 능선에 위치해 있었다. 반면에 개석식 고인돌은 2~3기씩 탁자식 고인돌과 공존하거나 혹은 독립적인 군집을 유지하는 경향이 있었다.

유태용과 강동석의 논문에는 고인돌의 수에 차이가 나타나는데, 아마도 형식을 추정하기 어려운 고인돌들이 존재하기 때문인 것으로 판단된다.

한편, 고인돌들의 구조와 관련하여서는 개석식 지석묘의 하부 구조에 대한 정확한 연구 결과가 부족한 편으로 주로 지석묘의 개석에 대한 속성들을 중심으로 분석하였다. 강동석은 유태용과 마찬가지로 개석의 크기가 지석묘의 구조뿐만 아니라 사회적 복합성을 반영하는 경향이 있다고 보았다. 따라서 개석의 크기에 따라 고인돌들의 입지와 군집 양상이 다양하게 나타난다면, 그것이 고인돌 사회의 형성을 추론할 수 있는 기초 자료가 될 수 있을 것으로 추정하였다. 강동석은 52기의 탁자식 고인돌과 54기의 개석식 고인돌 등 비교적 정확히 측정된 112개의 고인돌을 대상으로 분석하였다. 그는 개석의 규모를 소형(0~7.5㎥), 중형(10.0~15.0㎥) 그리고 대형(40.0~42.5㎥)의 3범주의 크기로 분류하였다. 이 중 개석식 고인돌은 분석 대상인 54기 중, 약 85%에 해당되는 46기가 0~2.5㎥에 이르는 작은 개석을 가지고 있음을 밝혀냈다. 또한, 그는 개석의 장축과 단축 길이의 비례관계를 조사하였는데, 결과는 유의수준 0.01~0.845의 높은 상관관계를 보였다. 그는 다양한 통계 분석을 시도하였는데, 산출된 결과들에 대한 해석이 좀 더 보완되어야 하는 아쉬움이 있다.

또한, 강동석은 고인돌들의 분포 유형을 3가지로 분류하였다. 첫 번째 유형은 주거지 또는 경작지 부근의 구릉 혹은 산기슭에 위치한 2~8기의 개석식 혹은 탁자식 고인돌이다. 소군집을 이루고 있으며, 이러한 유형은 사회 내부적으로 계층적 분화가 덜 진전된 단계에 축조되었을 것으로 추정하였다. 두 번째 유형은 해발 100m 이상의 산마루 혹은 능선과 같이 주변 지역을 조망할 수 있는 전망이 좋은 곳에 주로 탁자식 고인돌이 축조된 유형이다. 이 유형은 지석묘 축조 집단의 계층 분화가 심화되면서 그 집단에서 정치적 권위를 소유하고 있었던 이들을 위한 분묘유구였거나 피장자의 정치적 권위나 영토의 경계 등과 같이 상징적 의미를 지녔을 것으로 추정하였다. 세 번째 유형은 평지 혹은 언덕 위에 위치한 대형 탁자식 고인돌로 다른 고인돌 군집 지역으로부터 일정 거리를 두고 있다. 고인돌의 크기와 위치로 볼 때, 강화도의 북부 지역을 통합한 집단이 자신들의 공동체를 공고히 하고 정체성을 확립하기 위하여 이러한 유형의 고인돌을 축조했을 것으로 유추하였다. 유태용과 강동석은 진화론적 방법론에 입각하여 가장 거대한 고인돌들이 고인돌 사회의 발전 결과로 축조된 것으로 보았는데, 이는 본 연구의 제6장에 제시된 결과와 비교된다.

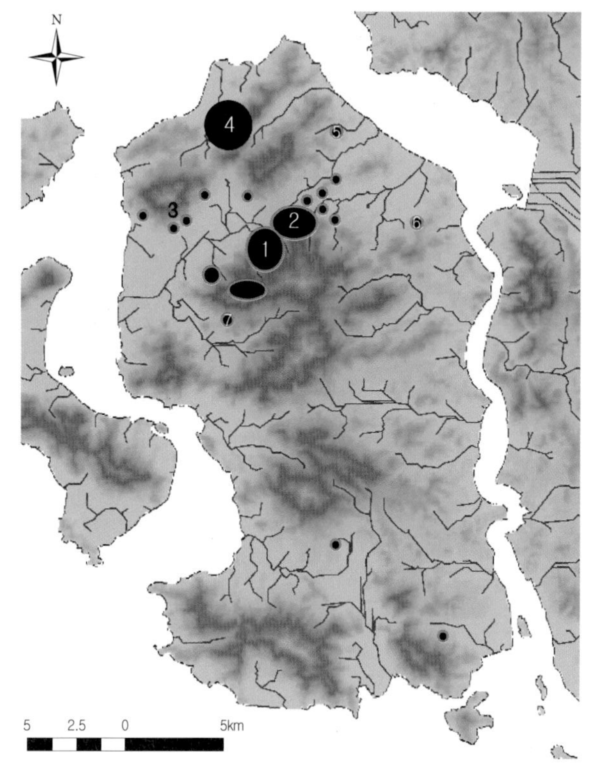

그림 2.29. 강화도 지석묘 분포도
(기본 지도: 강동석, 2007: 659, 필자 재작성)

한편, 강동석은 삼거리 지석묘군의 입지가 초기에 취락이 발생해서 장기간 주도적인 역할을 하며 발달한 지역으로 추정하고 이를 분석하였다(그림 2.29의 1 참조). 이는 고인돌의 주기능이 분묘이나 주거지들이 고인돌 부근에서 주로 발견된다는 가설에 근거한 것이다. 이러한 분석을 위해 주로 용수와 농경지의 확보 측면을 고려하였는데, 1979년 농업진흥청의 농업기술연구소에 의해 제작된 정밀토양도(1:25,000)를 바탕으로 현재의 삼거리 지역이 2~7% 또는 7~15%의 완만한 경사면을 이루고 있어 밭농사 작물의 경작에 적합하다는 점을 확인하였다. 비록 이 정보가 선사시대의 토양 조건을 정확히 반영하는 것은 아니지만 고환경에 관한 자료의 부족을 현재의 데이터를 활용함으로써 부분적으로나마 보완할 수 있는 가능성이 있어 본 연구의 제4장에서도 현재의 토양 자료를 분석에 활용하였다. 마지막으로, 그는 연료와 일조량 및 교역 등의 다른 요인들도 취락 입지요건으로 작용하였을 것으로 보았다.

하문식, 김주용, 이진영 등(하문식 외, 2004)은 지리정보시스템(GIS: Geographical Information System)을 활용하여 경기도 연천군 소재 고인돌군의 공간적 분포를 분석하였다. 이들은 고도, 사면의 경사, 사면경사의 방향, 유적지와 수계(water source) 간의 수직 및 수평 거리, 유적이 분포된 지역의 주된 토양과 지질 등을 조사하였다. 그 결과, 유적이 분포하는 고도의 범위는 해발 12.8~80.0m이고 평균 고도는 41.7m였다. 유적들의 평균 경사도는 4.6°로, 완만한 경사를 이루며 경사지 방향은 주로 서쪽과 동쪽 방향이었다. 그러나 앞서 유태용의 지세에 따른 고인돌의 분포 빈도에서 지적한 바와 같이, 유적지들이 위치한 경사 방향에 의미를 부여하기 위해서는 연천 지역의 전체적인 자연 경사지의 방향이 먼저 고려되어야 한다. 이 점은 제4장과 제5장에서 다시 다루어질 것이다. 한편, 이들은 그 동안 발견된 고인돌 유적들의 입지 조건이 물줄기와 밀접한 관련이 있음을 확인하고 수계로부터의 평균 수직 거리를 분석하였다. 이는 평균 5.3m로 나타나 수계와 비교적 가까운 거리에 유적이 존재했던 것으로 추정되며, 수계로부터 유적지까지의 평균 수평 거리는 200m로 가장 가까운 거리는 28.7m에서부터 가장 먼 거리는 757m까지로 다양한 편차를 보이

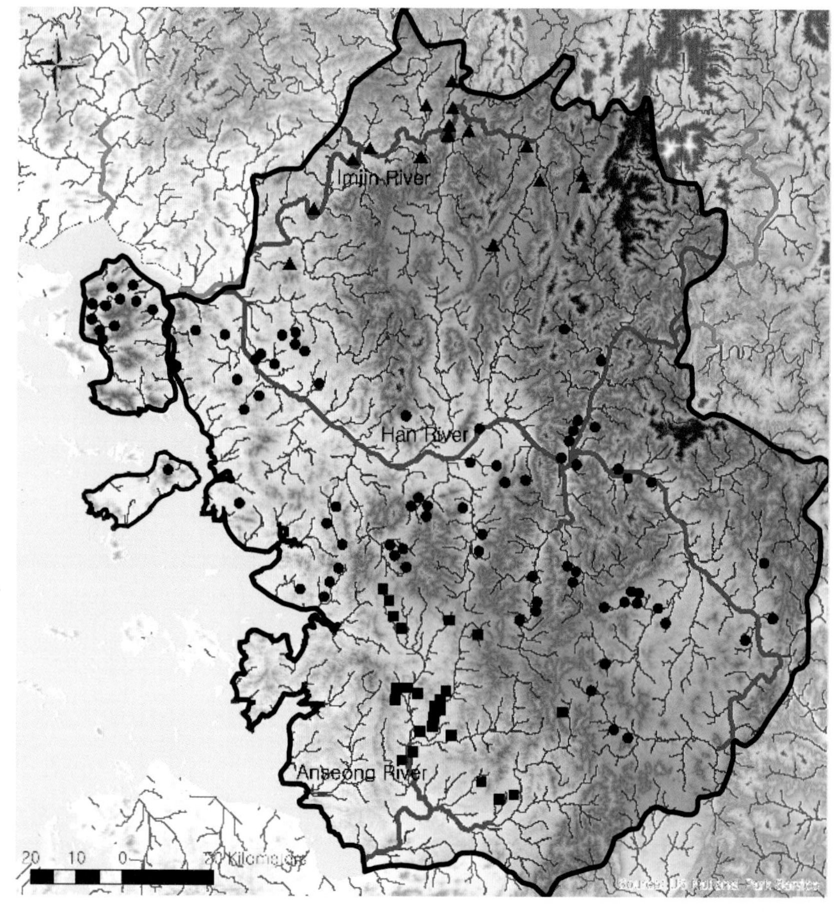

그림 2.30. 경기 지역의 고인돌 분포(기본 지도: 우장문, 2006: 394, 필자 재작성)

고 있다. 또한, 해발고도와 기반암과의 관계를 보면, 해발 60m 이상의 유적지인 통현리·차탄리·양원리 등의 경우에는 산성화산암과 규암(quartzite)이 주를 이루며, 해발 10~30m의 저지대 지역(전곡리·학담리·학곡리·은대리 유적)은 현무암(basalt)·편마암(gneiss)·각석암(amphibolite)이 분포되었다. 이러한 기반암에 관한 조사는 고인돌 덮개돌의 채석지를 밝히는 데 도움이 될 것이다. 이 연구는 한국의 고인돌 연구에 지리정보시스템(GIS)을 적용한 최초의 사례이다.

우장문은 박사학위 논문(2005)과 같은 제목으로 2006년에 출간된 단행본(2006)에서 서울·인천·경기 지역에 분포하는 611기의 고인돌을 대상으로 연구·분석하였다. 그는 한강(강화도 포함), 임진강(한탄강 포함), 안성천(진위천 포함)을 중심으로 강변과 지류의 고인돌들의 분포 지도(그림 2.30 참조)를 작성하였다. 또한, 각 지역의 고인돌들의 특성들인 상석(덮개돌)과 지석의 크기, 상석의 무게, 장축의 방향, 굼(컵 마크, 성혈)의 존재 유무, 고인돌의 유형 및 부장품 등을 정리하여 표로 작성하였다.

먼저, 그는 임진강 유역의 16곳에 54기·한강 유역에는 91곳에 506기·안성천 유역에는 25곳에 51기 등의 고인돌을 확인하였으며(그림 2.30), 고인돌의 위치를 평지와 구릉/능선으로 구분하여 그 분포 현황을 고인돌의 수와 백분율로 나타내었다(표 2.9).

두 번째로, 그는 경기도 지역의 고인돌 형식을 유역별로 분류하여 형식에 따른 기수와 백분율을 표로 나타내었다(표 2.10).

조사 결과, 연구 대상 지역의 가장 북쪽에 위치한 임진강 유역(48%)에서 한강(31%)과 안성천(2%) 유역보다 더 많은 비율의 탁자식 고인돌이 발견되었다(표 2.10). 탁자식 고인돌과 개석식 고인돌들의 분포는 제5장에서 다시 거론될 것이다.

다음으로, 우장문은 강들의 본류와 지류들에 분포하는 고인돌들의 상석의 평균 크기를 비교하였다(표 2.11).

표 2.9. 경기 지역 고인돌의 위치별 분포 현황(우장문, 2006: 397)

구분	평지 (점유율, %)	구릉 및 능선 (점유율, %)
강화도	10 (6)	155 (94)
남한강	43 (55)	34 (44)
북한강	42 (78)	12 (22)
한강 본류	27 (14)	172 (86)
한강 유역 전체	122 (25)	373 (75)
임진강	22 (42)	31 (58)
안성천	7 (16)	37 (84)
경기 지역 전체	151 (26)	441 (74)

표 2.11에 의하면, 지류 주변의 고인돌은 일반적으로 크고 강변에 위치한 고인돌들은 그 크기가 대체적으로 작은 것을 알 수 있다. 지류 주변의 고인돌이 큰 이유에 대해 ① 강변은 지류 주변보다 돌감을 얻기 어렵고, 지질이 모래이기 때문에

표 2.10. 경기 지역 고인돌의 유역별 형식분류(우장문, 2006: 401)

형식 / 지역	탁자식 (%)	개석식 (%)	바둑판식 (%)	불명	계
강화도 (%)	78 (55)	64 (45)	0	14	156
한강 본류 (%)	56 (24)	177 (76)	0	16	249
남한강 (%)	3 (5)	53 (93)	1 (2)	20	77
북한강 (%)	3 (20)	13 (80)	0	8	24
한강 유역 전체 (%)	140 (31)	307 (68.5)	1 (0.5)	58	506
임진강 (%)	14 (48)	15 (52)	0 (0)	25	54
안성천 유역 (%)	1 (2)	44 (86)	5 (12)	1	51
경기 지역 전체 (%)	155 (30)	366 (70.8)	6 (1.2)	84	611

표 2.11. 강변과 그 지류 고인돌의 평균 크기 비교(우장문, 2006: 405)

구분	강변의 고인돌 (m)	(m^3)	지류의 고인돌 (m)	(m^3)
남한강	1.98 × 1.19 × 0.51 =	1.20	2.6 × 1.95 × 0.76 =	3.85
북한강	1.74 × 1.33 × 0.5 =	1.16	3.47 × 2.38 × 0.85 =	7.02
임진강	2.46 × 1.86 × 0.47 =	2.15	3.58 × 2.89 × 0.44 =	4.55

큰 돌감을 옮기는 데 다른 평지보다 훨씬 많은 노동력을 필요로 했기 때문이다. ② 당시 청동기시대의 사회 정황상 전략적으로 방어에 유리한 지류 쪽에 세력의 근거지를 조성하였을 것으로, 이는 당시의 족장들이 개방된 공간에서보다 제한된 지역에서 자신들의 공동체를 좀 더 효과적으로 지배할 수 있었기 때문으로 추정하였다. 이 중에서 연천 지역(최정필 외, 2003a: 290)과 화순 지역(이영문, 1999: 305)의 고인돌 유적 인근에서 채석장들이 발견되는 것으로 볼 때, 채석장이 가까울수록 규모가 큰 고인돌을 축조하기에 용이했던 것이 아닌가 판단된다.

우장문의 연구 시점까지는 한강 유역에서 발굴된 143기의 고인돌 가운데, 51기의 고인돌(36%)에서 부장품이 발견되지 않았으며 방사성탄소연대 측정 결과도 결여되어 있었다. 하문식과 박희현의 경우와 마찬가지로, 우장문도 앞에서 언급되었던 양수리 유적의 방사성탄소연대(KAERI–95 3900±200 BP. OxCal 4.0: 2910~1784 BC at 2 sigma, 그림 2.22 참조)와 신석기시대 토기편들과 석기 그리고 고인돌 주변에 위치해 있던 신석기시대 주거지에서 발굴된 유물들에 기초하여 고인돌들이 신석기시대부터 축조되었다고 보았다. 그러나 이는 신석기시대의 활동 이후에 고인돌이 이들 장소 인근에 축조되었을 가능성을 배제할 수 없고, 앞에서도 지적한 바와 같이 ±200이라는 오차범위는 신뢰할 만한 연대 측정이라고 보기에 그 범위가 너무 넓다.

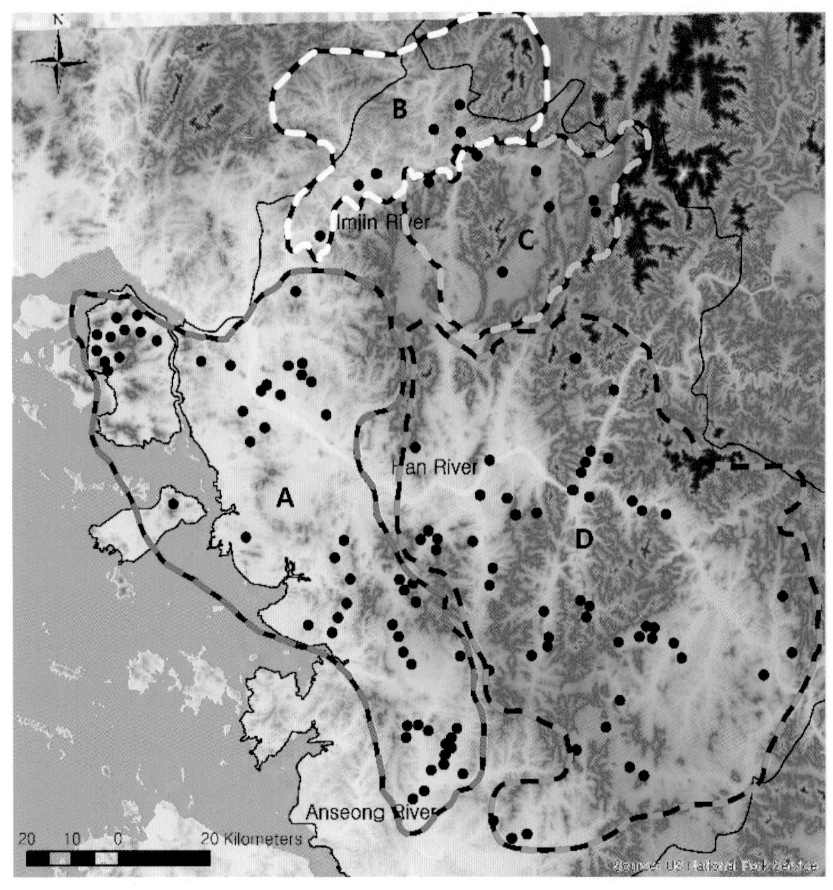

그림 2.31. 경기 지역의 고인돌 문화권(굵의 권역)(기본 지도: 우장문, 2006: 426, 필자 재작성)

마지막으로, 우장문은 고인돌에서 발견되는 굼(성혈, 컵 마크)의 존재 여부와 각 고인돌에서의 굼의 수를 조사하였다. 50개 이상의 컵 마크를 가진 고인돌들은 주로 남한강변의 인근에서 발견되었으며, 6~10㎞의 거리를 두고 분포되어 있었다. 이러한 특징으로 우장문은 경기 지역을 네 구역으로 나누었는데(그림 2.31), 많은 수의 컵 마크를 가진 고인돌들의 분포가 대형 탁자식 고인돌들의 분포처럼 복합 사회들의 영역을 나타낸다고 추정하였다. 이 착상은 새로운 접근법이라 할 수 있으나, 우장문 본인도 지적한 바와 같이 성혈은 고인돌이 축조된 이후에 만들어졌을 가능성이 있기 때문에(우장문, 2006: 432) 자료 해석에 신중을 기해야 할 것이다.

이상으로, 고인돌에 관한 기존의 연구 성과들을 살펴보았다. 다음으로는 주거 유적 연구와 철기시대의 연구 성과에 대하여 간략히 살펴보고자 한다.

(2) 주거 유적

이 부분에서는 연구 대상 지역에 존재하였던 주거 유적과 그와 관련된 유물에 관한 연구 성과를 검토하고자 한다. 우선, 이백규(1974b)에 의하면, 흔암리(欣岩里)식 유물복합체(assemblage)[9](그림 2.36 참조)는 한반도 동북 지역의 역삼동(驛三洞)식 유물복합체[10](그림 2.33 및 2.35 참조)와 서북 지역의 가락동(可樂洞)식 유물복합체[11](그림 2.37 참조)의 융합으로 한강 유역에서 형성되었다고 유추하였다. 이 연구 이후, 흔암리식 토기는 한반도 중부 지역의 대표적인 청동기시대 유물로 인식되어 왔다. 그 후, 김장석(2001)은 다음과 같은 이유로 이백규의 연구에 의문을 제기하였다. 첫째, 흔암리 토기를 범주화하기에는 너무 다양하기 때문에 기술과 문화적 정체성을 공유하는 특정 집단이 흔암리 유물군을 만들고 사용했다고 결론을 내리기에는

9) 흔암리식 토기는 짧은 사선의 이중 구연을 가지며, 구연부에 작은 구멍들이 있다(국립문화재연구소, 2001: 1343, 그림 2.36).

10) 역삼동식 토기는 구연부에 작은 구멍 및 새김눈 띠를 가진다(국립문화재연구소, 2004: 82, 그림 2.33 및 2.35).

11) 가락동식 토기는 짧은 사선의 이중 구연을 가진다(국립문화재연구소, 2004: 82, 그림 2.37).

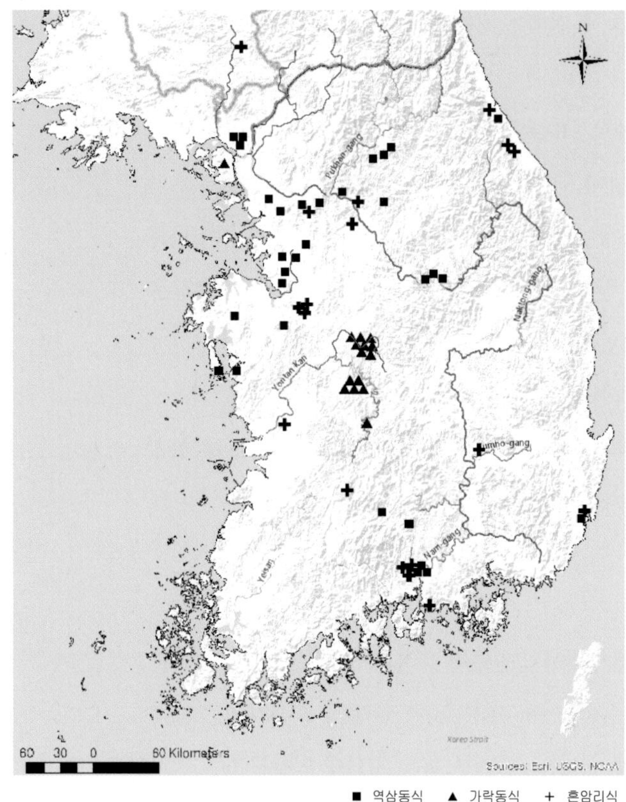

■ 역삼동식 ▲ 가락동식 + 흔암리식

그림 2.32. 전기 무문 토기 시대 유적 분포도
(제주도 제외, 기본 지도: 김장석, 2001: 42, 필자 재작성)

어려움이 있으며, 둘째, 가락동식 유물군과 흔암리식 유물군 사이에는 시작 시점에 있어 차이가 없고, 마지막으로, 가락동식 토기가 흔암리식 토기와 역삼동식 토기와는 지역적 분포를 달리한다(그림 2.32 참조)는 점이다. 이에 그는 미송리(美松里)형 토기와 청동 유물[12](그림 2.38 참조)을 소유한 집단이 한반도 서북쪽의 청천강 유역으로 확산됨에 따라, 청천강 유역에서 팽이형(각형) 토기[13](그림 2.34)를 사용하던 사람들의 일부가 남하하게 된 것으로 보았다. 그 결과 가락동식 토기가 한강 유역에 나타나게 되었으며, 이들이 기존의 역삼동식 토기를 사용하던 집단에 흡수·통합되면서 역삼동식 토기 분포권에서 흔암리식 토기가 발생한 것으로 이해하였다.

한편, 크러포드(Crawford)와 이경아(2003)는 한반도에서의 농경의 기원을 이해하

12) 이들 유물은 1959년 평안북도 청천강 유역에 위치한 미송리 동굴에서 발견되었다(국립문화재연구소, 2001: 434~435; Kim, 1978: 82, 그림 2.38).

13) 각형 토기는 1958년 황해도 봉산군 신흥동 유적지에서 발견되었다(국립문화재연구소, 2001: 788~789, 1232~1233; 그림 2.34).

그림 2.33. 역삼동식 토기
(숭실대학교 한국기독교박물관 소장)

그림 2.34. 팽이형(각형) 토기
(복원, 국립중앙박물관, 1993: 31/국립중앙박물관 소장)

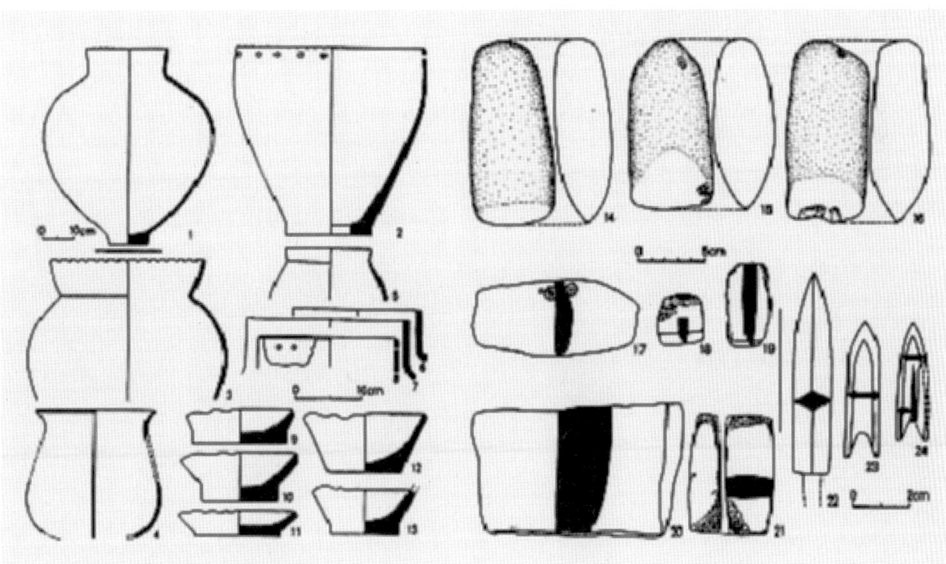
그림 2.35. 역삼동 유물 복합체(Kim, 1978: 91)

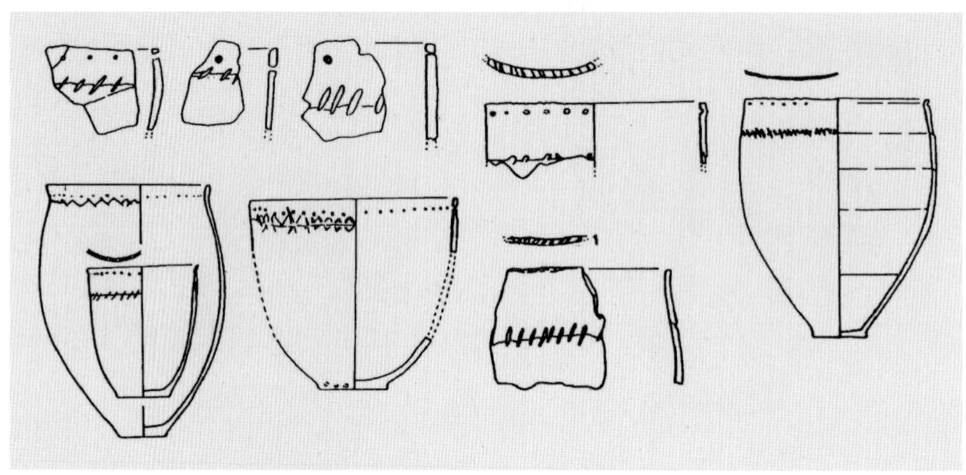

그림 2.36. 흔암리식 토기(국립문화재연구소, 2001: 1343)

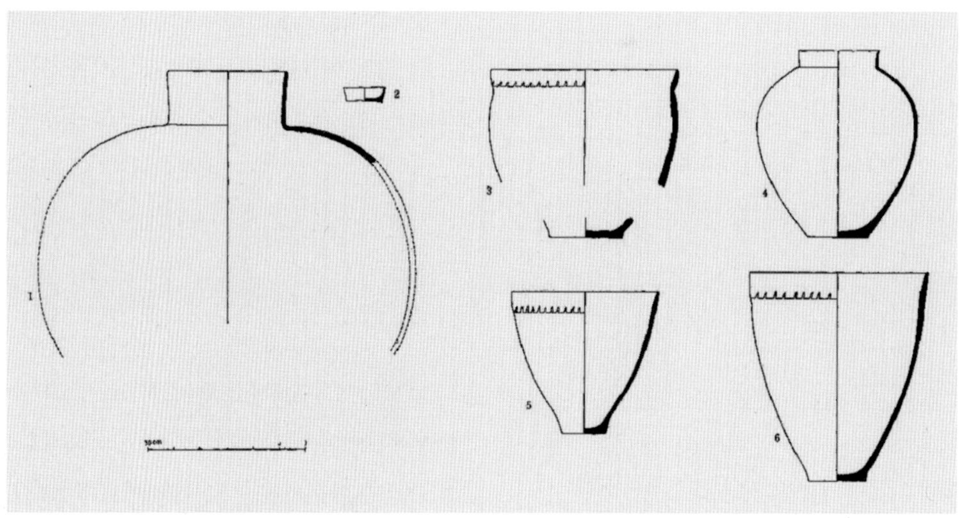

그림 2.37. 가락동식 토기(김정학, 1963: 17)

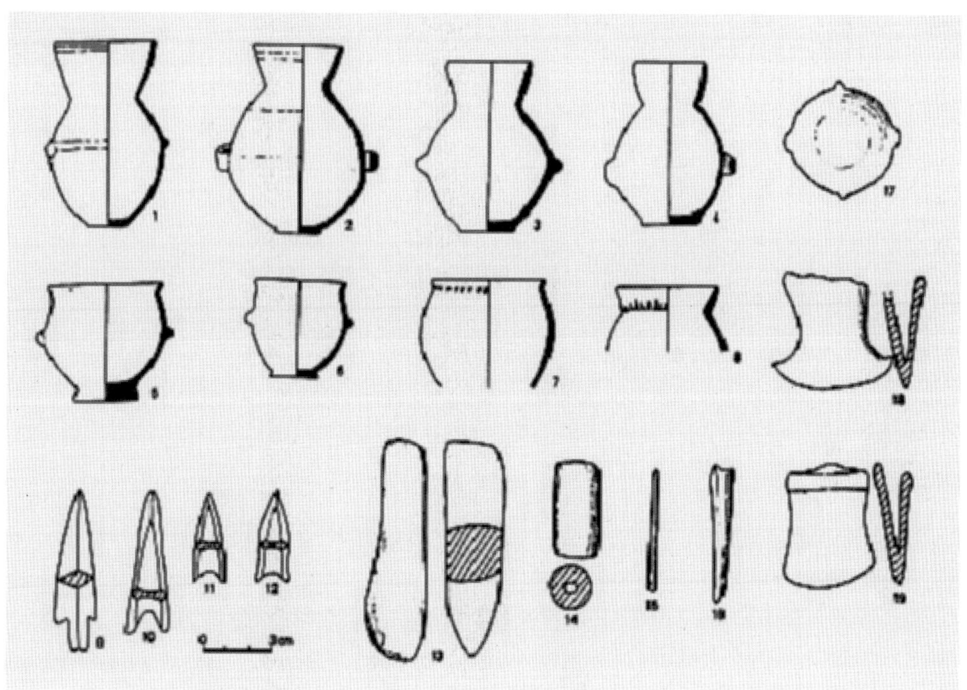

그림 2.38. 미송리 유적 상층 출토 유물(Kim, 1978: 83)

기 위해 기원전 3000년경~기원전 1000년경 사이에 해당되는 즐문토기 시대(신석기 시대에 해당) 중기~무문토기 시대(청동기시대에 해당) 중기의 경상남도(그림 2.39)에서 발견된 곡물 자료를 분석하였다. 진주의 남강 프로젝트(어은 지구·옥방 지구·상천리)에 해당하는 400ha 범위 안에서는 환호와 목책에 의해 둘러싸인 유적에서 많은 수의 수혈식 주거지와 야외 노지, 공방, 고인돌, 돌널무덤(석관묘) 그리고 밭 유적 등이 발굴되었다. 이 중 옥방 1지구에서는 밭작물과 관련된 콩(soybean)이 발견되었고, 그 언대는 기원선 1000년~기원전 900년경으로 측정되었다. 울산의 다운동에서는 팥(Vigna)이 수집되었는데 그 연대는 기원전 760년~기원전 600년경으로 확인되었다. 또한, 어은 1지구와 옥방 1지구의 무문 토기 시대 층위에서는 한국에서 가장 오래된 밀(wheat)이 발견되었고, 가속기 질량 분석법(AMS: Accelerator Mass

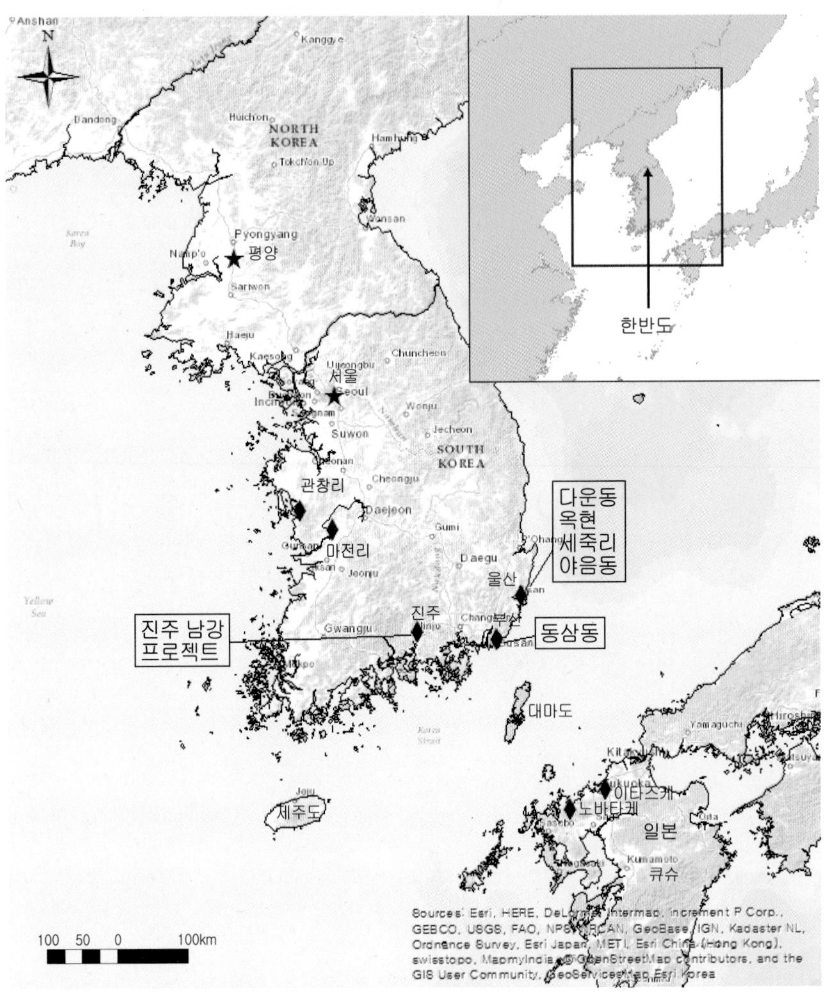

그림 2.39. 진주 남강 프로젝트의 유적 위치(기본 지도: Crawford and Lee, 2003: 88, 필자 재작성)

Spectrometry)에 의한 연대측정 결과, 기원전 1000년경으로 나타났다(Crawford and Lee, 2003: 91). 벼농사와 관련하여 10개의 논 유적이 발굴되었는데, 이 중 울산 옥현유적과 야음동 유적은 가장 오래된 무문 토기 시대 전기에 해당된다. 어은 1지구에서 발견된 볍씨의 AMS 연대는 기원전 1000년경으로 측정되었다(*Ibid*: 92). 후기

즐문 토기편이 초기 무문 토기 시대 집자리에서 발견되었으나 어은 1지구에서 명확한 즐문 토기 시대의 볍씨는 없었다. 이렇듯 농경에 관한 자료들이 한반도의 남부 지역에 국한된 자료이기는 하나 이를 통해 한반도 청동기시대의 환경과 생계 경제를 이해하는 데 많은 도움을 준다.

이상균(2003)은 한반도 신석기시대 주거의 변천과 구조적 양상에 대하여 검토하였다. 주거의 평면구조는 지역에 따라 약간의 차이는 있으나 일반적으로 원형→방형→장방형의 순으로 변천한 것으로 추정되며, 주거의 내부 공간은 수면이나 취사 이외에도 작업장, 의례 등의 기능이 복합적으로 이루어졌던 것으로 보았다. 또한 신석기시대의 취락에는 환상(環狀)이나 호상(弧狀) 형태의 중앙광장이 있었으며, 주거 밀집 지역에 공공장소가 있었던 것으로 추정하였다(이상균, 2003: 29).

구자진(2005)은 내부의 저장시설과 기둥구멍이 잘 남아있는 충북 옥천 대천리의 신석기시대 집자리(장방형)의 구조분석을 통하여 당시의 생계방식과 생활상의 복원을 시도하였다. 각 공간의 규모와 내부시설 및 출토유물을 통해 볼 때, 생활공간과 부속공간으로 나뉘어졌을 가능성이 높으며, 두 공간은 칸막이 기둥으로 구분되었을 것으로 추정하였다. 생활공간은 다시 취사와 난방을 주로 하는 작업 공간과 휴식이나 잠자리를 제공하는 거실기능의 공간으로 세분되었을 것으로 보았다. 대천리 집자리와 동일한 구조를 보여주는 신석기시대 장방형 집자리가 내륙 지역에서도 확인되었는데, 신석기시대 장방형 집자리는 기원전 3500년경 이후부터 등장하기 시작하여 신석기시대 후기를 거쳐 청동기시대 전기의 (세)장방형 주거지로 이어지고 있는 것으로 보았다(구자진, 2005: 32). 그러나 본 논문의 연구 대상 지역에서는 신석기시대 후기의 집자리들에 대한 자료가 부족한 편으로(이상균, 2005: 195), 주거 유적의 편년에 관해서는 제3장에서 논의될 것이다.

박성희(2006)는 한반도의 중서부 지역에서 확인된 취락의 유구·유물상과 함께 입지 형태를 검토한 후 취락유형을 설정하였다(표 2.12 참조). 그는 우선 취락의 입지 형태를 ①구릉지와 ②하천·해안가로 구분하고, 이 중 구릉지를 다시 고지형과 구릉

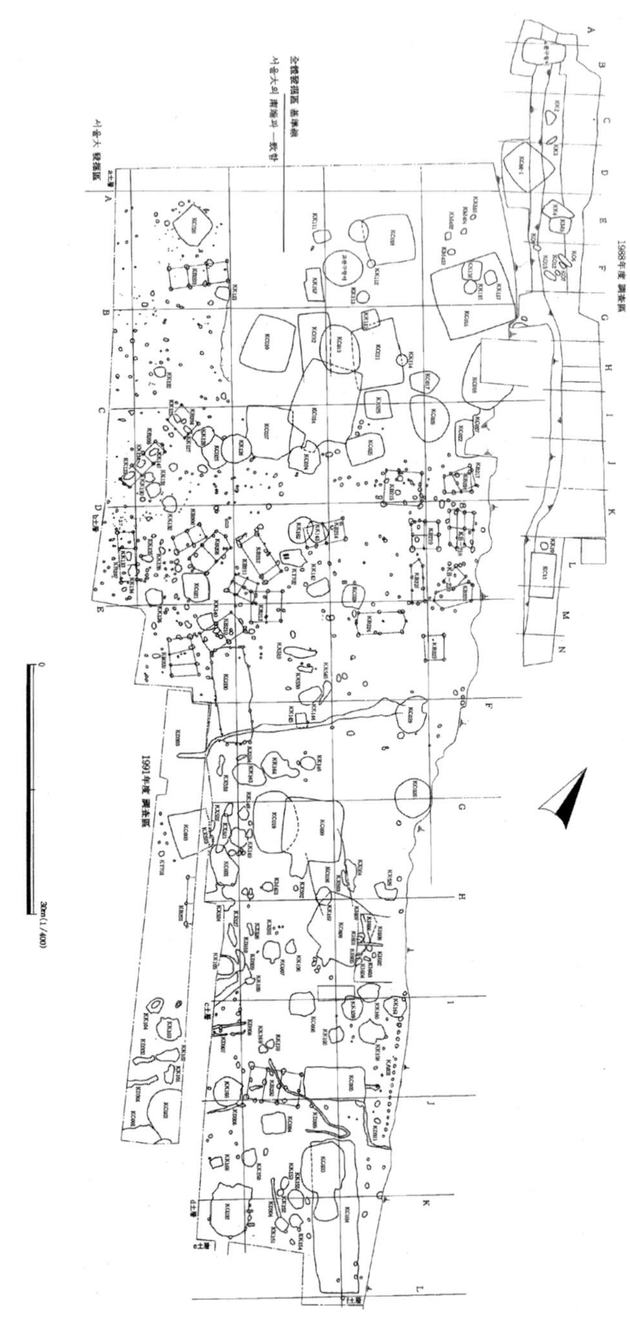

그림 2.40. 미사리유적 A지구 유구배치도(윤세영 · 이홍종, 1994: 39)

표 2.12. 청동기시대 각 주거유형의 속성 일람표(박성희, 2006: 24)

유형		청동기시대 전기			청동기시대 후기
		미사리유형	가락동유형	역삼동유형	송국리유형
주거지	평면	장방형	장방형	세장방형, 방형	원형, 방형
	노지	판석위석식 노지	위석식 노지	무시설식 토광형 노지	타원형토광
토기		돌대문 토기	이중구연 단사선문 토기	구순각목 토기, 공렬 토기	외반구연토기
석기		이단병식석검			일단병식석검, 삼각형석도, 유구석부
동검					비파형동검

지형으로 세분하였다. 그 결과, 가락동 유형과 송국리 유형은 구릉지형으로 대체로 저지대에 위치하고(40m 미만), 역삼동 유형은 고지대에 위치하는 경향을 보였다(40 m 이상). 그러나 역삼동 유형 가운데에도 구릉지에 입지하는 유적이 확인되었는데, 여기에서는 가락동 유형의 속성인 위석식 노지가 설치되거나 이중구연 토기가 출토되어 가락동 유형과 역삼동 유형의 접촉으로 파악하였다. 고지형은 화전농경과 수렵채집의 편리성으로 인하여 전기부터 역삼동유형의 터전이 되었다. 군사적·방어적 목적에 부합되어 후기에는 일부 송국리 유형의 유용한 입지였으며 구릉지형은 평지와 인접하여 생활에 효율적이므로 전기부터 가락동유형의 주된 입지로 이용되었다고 보았다. 한편, 청동기시대 후기에 차령산맥 이남을 중심으로 구릉지성 송국리 유

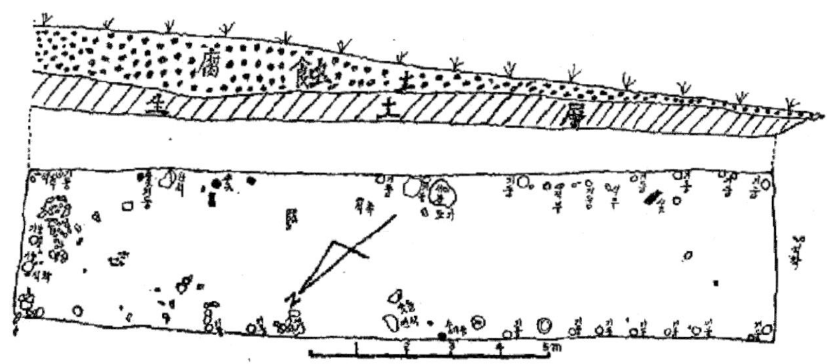

그림 2.41. 역삼동 주거지 평면·토층도(김양선·임병태, 1968: 25)

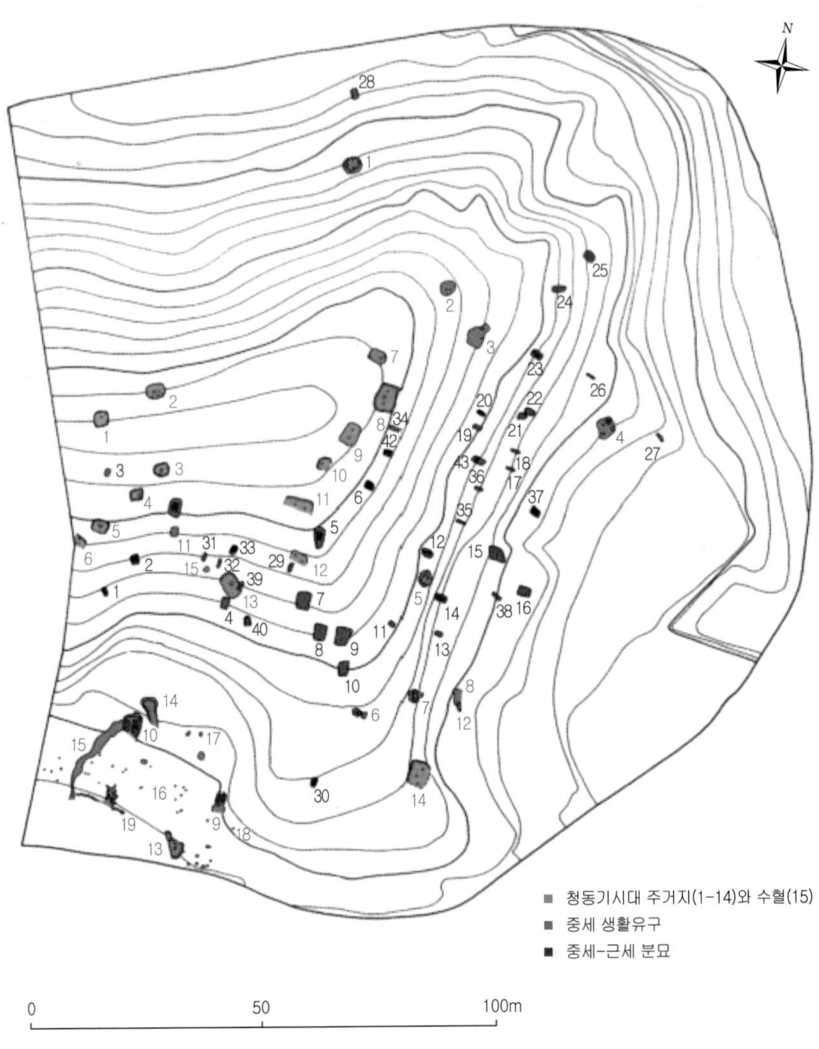

그림 2.42. 화성 반송리 유구 배치도(권오영 외, 2007: 33)

형이 확산되면서 가락동 유형과 송국리 유형은 서로 입지경쟁이 있었을 것으로 추정하였다(박성희, 2006: 47). 여기서 이들 유적지들 사이에 유형의 차이 외에 기능의 차이에 대한 검토가 함께 이루어졌으면 하는 생각이 든다.

마지막으로, 비록 본 연구 대상 지역을 다루고 있지는 않으나, 한반도의 서남부 지역과 중서부 지역의 묘제와 취락에 관한 연구들을 간략히 소개하면서 이 절을 마무리하고자 한다. 김종일(Kim, 2002)은 송국리 문화의 묘제를 연구하면서 동심원 형태의 분묘 배치를 공동체 내에서의 평등성 또는 집단의 공동 조상의 표출로 해석하였다. 반면에, 선형의 매장 유형은 계층의 표현이 아닌 성(性, gender)의 구별(남성 매장)을 나타낸 것으로 보았다. 한편, 김범철은 일련의 논문들(2005; 2006a; 2006b)을 통하여 금강 유역의 청동기시대 중기에 해당하는 송국리 유형 취락의 취락체계 위계성과 수전도작 농경의 집약화와의 관계에 대하여 연구하였다.

3) 철기시대

철기시대는 본 연구의 주된 대상 시기는 아니지만, 청동기시대에서 철기시대로의 변화 양상과 연속성을 살펴보기 위하여 간략히 검토해보고자 한다. 철기시대는 점토대 토기가 등장하고, 철기가 사용되는 시기부터 고분이 발생되기 전까지로 보고 있다(최몽룡, 2003: 3; 2008: 20~23, 90~99, 166; Kim 2002: 24, 표 2.3 참조). 전기는 철기가 사용되기 시작하면서 청동기가 완전히 소멸되고 전국적으로 본격적인 철생산이 시작될 무렵까지의 시기로 기원전 400년경에서 기원전 1년 전후로, 후기는[14] 새로운 토기문화가 등장하는 서력기원 1년 전후에서 기원후 300년경 사이로 추정된다(상동).

최성락(1997: 402~403)은 철기시대의 집터에 다음과 같은 3가지 특징이 있다고 하였다. 첫째는 청동기시대에 비해 원형계 집터의 비율이 크게 줄어들면서 방형 또는 장방형계의 집터의 비중이 커진다는 점이다. 방형계에서는 장방형이 더 큰 비중을 차지하게 되고, 중부지방에서는 呂자형이나 凸자형과 같은 집터도 출현한다고 하였다. 둘째는 청동기시대의 화덕이 무시설식이나 위석식인 것과는 달리, 철기시대에

14) 철기시대 후기는 삼한[三韓: 마한(馬韓), 진한(辰韓), 변한(弁韓)] 시기 또는 종래의 원삼국시대에 해당된다(최몽룡, 2008: 166).

는 새로이 터널형이나 부석식 화덕이 출현한다. 최성락은 이들 화덕이 점차 발전하여 온돌시설로 변화되었을 것으로 추정하였고, 또한 부뚜막도 출현하고 있는데 이는 부엌으로 발전된 것으로 보았다. 셋째는, 고상가옥(高床家屋)의 출현으로 철기시대 집터는 수혈의 깊이가 낮아지면서 반수혈 주거지로의 변화와 함께 기둥구멍만 발견되는 고상가옥지나 서까래가 발견된 고상가옥이 발견되고 있다. 이를 선사시대의 수혈집터에서 삼국시대에 본격적으로 나타나는 고상가옥으로의 과도기적 단계의 성격을 띠는 것으로 보았다. 한편, 민덕식(1997: 444~445)은 이 시기의 방어시설로는 토성, 목책, 환호, 녹각시설(鹿角施設), 해자(垓子) 등이 있는데, 기능 면에서는 토성과 목책이 중심이 되고 환호, 녹각시설, 해자 등은 보조적인 역할을 한 경우가 많았던 것으로 추정하였다. 또한, 성낙준(1997: 409~425)은 철기시대에는 청동기시대의 고인돌과 돌널무덤이 새로 나타난 토광묘 계통에 중심적인 위치를 내어주면서 점차 사라지거나 변화를 가져오게 되고, 청동기시대의 외독무덤과는 달리 이음식독널(合口式甕棺)이 전국적으로 확산된다고 보았다. 그는 고인돌의 하한에 대해서는 의견에 차이가 있으나, 한반도 북부지방에서는 기원전 3세기경에 소멸된 반면에 남부지방에서는 기원 전후까지도 일부 지역에서 축조되었던 것으로 보고 있다. 철기 유물, 세형동검, 세문경, 용범(거푸집), 점토대 토기(구연부단면-원형)(그림 2.16 참조) 및 700~850℃에서 소성된 경질무문 토기 등이 철기시대와 연관된 핵심적인 물질문화들이다(최몽룡, 2008: 175~179).

끝으로, 사마천(司馬遷; 145 BC~87 BC)의 『사기(史記; Records of the Grand Historian)』 조선열전(朝鮮列傳), 진수(陳壽; AD 233~297)의 『삼국지(三國志)』「위지(魏志)」 동이전(東夷傳), 범엽(范曄; AD 398~445)의 『후한서(後漢書; Book of the Later Han)』 동이열전(東夷列傳) 등의 중국 역사 기록에 의하면, 이 시기에 한반도와 만주 지역에 위만조선(衛滿朝鮮), 부여(夫餘), 고구려(高句麗), 옥저(沃沮), 동예(東濊), 삼한(三韓) 등이 존재했다고 기술하고 있다. 이렇듯 철기시대에는 여러 국가들이 형성되면서, 역사시대로의 진입이 시작되었다.

제 3 장

중서부 지역 청동기시대 유적 및 편년 분석

앞에서 살펴본 바와 같이, 청동기시대의 매장유구의 대표 유적인 고인돌에 관한 연구 경향은 다음의 두 가지로 나눌 수 있다. 먼저, 고인돌은 어디에서 기원했으며, 언제부터 축조되기 시작하였는가이다. 이에 대해 고인돌들이 신석기시대부터 축조되었다고 보는 견해와 청동기시대부터 축조되었다고 보는 견해로 나누어진다. 두 번째는 고인돌을 축조한 사회가 계층 사회였는지 아니면 평등 사회였는지에 대한 논의이다. 고인돌이 신석기시대부터 축조되었다고 보는 입장은 평등 사회로 보고 있으며, 청동기시대부터 축조되었다는 입장은 족장 사회(chiefdom)로 보고 있는데 상석의 무게 혹은 크기로 노동력을 유추하여 그 사회의 규모를 추정하였다. 한편, 주거 유적의 경우는 토기의 유형과 주거지의 형태로 대표되는 물질문화에 초점이 맞추어져 연구되어 왔다.

기존의 연구들이 신진화론적 방법론에 기초하여 사회정치적 측면에서 청동기시대 사회를 밝히거나 재구성하려 했다면, 본 연구는 경관 고고학과 현상학적 접근법이 결합된 관점에서 주거지와 거석 기념물들과의 관계 분석에 기초하여 한반도 중서부 지역에서의 청동기시대 사회의 장기적 변화 양상에 대한 탐구를 시도하였다. 그동안 경관(landscape)과의 전체적인 맥락이 고려된 고고학적 자료의 부족으로 인하여 주거 유적과 매장 유적과의 관계를 고려하여 청동기시대의 삶과 죽음에 관한 종합적인 연구를 진행하는 데 어려움이 있었다. 그러나 1990년대 이후 보다 광범위한 범위의 발굴 자료가 수집되고 지리정보시스템(GIS)이 발전함에 따라 주거 유적과 거석기념물들 간의 관계 분석을 통해 시험적으로나마 청동기시대 사회를 재구성해보고자 한다.

한편, 고인돌 유적으로부터 확인된 방사성탄소연대가 부족하여 이를 보완하기 위해, 고인돌에서 출토되는 유사한 물질문화를 공유하는 주거 유적을 고려할 필요가 있을 것이다. 따라서 한반도 중서부 지역에서 발견되는 주된 토기 유형인 이중구연단사선문 토기, 공렬 토기, 구순각목 토기, 흔암리유형 토기, 적색마연 토기(홍도)와 연구 대상 지역에서 확인되는 방형, 장방형 그리고 세장방형 주거지에 대한 편년을 구하기 위하여 베이지안 모델링(Bayesian modelling)을 활용하였다. 즉, 주거지로부터 확인된 방사성탄소연대에 기초하여 잠정적으로 시기를 구분하고 각 주거지로부터 에너지 소모를 고려하여 조정된 5km 반경의 자원채집범위(site catchment) 안에 존재하는 고인돌(거석 기념물)들을 조사하여 청동기시대 주거 유적과 매장 유적 간의 관계와 그 장기적 변화에 대해 살펴보고자 한다.

그리고 생계 경제방식의 변화, 즉 농경이라는 새로운 방식에 적응하기 위하여 당시인들이 그들의 공간과 경관의 변형을 촉진시켰을 수도 있다. 이러한 변형의 흔적은 주거지와 고인돌의 분포 그리고 이들이 남긴 패턴을 통해 읽어낼 수 있을 것이다. 청동기시대에 어떠한 요인들이 주거 유적과 고인돌의 위치 설정에 영향을 미쳤는지를 알아보기 위해 우선 물리적인 자연환경적 요소들인 토양학적·수리학적·지형학적 분석을 중심으로 살펴보았다. 그 다음 문화적 요인들인 지세 선호도, 시계(視界) 분석, 이동 분석 및 유적의 지향(指向, orientation) 등을 분석하였다. 또한, 앞에서 지적한 기존 연구들의 한계 사항을 극복하기 위하여 도출된 결과들이 유의미한 것인지 확인하기 위해 지리정보시스템(GIS)을 이용하였다. 연구 대상 지역 자체의 기본 정보를 확인하여 '베이스라인(baseline)'으로 정하고, 도출된 결과들을 카이제곱 검정을 통하여 그 의미를 살펴보고자 한다. 다시 말해, 기존 연구들에서는 분석하고자하는 유적들이 분포하는 연구 대상 지역 자체가 가지는 고유의 특성들을 추출하여 활

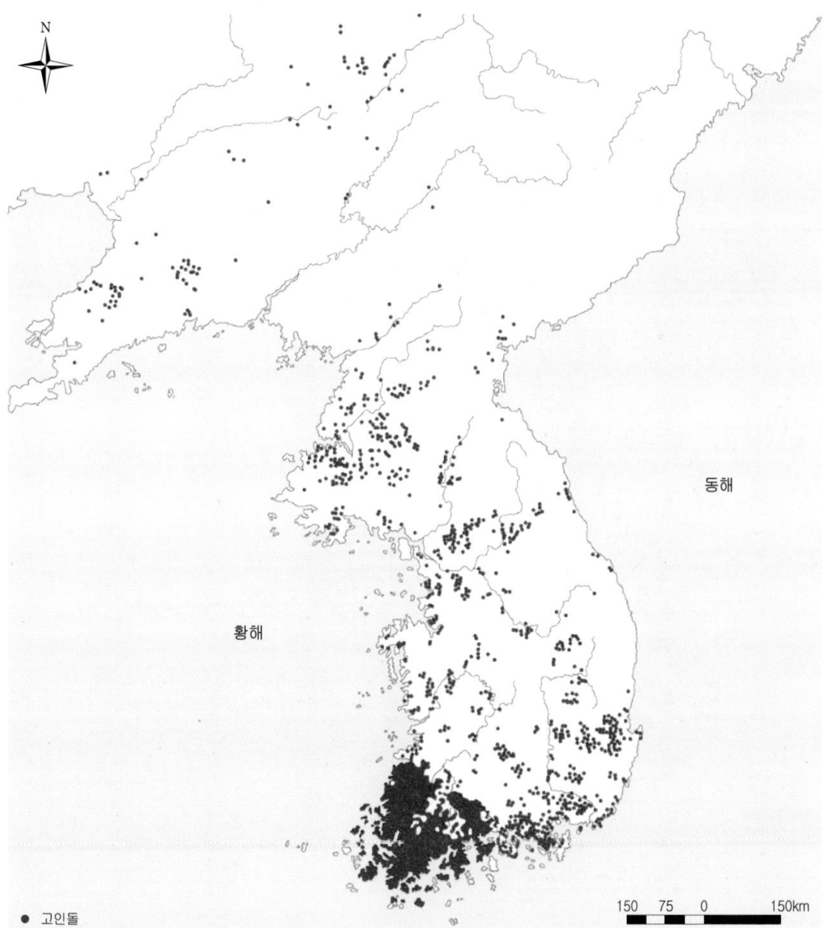

그림 3.1. 지석묘 분포도
[기본 지도: 최몽룡 외, 1999: 1207, 옥스포드대학교 고고학과 앨리슨 윌킨스(Ms. Alison Wilkins) 재작성]

용하지 못한 한계가 있었다. 따라서 분석을 했더라도 유적들의 분석에서 보여지는 백분율들이 통계적으로 유의미한 것인지를 테스트할 수 없었는데, 본 연구에서는 이러한 문제점을 해결해 보고자 하였다.

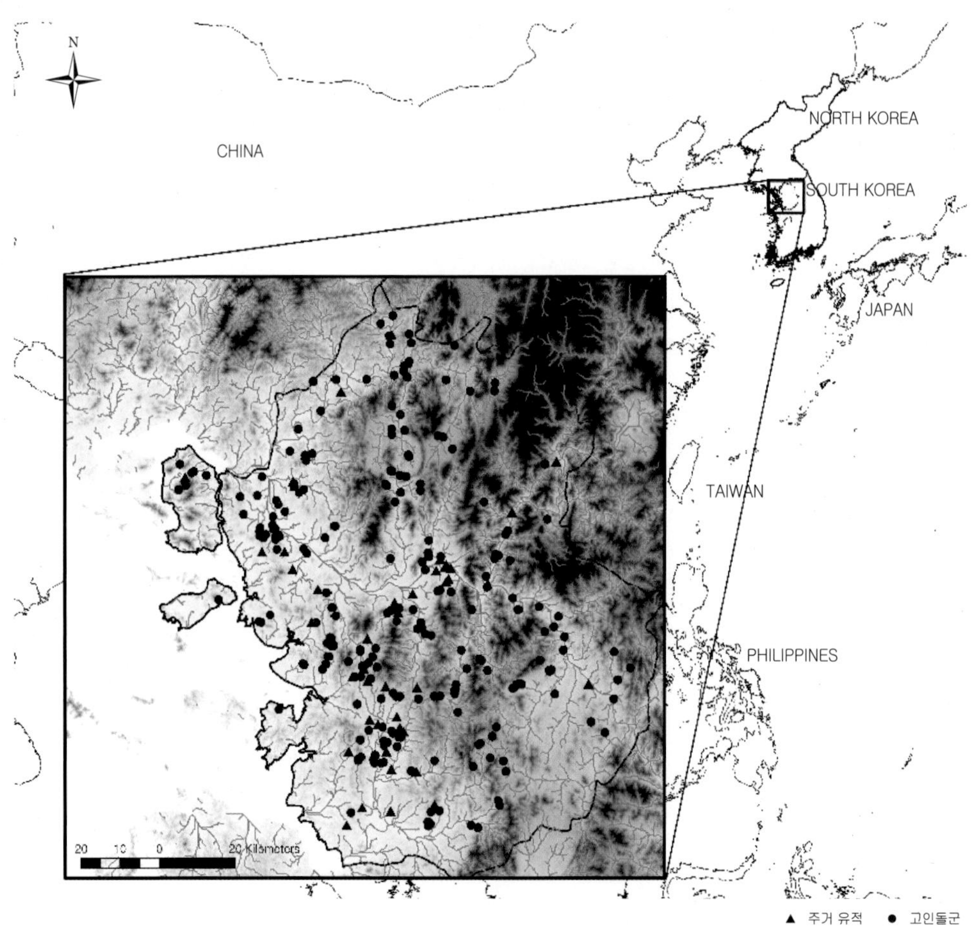

그림 3.2. 연구 대상 지역도

1. 연구 대상 지역과 자료 정보

고인돌은 한반도 전체에 분포되어 있으나(그림 3.1: 1999년까지 약 29,510기의 고인돌이 확인. 최몽룡 외, 1999: 4), 본고에서는 한반도 중서부 지역(경도 126~127°, 위도 36~38°)에 위치한 서울·인천·경기 지역에 국한하여 분석을 실시하였다. 이 지역을 연구 대상 지역으로 선택한 이유는 먼저, 이 지역에서 구석기시대부터 철기시대에 걸친 고고학적 유적의 확인이 가능하여 청동기시대를 포함한 전후 시기의 장기적 변화 양상의 추적이 가능할 것이라 사료되었기 때문이다. 두 번째, 이 지역에는 탁자식·개석식·바둑판식(이 유형은 두 유적지에서만 발견되었다)의 다양한 유형의

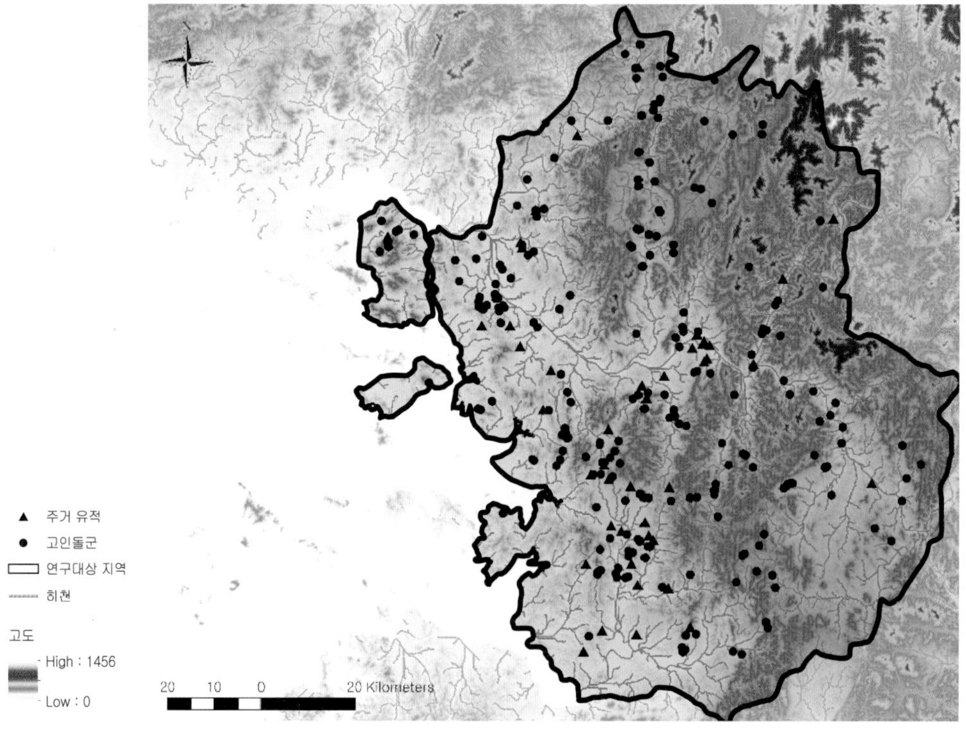

그림 3.3. 연구 대상 지역의 유적 분포도

고인돌이 존재한다. 마지막으로, 이 지역에서 주거 유적이 계속 발굴되어 현재까지 76개의 주거 유적들이 확인되었으며 기존에 이루어진 고인돌 유적과의 종합적인 연구가 부족하여 이에 대한 연구를 시도하고자 이 지역을 선택하였다.

이 지역의 총면적은 약 11,800㎢이며, 76곳에서 청동기시대 주거 유적(삼각형)과 236곳에서 거석 기념물 유적(원형)이 발견되었다[(그림 3.2 및 그림 3.3 참조: 이 지역에서 발견된 총 고인돌 유적지의 수는 약 236개[1](서울-8, 인천-17, 경기-211(임효재·양성혁, 1999; 인천광역시·대한불교 조계종 문화유산발굴조사단, 2002; 최정필 외, 2005; 인천광역시 서구청·인하대학교 박물관, 2005; 우장문, 2006; 경기도박물관 2007)이고, 개별 고인돌의 수는 730개[2]이다(서울-12, 인천-89, 경기-629; 경기도 기념물 중 147개가 발굴되었다. 경기도박물관, 2007: 674~687)]. 우선 분석을 하기에 앞서, 자료의 범위에 대하여 언급하고자 한다.

2. 자료의 범위

연구 대상 지역은 서울·인천·경기 지역으로 2009년까지 많은 고고학적 조사가 실시되어 자료가 축적되었다. 본 연구는 논문 작성 당시에 이용 가능한 자료들을 기초로 하여 작성되었다. 대상 지역은 대한민국의 수도인 서울과 그 위성 도시들을 포함하는 지역이기 때문에 도시 개발과 농업으로 인하여 많은 수의 고인돌들이 파괴되었거나 원래의 위치로부터 다른 곳으로 옮겨졌을 가능성이 큰 것으로 여겨진다[3]. 그

1) 거석기념물 유적지에는 219곳의 고인돌(dolmen) 유적지와 17곳의 선돌(menhir) 유적지가 포함되었다. 이들의 기능은 상이하였을 것으로 추정되나, 두 가지 모두 거석을 이용하여 만들어졌기 때문에 이 연구에서는 함께 거석 기념물로 다루었다.

2) 706개의 고인돌과 24개의 선돌이 포함된다.

3) 경기도박물관에서는 2000년부터 2006년까지 경기도 고인돌 종합학술조사를 실시하였다. 지역별 광역지표조사보고서 및 시·군지 등 참고자료를 근거로 파악된 경기도 고인돌은 556기였다. 그러나 현장 조사 결과, 경기도에는 539기의 고인돌(556기 고인돌 중 잔존하는 것은 382기이며, 2000년 이후 타기관을 비롯하여 경기도박물관의 신조사를 통해 157기의 고인돌이 새롭게 보고되었다)과 24기의 선돌이 확인되었다. 2007년까지의 조사에 의하면 경기도에는 총 655기의 고인돌

러나 거석기념물은 무게 때문에 원래의 위치에서 멀지 않은 곳으로 이동되었을 가능성이 있다. 이에 반해 주거 유적들은 주로 지표면 아래에서 발견되므로 많은 유적들이 파괴되었을 가능성이 크고 화석화(taphonomy)되었을 가능성도 염두에 두어야 한다. 이러한 주거 유적의 한계를 보완하기 위하여 유물 산포지를 고려할 수 있다면, 이는 주거 자료의 제한성을 어느 정도 보완할 수 있을 것이다. 그러나 유감스럽게도 본 연구의 진행 단계에서는 단지 몇몇 유물 산포지들만 확인이 가능할 뿐, 유물 산포지들의 X·Y 좌표를 확인하기 위해서는 추가 작업이 요구되어 본 연구에서는 부득이 확인된 주거 유적을 대상으로 분석을 시도하게 되었다.

본 연구를 위하여 지리정보시스템(GIS)을 이용하여 주위 경관 및 고인돌 유적과 주거 유적의 관계를 분석하는 데에 있어서 가장 큰 애로 사항은 각 유적지들의 X·Y 좌표들을 확인하는 작업이었다. 연구 진행 당시 국내에서 문화 유적 연구에 지리정보시스템(GIS)이 사용되고 있었지만, 선사시대 고고학 유적지들의 X·Y 좌표가 모두 기록되어 있었던 상황은 아니었다. 그리하여 다음과 같은 방법을 이용하여 유적지들의 위치를 확인하였다.

첫째, 경기도박물관에서 간행한『경기도 고인돌(2007)』부록의 고인돌 분포 지도를 스캔한 후 스캐닝된 지도에서 각 유적지들의 위치에 대한 X·Y 좌표를 구하기 위하여 연구 지역의 기본 수치표고모델(DEM: Digital Elevation Models) 위에 스캐닝한 지도를 포개어 좌표를 구하였다. 이러한 작업을 지리정보시스템(GIS)에서는 좌표참조(geo-referencing)라고 한다. 기본 수치표고모델(DEM)로는 처음에 래스터 데이터[4](raster data; 30m×30m grid)를 사용하였으나 당시 국토지리정보원에서 제공하는 수치표고모델(DEM)과 일치되지 않는 부분들이 있어 옥스포드 대학의 공간분석연구 분야를 담당하는 존 파운셋(John Pouncett)의 세안에 따라 벡터 데이터(vector data)인 SRTM(Shuttle Radar Topographic Misson, 90m×90m grid)

이 분포하였던 것으로 파악되고 있다(백종오·오대양, 2007: 17~20).

4) 제4장의 지리정보시스템 방법론(GIS Methodology) 부분 참조

[CGIAR-CSI(Consultative Group on International Agriculture Research - Consortium for spatial information)]으로 바꾸어 사용하였다. 그 다음, 기본 수치표고모델(DEM)에서 등고선을 생성시켜 발굴 보고서에 나타난 각 유적들의 위치와 비교하여 지점들을 확인하고 X·Y 좌표를 구하였다. 한편, 경기도박물관의 지도에 나타나 있지 않은 유적지들의 위치는 각각의 보고서에 나타난 유적의 위치를 구글어스(Google earth)에서 찾아 X·Y 좌표를 확인하였다. 그 결과, 보고서에서 언급된 76곳의 주거 유적 가운데 45곳과 236곳의 거석기념물 유적지가 확인되었다.

3. 편년 분석

편년은 특정 시간과 특정 장소의 과거를 이해하는 데 있어서 중요한 사안이다(Whittle et al., 2007: 124). 고고학 유적들에 있어서 일련의 사건들에 대한 고려는 고고학자들로 하여금 장기간의 변화 양상과 과정들을 살피게 하고, 역사 인식을 불러일으킨다.

대부분의 탁자식 고인돌의 '매장'시설은 주로 지상에 존재하기 때문에, 축조 이후부터 계속해서 훼손과 도굴의 위험이 높아 유물을 통해 고인돌의 연대를 추정하는 것이 쉽지 않았다. 연구 대상 지역 내에서 고인돌로부터 방사성탄소연대가 측정된 것은 2곳에 불과하며 또 다른 한 곳은 고인돌 아래에서 발굴된 주거지에서 확인된 방사성탄소연대이다. 한편, 연구 대상 지역은 아니나, 한반도 남부 지역에서 7곳의 고인돌로부터 확인된 방사성탄소연대 측정치도 있다(상동). 이들 자료들은 고인돌의 사용 시기에 대해 이해할 수 있도록 유용한 정보를 제공하고 있으나, 그 자료의 수가 부족한 편이다. 그러므로 이를 보완하기 위하여 공렬 토기, 구순각목 토기, 적색마연토기(홍도), 석검, 석촉 등 고인돌에서 출토되는 유사한 물질문화를 공유하는 주거 유적들로부터의 방사성탄소연대 자료들이 함께 고려되어야 할 것이다.

이 장의 주요 연구과제는 첫째, 연구 지역의 주거지들이 주로 언제 점유·사용되었는가를 확인하는 것과 둘째, 토기형식들과 주거지 형태들 중에 시기를 구분할 수 있는 역할을 하는 것이 있는가를 살펴보는 것이다. 여기서는 한국 청동기시대의 대표적인 5가지 유형의 토기[이중구연 단사선문 토기·공렬 토기·구순각목 토기·흔암리식 토기·적색마연 토기(홍도)]와 3가지 다른 주거지 형태(세장방형·장방형·방형)들의 방사성탄소연대를 활용하여 편년 모델을 도출하고자 하였다.

1) 방법론: 베이지안 모델링(Bayesian modelling) 분석

방사성탄소연대의 보정눈금 커브(만곡부)의 정밀도에 대한 발전과 더불어(Pearson and Stuiver 1986: 839~842; Stuiver and Pearson 1986: 805~809; Reimer et al. 2009: 1112~1114), 고고학자들은 방사성탄소측정 결과들에 대한 보다 확실한 보정연대를 제시할 수 있게 되었다(Buck et al., 1992: 497). 방사성탄소연대들의 정밀도를 증진시키기 위해서 고고학자들과 통계학자들은 베이즈의 공리(Bayes' Theoram)를 보정된 확률분포의 해석과정에 적용하였다(Buck et al., 1991: 809). 베이지안 통계학(Bayesian statistics)에 대한 소개와 이를 적용한 연구는 한국 고고학계에 이미 2005년에 발표된 바 있다(김명진 외, 2005).

베이즈의 공리(Bayes' Theorem)는 다음과 같다(Buck et al., 1991: 811):

$$\text{P[parameters | data]} = \frac{\text{P[data | parameters]} \times \text{P[parameters]}}{\text{P[data]}}$$

방사성탄소연대 측정치를 역년(曆年)할 때, 모수(parameter)는 확인되지 않은 달력상의 연대이며, 주어진 자료(data)는 방사성탄소연대 측정치이다. 위의 공식에서, 우변의 P[parameters]는 모수의 사전 정보(prior information) 혹은 최저 확률(marginal probability)이며(Buck et al., 1991: 811; Schulting, 2009: 2), P[data | parameters]는 주어진 모수에 대해서 자료의 결과가 발생할(likelihood) 확률이다.

한편, 좌변의 P[parameters|data]는 주어진 모수의 사전 정보(prior information)에 대한 사후 확률(posterior probability)이다(Bronk Ramsey, 2009: 338).

보정연대를 산출함에 있어서 베이지안 접근법과 기존의 접근법의 차이점은 첫째, 베이지안 모델링 분석은 단일의 방사성연대 측정치보다는 보다 복합적인 연대 정보를 포함하는 사건(event)에 적합한 모델이다(Buck et al., 1991: 809). 둘째, 베이지안 접근은 불확실성(uncertainty)을 고려한 사건발생 범위(duration)에 관심이 있으므로, 전환된 달력상의 연대 결과가 확률의 백분율 값을 가진 연대의 범위(range of years)로 표시된다(Buck et al., 1994: 236). 셋째, 베이지안 모델링 분석은 사후 확률 발생 범위를 추정하기 위해서 사전 정보를 중요시한다(Buck et al., 1991: 811; Bronk Ramsey, 2009: 338). 베이즈의 공리는 보정된 연대들의 단순한 '눈짐작(eyeballing)'과는 다르게 사전 정보를 고려함으로써 사전 믿음을 바탕으로 추가되는 새로운 자료에 따른 연속적인 수정이 가능하게 되었다. 다시 말해, 이 공리를 통해 경험에서 습득한 지식을 활용할 수 있게 되었다고 할 수 있다(Buck et al., 1991: 811, 819).

옥스칼(OxCal) 프로그램을 이용한 베이지안 모델링(Bayesian modelling) 분석

연구 대상 지역 주거지들의 방사성탄소연대 측정치들을 이용하여 베이지안 모델링 분석을 시도하였다. 모델은 활동(activity)이 동일한 시기에 발생한 것으로 추정한다. 모델의 적합성 여부는 개별 시료의 사후 확률과 사전 확률의 일치지수(agreement), 그리고 여러 개의 모수로 구성된 경우는 종합일치지수(overall index of agreement 'Amodel')에 의해 평가된다(Bayliss et al., 2007: 6, Bronk Ramsey, 2009: 356~357). 종합일치지수가 60%(카이제곱검정의 유의수준 5%에 해당) 미만인 경우는 모델의 신빙성이 부족하다는 것이며, 모델 내에서 일치지수 60% 미만을 나타내는 개별시료들은 '불충분한 일치(poor agreement)'로 나타난다(Bayliss et al., 2007: 6, Bronk Ramsey, 2009: 356~357).

한편, 보고서에 의하면 비교적 자세히 기록된 시료나 노지 주변에서 채집된 몇 개의 시료를 제외하고는 대부분의 시료들이 화재에 의해서 폐기된 것으로 추정되는 주거지의 내부에서 채집되었다. 목탄은 주거지 구조물이 축조되기 전에 존재하던 나무를 이용하였으므로 구조물보다 그 연대가 더 오래되었다고 가정할 수 있다(Bronk Ramsey, 2009: 1030). 주공의 크기와 보고된 목재의 종류로 볼 때(박선주 외, 1996: 237~261; 최정필 외, 2007: 365~374), 고목 효과[5](Old wood effect)가 존재할 가능성이 있어 방사성탄소연대 결과의 오차 폭과 실제 연대와의 편차를 최대한 감소시키기 위하여 옥스칼 프로그램 4.1 버전(OxCal 4.1)에서 예외값 분석(outlier analysis) 중 목탄 예외값 분석(charcoal outlier model)을 적용하였다(지면관계상 예외값 분석에 대한 자세한 내용은 Bronk Ramsey, 2009: 1030~1032 논문 참조). 활동범주 안에 배정된 일련의 방사성탄소연대 측정치들은 모델화된 시작(start)과 마침(end)연대 그리고 사용범위(use span)로 표시된다. 한편, 방사성탄소연대 측정값들이 합산되어 표시된 확률 그래프(summed probabilities)는 고고학 사건의 실제 연속된 기간보다 긴 기간으로 나타나기 때문에 독자들에게 오해를 불러일으킬 소지가 있어 많이 사용되지는 않으나(Bayliss et al., 2007: 9~11), 사건 발생기간을 한눈에 확인할 수 있는 장점이 있어 본고에서는 시각적인 편의를 위해서만 사용하였다.

2) 분석 자료

서울·인천·경기도 지역의 청동기시대 주거지의 활동(activity) 연대를 알아보기 위해 16곳의 주거 유적(파주 옥석리·부천 고강동·시흥 계수동·안양 관양동·화성 고금산·화성 천천리·수원 율전동·평택 현화리·하남 미사동·여주 흔암리·하남 망

5) 나무는 자라면서 나이테가 쌓이며 죽자마자 자연과 탄소 교환을 중지한다. 따라서 나무의 가운데 부분인 심재와 바깥 부분인 변재의 방사성탄소연대는 커다란 차이가 나며, 심재가 변재보다 훨씬 더 오래되었다. 탄소연대측정에 사용되는 목탄이나 목재 시료들의 경우, 명확한 나이를 가지고 있으나 짧은 생명을 가진 나무 조각이나 잔가지가 아닌 이상 수백 년의 오차가 있을 수 있다. 따라서 어떤 시료의 방사성탄소연대는 물질이 쓰여진 시점이 아니라 그 나무가 언제 살아 있었는지에 대해 말해 준다. 따라서 이런 '고목' 문제는 어떤 사건과 내용이 유물과 연결되어 있을 경우 잘못된 결론을 피하기 위하여 반드시 고려되어야 한다(Beta Analytic Radiocarbon Dating).

월동·하남 덕풍동·의왕 이동·화성 반월리·화성 반송리·평택 방축리)으로부터 100개의 목탄시료에서 수집된 방사성탄소연대 측정치를 확인할 수 있었으며, 자료는 기존에 발간된 발굴보고서에서 확인하였다(김재원·윤무병, 1967: 49; 배기동·이화종, 2002: 131; 장경호 외, 2002a: 102~108; 장경호 외, 2002b: 169~186; 임효재 외, 2002: 71~75; 이남규 외, 2006: 305~317; 장경호 외, 2004: 161~176 ; 박선주 외, 1996: 339~345; 최정필 외, 2002: 99; 서울대학교 고고인류학과, 1974: 21, 서울대학교 박물관·서울대학교 고고학과, 1976: 15~16, 1978: 17~18, 22, 31; 하문식, 2004: 193; 최정필 외, 2007: 275~289; 성춘택 외, 2007: 243; 권오영 외, 2007: 283~289; 박경식 외, 2007: 240~253; 최정필 외, 2003b: 177). 100개의 측정치 중에 반분되어 각각 다른 측정연구기관으로 보내진 경우, 또는 동일한 시료가 2개 또는 3개의 측정치를 가진 경우가 있었다. 그래서 경우에 따라 베이지안 모델을 구하기 전에 옥스칼(OxCal) 4.1 버전 프로그램의 R-결합(R-combine) 명령을 이용하여 두 측정치 또는 세 측정치의 결합된 값을 구하고 그 값을 사용하였다. 그 결과, 75개의 방사성탄소연대 측정치가 확인되었다(표 3.1 참조). 이 중에 오차범위가 150년을 넘는 세 측정치는 제외시키고(평택 현화리 유적의 GX 22017, 2560±370 BP와 여주 흔암리 유적의 KAERI 154-1, 2696±160 BP, KAERI 154-2 2666±160 BP), 최종적으로 72개의 값을 분석에 이용하였다. 보고서에 보고된 목재의 종류로는 주로 상수리나무(Quercus acutissima)·오리나무(Alnus mandshurica)·잣나무(Pinus koraiensis)·느티나무(Zelkova serrate), 뽕나무(Morus)가 있었으며, 밤나무(Castanaea crenata)도 있었다(박선주 외, 1996: 237~261; 최정필 외, 2007: 365~374). 이들은 대체로 수명이 긴 나무들로 고목 효과(Old wood effect)가 존재할 가능성이 있고, 해당 주거지의 주공의 직경들이 10㎝ 이상이어서 옥스칼 프로그램에서 목탄 예외값 분석(charcoal outlier analysis)을 적용하였다. 한편, 노지에서 채취되었다는 하남 미사동 유적의 GX-28886-AMS(3010±40) 시료, 화성 고금산 유적에서 수집된 SNU00-359(2880±60) 시료와, SNU00-360(2940±60) 시료 및 하남 덕풍동유적의 HD-1(2880±60) 시료는

표 3.1. 서울 · 인천 · 경기도 지역의 방사성탄소연대 일람표(보정연대는 OxCal 4.1 이용, 필자 산출)

번호	유적명	시료 번호	시료 종류	BP (절대연대)	보정연대				시료 위치
					+1σ cal BC	−1σ cal BC	+2σ cal BC	−2σ cal BC	
1	파주 옥석리	GX-0554	목탄	2590±105	−891	−540	−967	−408	BI 지석묘 아래 주거지
2	부천 고강동	KCP462	목탄	2690±50	−896	−806	−971	−791	10호 주거지
3	부천 고강동	KCP463	목탄	2910±70	−1252	−1008	−1367	−916	12호 주거지
4	시흥 계수동	SNU02-042	목탄	2830±30	−1017	−927	−1111	−906	2호 주거지
5	시흥 계수동	SNU02-041	목탄	2410±40	−700	−404	−751	−396	1호 주거지
6	시흥 계수동	SNU02-043	목탄	2580±40	−809	−669	−821	−549	3호 주거지
7	안양 관양동	SNU01-358	목탄	2870±50	−1124	−948	−1213	−912	5호 주거지
8	안양 관양동	SNU01-472	목탄	2440±60	−746	−410	−762	−403	8호 주거지
9	안양 관양동	SNU01-355	목탄	2370±90	−748	−374	−771	−209	2호 주거지
10	안양 관양동	R_combine: SNU01-470,471	목탄	2535±29	−791	−593	−797	−544	7호 주거지
11	안양 관양동	SNU01-356	목탄	2680±60	−896	−801	−976	−771	3호 주거지
12	안양 관양동	SNU01-354	목탄	2950±60	−1262	−1056	−1379	−1001	1호 주거지
13	안양 관양동	SNU01-357	목탄	2740±40	−917	−834	−976	−810	4호 주거지
14	안양 관양동	SNU01-469	목탄	2740±40	−917	−834	−976	−810	6호 주거지
15	화성 고금산	SNU00-360	목탄	2940±60	−1259	−1052	−1373	−979	1호 주거지
16	화성 고금산	SNU00-359	목탄	2880±60	−1189	−943	−1261	−910	1호 주거지
17	화성 천천리	R_combine: HS-5,6	목탄	2811±34	−1004	−921	−1055	−846	7호 주거지
18	화성 천천리	R_combine: HS-7,8	목탄	2825±43	−1038	−917	−1122	−851	7호 주거지
19	화성 천천리	R_combine: HS-1,2	목탄	2845±29	−1047	−940	−1114	−921	6호 주거지
20	화성 천천리	R_combine: HS-3,4	목탄	2925±34	−1194	−1054	−1259	−1014	6호 주거지
21	화성 천천리	HS-11	목탄	3140±80	−1500	−1313	−1613	−1211	11호 주거지
22	화성 천천리	R_combine: HS-9,10	목탄	2509±49	−775	−544	−795	−417	9-2호 주거지
23	수원 율전동	SNU03-212	목탄	3160±60	−1503	−1386	−1606	−1271	3호 주거지-1
24	수원 율전동	SNU03-213	목탄	2990±40	−1302	−1132	−1386	−1059	3호 주거지-2
25	수원 율전동	SNU03-209	목탄	2780±40	−997	−860	−1019	−829	1호 주거지-1

번호	유적명	시료 번호	시료 종류	BP (절대연대)	보정연대				시료 위치
					+1σ cal BC	−1σ cal BC	+2σ cal BC	−2σ cal BC	
26	수원 율전동	SNU03-210	목탄	3020±40	−1377	−1213	−1396	−1129	1호 주거지-2
27	수원 율전동	SNU03-211	목탄	2730±40	−907	−831	−975	−806	1호 주거지-3
28	평택 현화리	GX-21692	목탄	3110±130	−1522	−1134	−1681	−1013	2호 주거지
29	평택 현화리	GX-21691	목탄	2715±130	−1111	−768	−1262	−518	1호 주거지
30	평택 현화리	GX-21693	목탄	2830±140	−1193	−836	−1408	−781	3호 주거지
31	평택 현화리	GX-21694	목탄	2910±130	−1290	−932	−1414	−831	4호 주거지
32	평택 현화리	GX-21695	목탄	2525±150	−802	−417	−1007	−232	5호 주거지
33	평택 현화리	GX-22017	목탄	2560±370	−1191	−207	−1636	208	토탄층
34	하남 미사동	GX-28885	목탄	2560±130	−829	−428	−978	−392	고상건물
35	하남 미사동	GX-28886-AMS	목탄	3010±40	−1371	−1211	−1387	−1129	불탄자리
36	여주 흔암리	R_combine: KAERI, KAERI	목탄	2202±43	−358	−204	−386	−171	13호 주거지
37	여주 흔암리	R_combine: KAERI-70, RIKEN	목탄	3069±50	−1410	−1273	−1443	−1134	12호 주거지
38	여주 흔암리	R_combine: KAERI, RIKEN	목탄	2867±58	−1127	−937	−1258	−902	12호 주거지
39	여주 흔암리	KAERI 154-1	목탄	2696±160	−1115	−571	−1261	−411	8호 주거지
40	여주 흔암리	KAERI 154-2	목탄	2666±160	−1025	−544	−1254	−403	8호 주거지
41	여주 흔암리	KAERI 153	목탄	2541±150	−811	−417	−1026	−234	8호 주거지
42	여주 흔암리	KAERI	목탄	2145±60	−352	−93	−369	−45	14호 주거지
43	여주 흔암리	KAERI	목탄	2089±60	−196	−42	−354	52	14호 주거지
44	여주 흔암리	KAERI-121	목탄	2520±120	−799	−511	−901	−391	7호 주거지
45	하남 망월동	·	목탄	2960±70	−1292	−1056	−1395	−997	·
46	하남 망월동	·	목탄	2870±40	−1121	−980	−1193	−922	·
47	하남 망월동	·	목탄	2860±40	−1112	−946	−1191	−914	·
48	하남 망월동	·	목탄	2820±50	−1041	−910	−1123	−843	·
49	하남 망월동	·	목탄	2770±40	−974	−845	−1009	−828	·
50	하남 망월동	·	목탄	2720±30	−896	−833	−918	−811	·
51	하남 덕풍동	HD-6	목탄	2800±60	−1022	−848	−1121	−824	1호 주거지
52	하남 덕풍동	HD-7	목탄	2760±60	−976	−833	−1049	−805	1호 주거지
53	하남 덕풍동	HD-5	목탄	2750±60	−973	−828	−1041	−802	1호 주거지
54	하남 덕풍동	HD-1	목탄	2880±60	−1189	−943	−1261	−910	야외노지-1

번호	유적명	시료 번호	시료 종류	BP (절대연대)	보정연대				시료 위치
					+1σ cal BC	−1σ cal BC	+2σ cal BC	−2σ cal BC	
55	하남 덕풍동	HD−2	목탄	2750±60	−973	−828	−1041	−802	야외노지−2
56	하남 덕풍동	HD−3	목탄	2760±60	−976	−833	−1049	−805	야외노지−3
57	의왕 이동	R_combine: SNU07−214,211	목탄	2730±36	−906	−832	−972	−809	10호 주거지
58	의왕 이동	SNU07−216	목탄	2820±50	−1041	−910	−1123	−843	1호 주거지
59	의왕 이동	SNU07−217	목탄	2820±50	−1041	−910	−1123	−843	1호 주거지
60	의왕 이동	SNU07−215	목탄	2690±50	−896	−806	−971	−791	1호 주거지
61	의왕 이동	R_combine: SNU07−212,213	목탄	2720±39	−901	−827	−971	−804	11호 주거지
62	화성 반월동	PRI−53	목탄I	2500±40	−767	−544	−791	−418	송국리형 주거지
63	화성 반송리	HS−23	목탄	2460±40	−752	−419	−760	−411	5호 주거지
64	화성 반송리	R_combine: HS−20,21,22	목탄	2478±26	−755	−540	−768	−418	2호 주거지
65	화성 반송리	HS−33	목탄	2730±40	−907	−831	−975	−806	14호 주거지
66	화성 반송리	HS−32	목탄	2690±40	−895	−807	−914	−798	14호 주거지
67	화성 반송리	R_combine: HS−27,28	목탄	2514±32	−772	−553	−791	−538	8호 주거지
68	화성 반송리	HS−29	목탄	2890±40	−1129	−1005	−1251	−938	9호 주거지
69	화성 반송리	HS−30	목탄	2700±50	−896	−812	−973	−795	9호 주거지
70	화성 반송리	HS−31	목탄	2480±40	−758	−538	−770	−416	9호 주거지
71	평택 방축리	R_combine: SNU02−279,280	목탄	2710±29	−896	−823	−909	−809	1호 주거지
72	평택 방축리	SNU02−281	목탄	2750±40	−926	−835	−997	−816	2호 주거지
73	평택 방축리	SNU02−284	목탄	2630±50	−841	−771	−911	−594	4호 주거지
74	평택 방축리	SNU02−282	목탄	2890±40	−1129	−1005	−1251	−938	3호 주거지
75	평택 방축리	SNU02−283	목탄	2720±40	−902	−827	−971	−804	3호 주거지

잔가지라고 언급되어서 예외값 분석을 적용하지 않았다.

장기간의 변화(long-term change)를 살필 수 있는 모델을 찾아내기 위해 주거지로부터의 각각의 방사성탄소 측정치를 옥스칼(OxCal) 4.1버전을 이용하여 보정하고 모델화시켰다. 연구 대상 지역의 청동기시대 활동의 시작과 끝의 범위를 구하기 위하여 72개 측정치를 이용하여 베이지안 모델화를 실시하였다. 최몽룡(2008: 22)은 시기별로 구별되는 토기형식을 가지고 청동기시대를 구분하였다[6]. 이백규(1974b: 67)에 의하면, 경기도 지역의 토기형식은 한반도 동북지방의 공렬 토기계(공렬 토기·구순각목 토기·두 요소가 혼합된 역삼동식 토기)와 서북지방의 팽이형 토기계(이중구연 단사선문 토기, 일명 가락동식 토기)가 청동기시대 전기에 경기도 지역에 유입된 후, 청동기시대 중기에 서북계와 동북계 토기의 특징이 융합된 흔암리식 토기가 형성된 것으로 추정하였다. 김장석(2001: 35)은 가락동식 토기와 흔암리식 토기 간의 시차가 발견되지 않는 점, 가락동식 토기는 흔암리식 토기·역삼동식 토기와는 지역적 분포를 달리하는 점 등으로 볼 때, 가락동 유형은 미송리형 토기 확산으로 인한 청천강 유역 주민의 남하로 보았다. 그리고 이들의 일부가 기존의 역삼동식 토기사용집단에 흡수·통합되면서 흔암리식 토기가 발생한 것으로 이해하였다. 위의 토기형식 외에 청동기시대의 주거지와 지석묘에서 발견된 토기로는 적색마연 토기(홍도)가 있는데, 적색마연 토기(홍도)는 주거 유적보다는 매장 유적에서 좀더 자주 발견되는 경향이 있다. 이들 5가지 토기 유형에 대한 베이지안 모델링은 이 유형들이 순차

6) 토기형식에 따른 청동기시대 시기 구분(최몽룡, 2008: 22)

시기구분	연대	토기형식	비고
조기 청동기시대	기원전 2000년 ~기원전 1500년	빗살문 토기 돌대문 토기	연해주(자이시노프카 등) – 아무르 하류 지역, 만주지방과 한반도 내의 최근 성과
전기 청동기시대	기원전 1500년~기원전 1000년	단사선문이 있는 이중구연 토기	
중기 청동기시대	기원전 1000년~기원전 600년	구순각목이 있는 공렬 토기	
후기 청동기시대	기원전 600년~기원전 400년	경질무문 토기	
철기시대 전기	기원전 400년~기원전 1년	점토대 토기	

적으로 나타났는지, 전통적인 시기 구분과 방사성탄소연대의 편년이 서로 어느 정도 일치하는지를 살펴보기 위하여 시도되었다.

한편, 토기와 목탄 자료와의 관계에서 나타날 수 있는 문제점들에도 주의해야 한다. 대부분의 편년 자료는 기존에 출판된 결과들로부터 확인할 수 있었는데, 많은 목탄 시료들이 주거 유적으로부터 축출되었다고 보고했다. 토기편들도 각각의 해당 주거지에서 발견된 것으로 나타나는데, 목탄 시료와 토기편이 같은 층위의 맥락 안에서 확인되었는가에 대해서는 정확하지가 않다. 그러므로 목탄 시료의 연대가 토기가 사용된 시기를 대표한다는 가정하에 분석을 시도하였다. 한편, 몇몇 주거지들은 오래된 토기 양식을 계속해서 사용했을 가능성도 배제할 수 없다.

3) 분석 결과

첫 번째 분석은 청동기시대의 전반적인 활동시기를 확인하기 위해 연구 대상 지역에서 분석가능했던 72개의 방사성탄소연대 측정치를 모두 이용한 분석이다. 두 번째는 5유형의 토기형식에 대한 분석이었고, 세 번째는 3가지의 주거지 형태에 대한 분석이었다. 이에 대한 결과들을 순서대로 제시하고자 하며 본문에 제시된 연대들은 95.4% 확률 범위의 보정된 연대들이다[표에서는 95%라고 축약해서 표시하였고, 68.2%의 확률(축약하여 68%)은 표에만 나타내었다)].

① 연구 대상 지역 활동시기의 모델화

서울·인천·경기도 지역 16곳의 주거 유적에서 전반적으로 청동기시대의 활동이 언제 이루어졌는지를 확인하기 위해서, 위에 제시된 72개의 방사성탄소연대 측정치를 일군(一群)으로 다루었다. 즉, 72개의 시료를 하나의 활동시기로 상정하여 베이지안 모델링 분석을 시도하였다. 옥스칼(OxCal) 4.1 버전을 이용하여 첫 번째 모델을 시도한 결과, 수원 율전동의 SNU03-212(3160±60) 시료가 58.1%의 일치지수로 측정되었고 여주 흔암리의 KAERI no lab no.(2089±60) 시료가 36%의 낮은 일치지수

그림 3.4.
서울·인천·경기도 지역의 71개 방사성탄소연대 측정치의 모델화된 배열

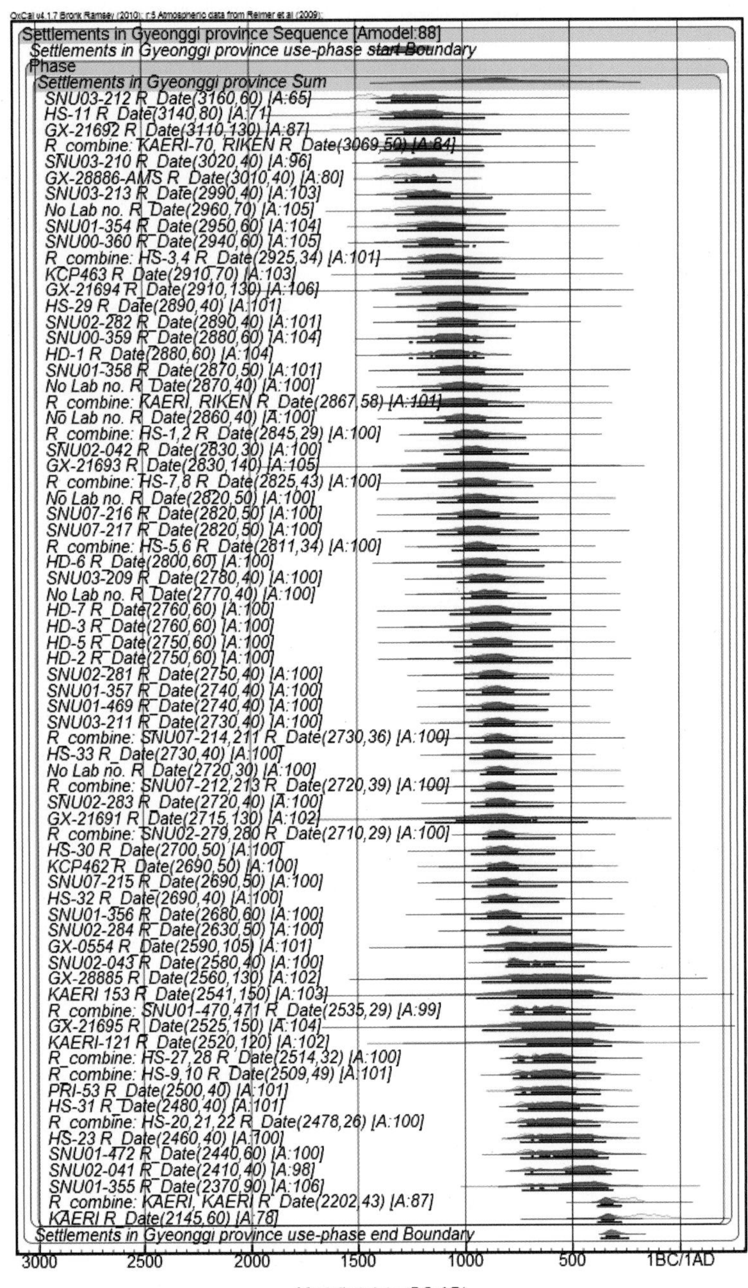

를 나타내었다. 율전동의 시료는 58.1%로 거의 60%에 가까워 남겨 두고, 흔암리 시료 측정치를 제거한 후에, 다시 한 번 분석을 시도하였다. 이에 모델화된 배열을 그림 3.4에 제시하였으며, 한눈에 확인할 수 있도록 모델화된 합산된 확률 분포를 그림 3.5에 제시하였다.

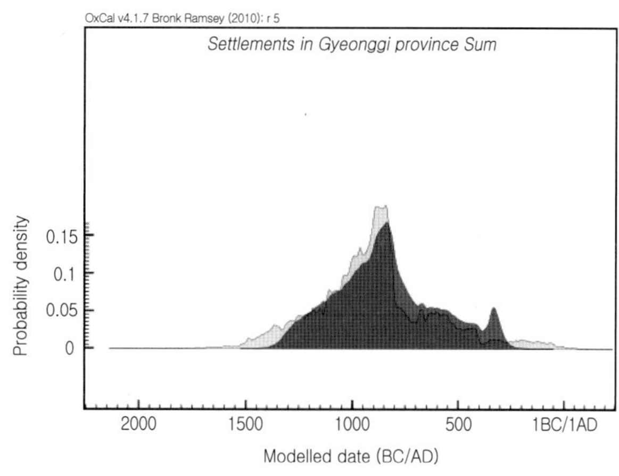

그림 3.5. 서울·인천·경기도 지역의 71개 방사성탄소 측정치의 모델화된 합산 확률 분포

목탄 예외값 분석을 시도하지 않은 모델화된 연대범위와 목탄 예외값 분석 적용 이후의 연대범위의 차이를 알아보기 위하여, 각각 옥스칼(OxCal) 프로그램을 시도해 보았으며, 그 결과는 표 3.2와 같다.

표 3.2에서 확인할 수 있듯이 목탄 예외값 분석 적용 전후의 연대 차이를 볼 때, 뚜렷한 차이를 보이지는 않으나 전반적으로 목탄 예외값 분석이 적용된 결과의 연대가 적용되지 않은 연대보다 대략 50~100년 정도 늦게 청동기시대가 시작되고 약 20~30년 정도 늦게 마감된 것을 알 수 있다. 목탄 예외값 분석에 따른 베이지안 모델링 분석의 결과를 살펴보면, 서울·인천·경기도 지역의 청동기시대 주거지가 사

표 3.2. 서울·인천·경기도 지역 주거지들의 71개 방사성탄소연대 측정치들에 대한 모델화된 활동의 시작(start)과 마침(end) 연대의 범위(cal BC, 68% 확률 분포 포함) 및 사용기간(use span)

주거지	개수	시작 (start)	68%	시작 (start)	95%	마침 (end)	68%	마침 (end)	95%	모델 적합도 (Amodel)	사용 기간 (span)	68%	사용 기간 (span)	95%
Original	71	1381	1291	1444	1246	363	312	381	275	82.8	949	1060	898	1133
Outlier	71	1330	1170	1390	1127	347	286	370	242	88.7	864	1023	805	1093

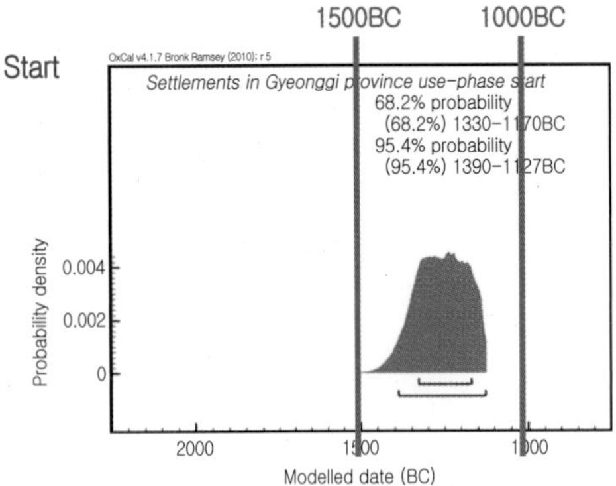

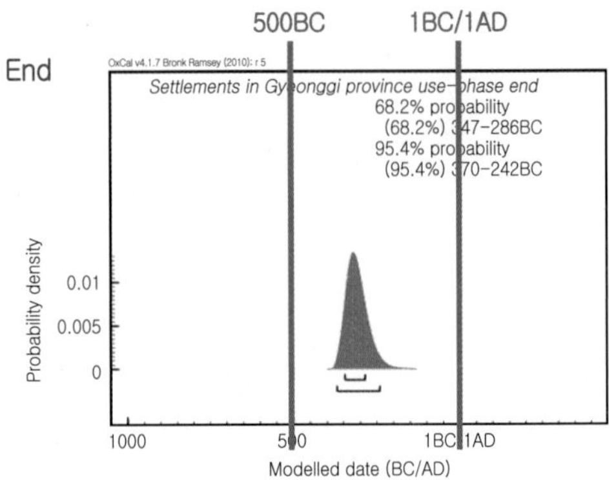

그림 3.6. 표 3.1 중 목탄 예외값 분석이 적용된 방사성탄소연대 측정치들의 모델화된 활동의 시작(start)과 마침(end) 부분

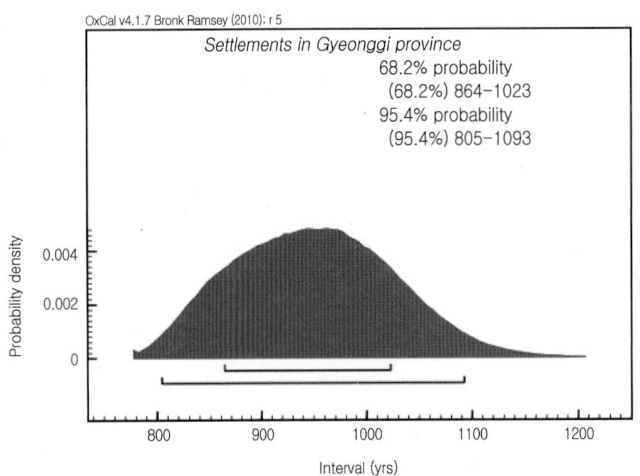

그림 3.7. 서울·인천·경기도 지역의 71개 방사성탄소 측정치의 모델화된 사용기간(use-span)

용되기 시작한 것은 기원전 1390년~기원전 1127년 사이(95.4% 확률, 그림 3.6의 왼쪽 그래프)이며, 기원전 370년~기원전 242년 사이(95.4% 확률, 그림 3.6의 오른쪽 그래프)에 주거지 사용이 마감된 것으로 보인다. 이에 총 사용된 기간은 805년~1093년간(95.4% 확률, 그림 3.7 참조)으로 추정된다.

이 결과를 기존의 청동기시대 시기구분(최몽룡 2006: 50; 2008: 22)과 비교해 보면, 목탄 예외값 분석을 적용한 청동기시대의 시작이 전기 청동기시대(기원전 1500년~기원전 1000년)의 시작 시기보다는 다소 늦으나, 전기 청동기시대의 범주에 상응한다. 한편, 청동기시대 마침의 기간 또한 기존의 시기구분보다 늦는 것은, 여주 흔암리유적의 방사성탄소연대 측정치 때문으로 추정된다. 이 유적은 탄화미가 발견되는 등 고고학적으로 매우 중요한 유적

(서울대학교 박물관·서울대학교 고고학과 외, 1978:30)이나, 오차가 큰 방사성탄소 연대 측정치들[KAERI 154-1(2696±160)·KAERI 154-2(2666±160) 시료]과 비교적 늦은 시기 값을 가지는 측정치들[(KAERI no lab no.(2145±60)·KAERI no lab no.(2089±60)]이 있어, 그 연대가 철기시대 전기에 상응하고 있다. 이는 철기시대에도 청동기시대의 무문 토기의 사용이 어느 정도 지속된 것을 보여주는 근거이나(최성락, 1987:261) 시료가 오염되었을 가능성도 배제할 수 없다.

② 토기 유형에 따른 모델화

앞에서 언급한 바와 같이, 서울·인천·경기도 지역에서 출토되는 대표적인 5유형의 토기인 이중구연 단사선문 토기·공렬 토기·구순각목 토기·흔암리식 토기·적색마연 토기(홍도)의 시작(start)과 마침(end) 연대 그리고 사용기간(use span)을 비교해 보기 위해서 이들에 대한 베이지안 모델링 분석을 시도하였다(표 3.3: 목탄 예외값 분석 적용 전 결과, 표 3.4: 목탄 예외값 분석 적용 후 결과, 참조). 그리고 각 토기 형식들의 시작과 마침 연대의 범위가 한눈에 비교될 수 있도록 그림화하였으며(그림 3.8 참조), 각각의 목탄 예외값 분석에 의한 모델화된 합산된 확률분포를 비교가 쉽도록 같은 단위를 사용하여 그림 3.9·3.10·3.11·3.12·3.13에 제시하였다.

이중구연 단사선문 토기는 3곳의 유적(평택 현화리·여주 흔암리·화성 반송리)에서 20개의 방사성연대 측정치로, 공렬 토기는 11곳의 유적(파주 옥석리·부천 고강동·안양 관양동·화성 고금산·화성 천천리·수원 율전동·여주 흔암리·하남 덕풍동·의왕 이동·화성 반송리·평택 방축리)의 33개 측정치로, 구순각목 토기는 8곳(부천 고강동·시흥 계수동·안양 관양동·화성 천천리·수원 율전동·하남 덕풍동·의왕 이동·화성 반송리)의 29개 측정치로, 흔암리식은 2개 유적(여주 흔암리·하남 덕풍동)의 10개의 측정치로, 적색마연 토기(홍도)는 7개 유적(안양 관양동·화성 고금산·화성 천천리·여주 흔암리·하남 덕풍동·화성 반송리·평택 방축리)의 21개의 측정치를 가지고 목탄 예외값 분석에 의한 모델화를 시도하였다.

표 3.3. 서울·인천·경기도 지역에서 출토된 5개의 토기형식[이중구연 단사선문 토기·공렬 토기·구순각목 토기·흔암리식 토기·적색마연 토기(홍도)]에 대한 방사성탄소연대 측정치에 대한 목탄 예외값 분석 전(前)의 모델화된 사용 시작(start)과 마침(end) 연대의 범위 및 사용기간(use span)

토기	개수	시작 (start)	68%	시작 (start)	95%	마침 (end)	68%	마침 (end)	95%	모델 적합도 (Amodel)	사용 기간 (span)	68%	사용 기간 (span)	95%
이중구연 단사선문 토기	20	1440	1235	1557	1141	305	66	336	calAD 49	88	1030	1351	871	1523
공렬 토기	33	1440	1290	1524	1216	367	292	391	215	82.9	951	1132	868	1253
구순각목 토기	29	1467	1305	1562	1220	344	226	352	56	78.8	994	1232	908	1426
흔암리식 토기	10	11503	1231	1771	1132	188	calAD 72	315	calAD 338	92.9	1127	1557	951	1954
적색마연 토기(홍도)	21	1184	1060	1284	1018	331	128	345	20	90.4	775	1021	715	1194

표 3.4. 서울·인천·경기도 지역에서 출토된 5개의 토기형식[이중구연 단사선문 토기·공렬 토기·구순각목 토기·흔암리식 토기·적색마연 토기(홍도)]에 대한 방사성탄소연대 측정치에 대한 목탄 예외값 분석 후(後)의 모델화된 사용 시작(start)과 마침(end) 연대의 범위 및 사용기간(use span)

토기	개수	시작 (start)	68%	시작 (start)	95%	마침 (end)	68%	마침 (end)	95%	모델 적합도 (Amodel)	사용 기간 (span)	68%	사용 기간 (span)	95%
이중구연 단사선문 토기	20	1475	1088	1592	682	216	calAD 21	316	calAD 149	92.5	952	1378	611	1575
공렬 토기	33	1333	1016	1455	946	353	236	699	127	88.2	733	1038	676	1217
구순각목 토기	29	1148	873	1456	822	309	154	331	9	86	645	989	567	1271
흔암리식 토기	10	1548	1117	1770	700	156	calAD 140	276	calAD 428	95.2	1044	1581	728	1998
적색마연 토기(홍도)	21	1181	1047	1289	996	313	117	335	calAD 13	90.3	790	1046	721	1209

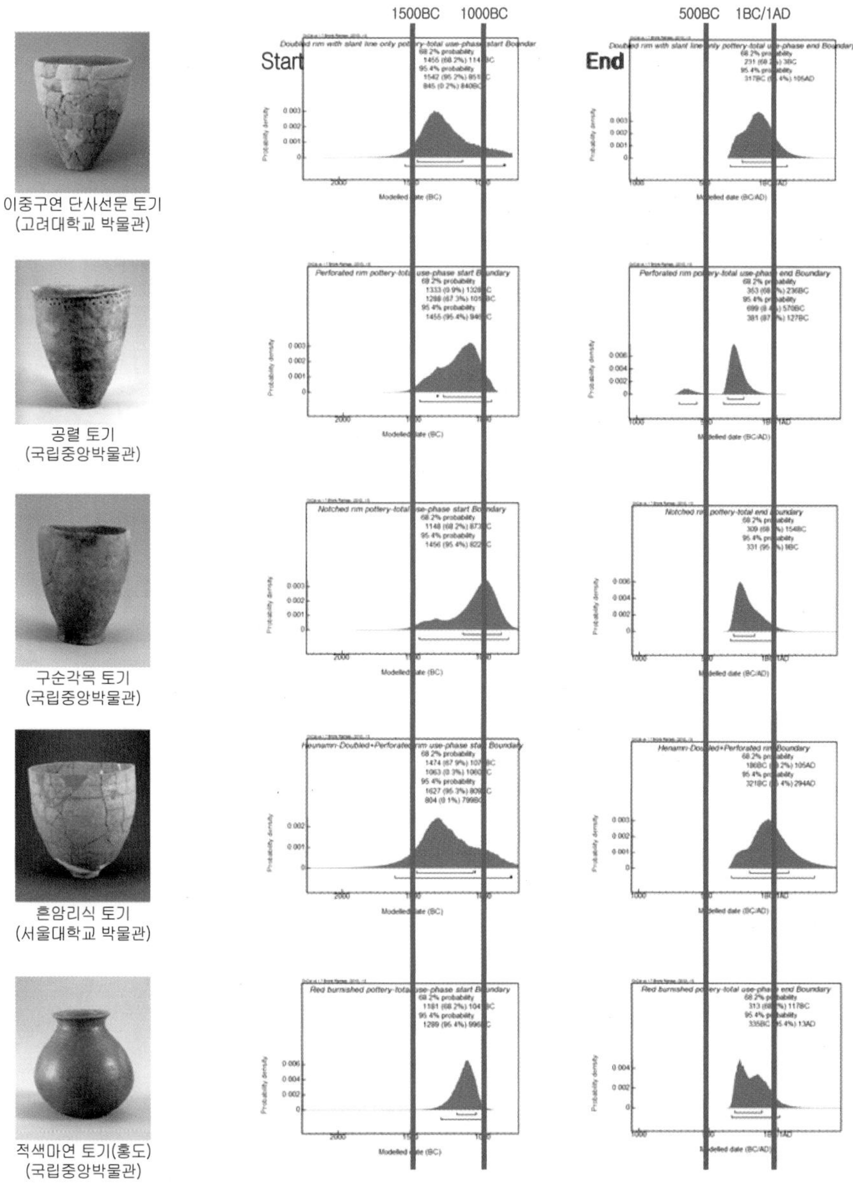

그림 3.8. 표 3.4의 서울·인천·경기도지역에서 출토된 5개의 토기형식[이중구연 단사선문 토기·공렬 토기·구순각목 토기·흔암리식 토기·적색마연 토기(홍도)]의 목탄 예외값 분석이 적용된 방사성탄소연대 측정치들의 모델화된 사용 시작(start)과 마침(end) 연대 부분 그림화(국립중앙박물관, 1993: 27·30·32·49)

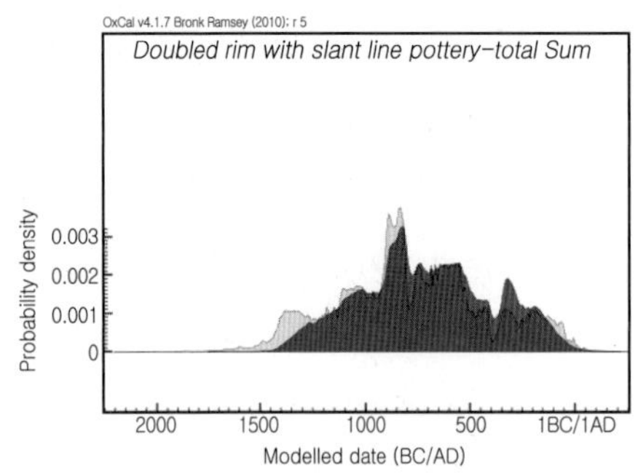

그림 3.9. 서울·인천·경기도 지역의 이중구연 단사선문 토기 출토 주거지들의 목탄 예외값 분석이 적용된 20개 방사성탄소 측정치의 모델화된 합산 확률 분포

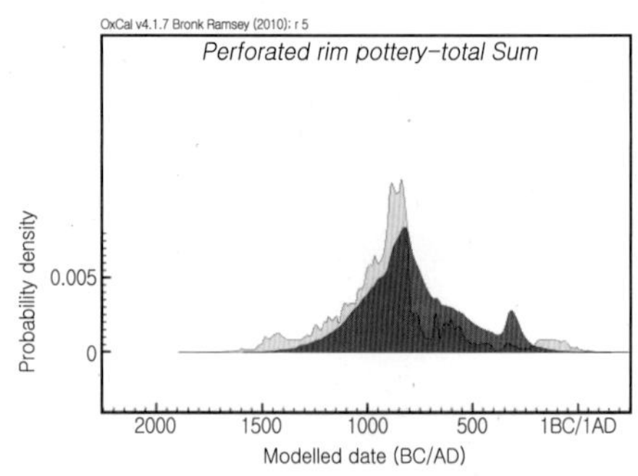

그림 3.10. 서울·인천·경기도 지역의 공렬 토기 출토 주거지들의 목탄 예외값 분석이 적용된 33개 방사성탄소연대 측정치의 모델화된 합산 확률 분포

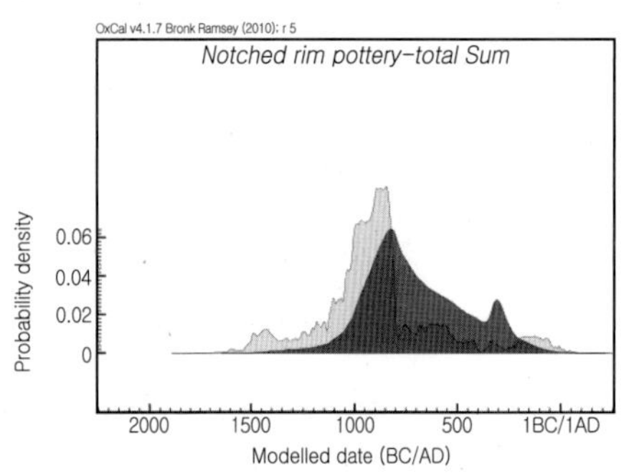

그림 3.11. 서울·인천·경기도 지역의 구순각목 토기 출토 주거지들의 목탄 예외값 분석이 적용된 29개 방사성탄소연대 측정치의 모델화된 합산 확률 분포

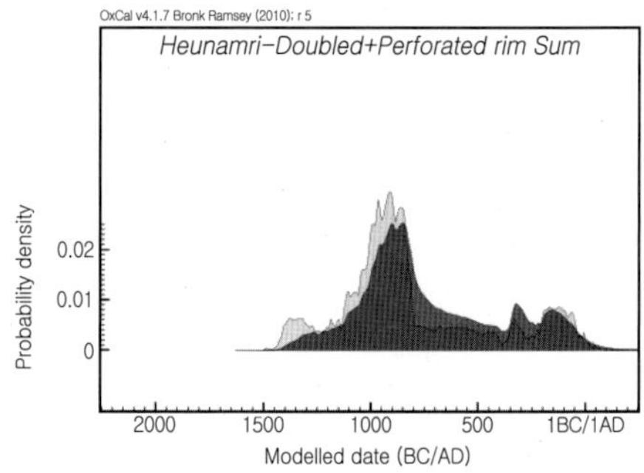

그림 3.12. 서울·인천·경기도 지역의 흔암리식 토기 출토 주거지들의 목탄 예외값 분석이 적용된 10개 방사성탄소연대 측정치의 모델화된 합산 확률 분포

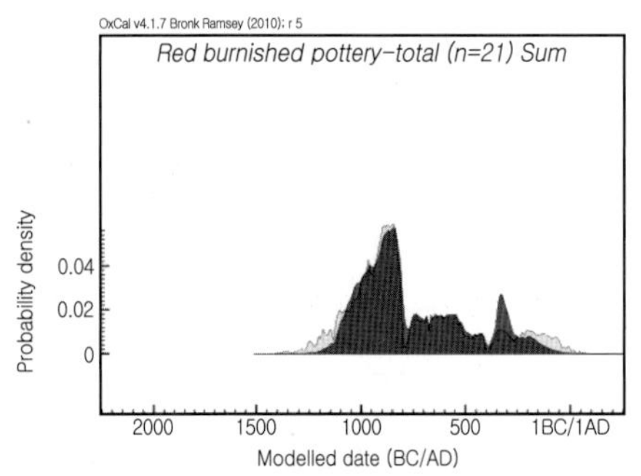

그림 3.13. 서울·인천·경기도 지역의 적색마연 토기(홍도) 출토 주거지들의 목탄 예외값 분석이 적용된 21개 방사성탄소연대 측정치의 모델화된 합산 확률 분포

이처럼 그림 3.8~3.13에서 확인할 수 있듯이, 적색마연 토기(홍도)가 다른 4개 형식의 토기들보다 다소 늦게 등장하는 것을 제외하고 5개 형식의 토기들이 서울·인천·경기도 지역에서 거의 동시기에 사용된 것으로 보인다.

③ 주거지 형태에 따른 모델화

그림 3.8에서 볼 수 있듯이, 토기형식을 가지고 청동기시대를 전·중·후기로 구분하기에는 무리가 있어 보인다. 그러므로 청동기시대의 시기구분 요소로 자주 언급되는 주거지 형태(세장방형·장방형·방형)에 대해서도 고찰해 보고자 한다. 주거지 형태에 대한 구분은 연구대상 지역 주거지들의 장단비에 대한 히스토그램에서 나타나는 그룹화가 백석동유적에서 사용한 구분과 유사하여 그 기준을 따랐다. 즉, 주거지의 장단비가 1:1에서 1.5:1의 비율에 해당하면 방형, 1.6:1에서 2.5:1의 비율에 해당하면 장방형, 2.6:1의 비율보다 크면 세장방형으로 분류하였다(이남석 외, 1998: 427).

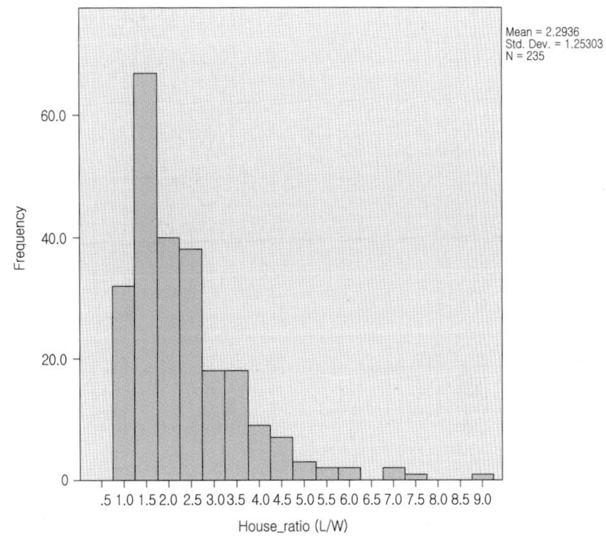

그림 3.14. 연구 대상 지역의 주거지 235기의 장단비 히스토그램

세장방형 주거지 세장방형 주거지는 청동기시대에 처음 등장하는 것으로 보고 있다(김승옥, 2006b: 10; 경기문화재연구원·경기도박물관, 2009: 57). 서울·인천·경기도 지역에서는 주거 유적 7곳의 13개 주거지가 세장방형으로 추정되며(표 3.5 참조), 이와 관련된 19개의 방사성탄소연대 측정치로 베이지안 모델링 분석을 시도하였다.

세장방형 주거지의 방사성탄소연대 측정치에 대한 목탄 예외값 분석 전후의 차이 역시 크지 않으며 토기 표본에서 얻은 결과와 유사하다(표 3.6 참조). 이 결과에 따르

표 3.5. 세장방형 주거지 관련 방사성탄소연대 측정치

일련 번호	유적명	시료 번호	시료 종류	BP (절대연대)	보정연대				시료 위치
					+1σ cal BC	−1σ cal BC	+2σ cal BC	−2σ cal BC	
1	파주 옥석리	GX-0554	목탄	2590±105	−891	−540	−967	−408	B지석묘 아래 주거지
2	부천 고강동	KCP463	목탄	2910±70	−1252	−1008	−1367	−916	12호 주거지
3	부천 고강동	KCP462	목탄	2690±50	−896	−806	−971	−791	10호 주거지
4	시흥 계수동	SNU02-043	목탄	2580±40	−809	−669	−821	−549	3호 주거지
5	안양 관양동	SNU01-358	목탄	2870±50	−1124	−948	−1213	−912	5호 주거지
6	안양 관양동	SNU01-472	목탄	2440±60	−746	−410	−762	−403	8호 주거지
7	안양 관양동	SNU01-355	목탄	2370±90	−748	−374	−771	−209	2호 주거지
8	화성 천천리	R_combine: HS-7,8	목탄	2825±43	−1038	−917	−1122	−851	7호 주거지
9	화성 천천리	R_combine: HS-5,6	목탄	2811±34	−1004	−921	−1055	−846	7호 주거지
10	수원 율전동	SNU03-212	목탄	3160±60	−1503	−1386	−1606	−1271	3호 주거지-1
11	수원 율전동	SNU03-210	목탄	3020±40	−1377	−1213	−1396	−1129	1호 주거지-2
12	수원 율전동	SNU03-213	목탄	2990±40	−1302	−1132	−1386	−1059	3호 주거지-2
13	수원 율전동	SNU03-209	목탄	2780±40	−997	−860	−1019	−829	1호 주거지-1
14	수원 율전동	SNU03-211	목탄	2730±40	−907	−831	−975	−806	1호 주거지-3
15	여주 흔암리	R_combine: KAERI-70, RIKEN	목탄	3069±50	−1410	−1273	−1443	−1134	12호 주거지
16	여주 흔암리	R_combine: KAERI, RIKEN	목탄	2867±58	−1127	−937	−1258	−902	12호 주거지
17	여주 흔암리	KAERI-121	목탄	2520±120	−799	−511	−901	−391	7호 주거지
18	여주 흔암리	KAERI	목탄	2145±60	−352	−93	−369	−45	14호 주거지
19	여주 흔암리	KAERI	목탄	2089±60	−196	−42	−354	52	14호 주거지

면, 연구 대상 지역에서 세장방형 주거지는 기원전 1616년~기원전 1193년(95.4% 확률) 사이에 사용하기 시작하여 기원전 338년~기원전 95년(95.4% 확률) 사이에 사용이 마쳐진 것으로 보인다. 그림 3.15는 19개 측정치의 모델화된 배열을 보여준다.

모델화된 시작 및 마침 연대를 효과적으로 보여주기 위해 그림 3.16에서와 같이

표 3.6. 주거지에서 얻은 19개의 방사성탄소연대 측정치를 하나의 활동으로 간주할 때 연구 대상 지역의 세장방형 주거지의 모델화된 시작 및 마침 연대와 사용기간('original' 자료의 결과는 목탄 예외값 분석을 적용하지 않은 측정치들의 모델화된 보정연대)

세장방형	개수	시작 (start)	68%	시작 (start)	95%	마침 (end)	68%	마침 (end)	95%	모델 적합도 (Amodel)	사용 기간 (span)	68%	사용 기간 (span)	95%
Original	19	1507	1349	1640	1286	326	61	345	66	87.7	1102	1415	1002	1619
Outlier	19	1504	1318	1616	1193	307	40	338	95	88.8	1096	1413	976	1619

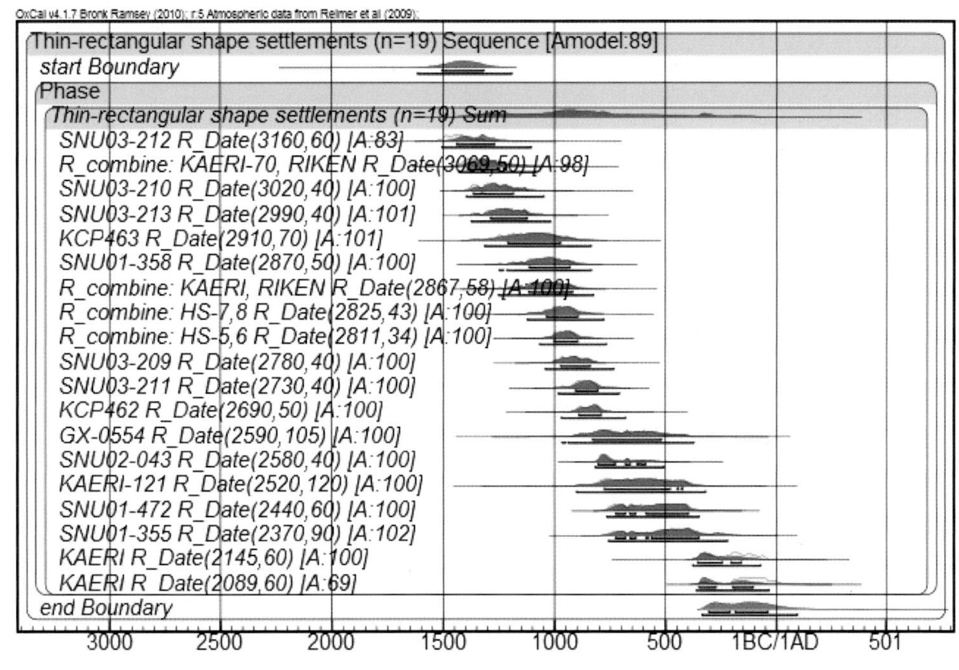

그림 3.15. 서울·인천·경기도 지역 내 세장방형 주거지의 19개 방사성탄소연대 측정치 모델화된 배열

그래프로 제시하였다. 공렬 토기편과 적색마연 토기(홍도)편, 사선문 토기편이 발견된 여주 흔암리 14호 주거지에서 얻은 2개의 시료 KAERI no lab no.(2145±60)와 KAERI No lab no.(2089±60)가 포함됨으로써, 그래프에서 보이는 바와 같이 끝나는

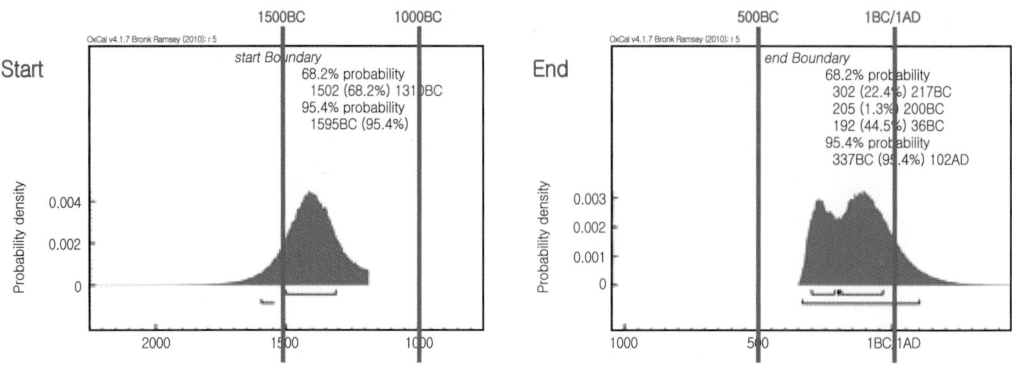

그림 3.16. 서울 · 인천 · 경기도 지역 내 세장방형 주거지의 19개 방사성탄소연대 측정치 모델화된 시작 및 마침 연대

부분의 경계가 철기시대 전기와 겹쳐진다. 청동기시대 후기의 토기가 철기시대에도 계속 사용이 된 것인지에 대해서는 현재로서 판단하기 어려워 청동기시대 후기에서 철기시대 전기의 자료가 축적될 때까지 두 시료의 결과를 그대로 두고자 한다.

장방형 주거지 장방형 주거지는 한반도 내에서 신석기시대 후기에 출현한 것으로 추정되나(구자진, 2005: 6), 본고의 연구 대상 지역인 한반도 중부 지역의 경우에는 아직까지 이 형태의 주거지가 신석기시대 후기에 발견되지 않았다(이상균, 2005: 176~214). 목탄 예외값 분석 전후의 결과를 표 3.8에 제시하였으며, 주거 유적 7곳에 위치한 14개의 주거지에서 얻은 19개의 방사성탄소연대 측정치(표 3.7 참조)를 바탕으로 볼 때, 시작 연대의 경우는 기원전 1488년~기원전 1000년(95% 확률)이고, 마침 연대는 기원전 378년~기원전 101년(95% 확률)으로 나타났다. 그림 3.17은 19개 측정치의 모델화된 배열이고, 그림 3.18은 모델화된 시작 및 마침의 연대를 보여준다.

표 3.7. 장방형 주거지 관련 방사성탄소연대 측정치

일련 번호	유적명	시료 번호	시료 종류	BP (절대연대)	보정연대				시료 위치
					+1σ cal BC	−1σ cal BC	+2σ cal BC	−2σ cal BC	
1	안양 관양동	SNU01-354	목탄	2950±60	−1262	−1056	−1379	−1001	No.1 house
2	안양 관양동	SNU01-469	목탄	2740±40	−917	−834	−976	−810	No.6 house
3	안양 관양동	SNU01-357	목탄	2740±40	−917	−834	−976	−810	No.4 house
4	안양 관양동	SNU01-356	목탄	2680±60	−896	−801	−976	−771	No.3 house
5	화성 고금산	SNU00-360	목탄	2940±60	−1259	−1052	−1373	−979	No.1 house
6	화성 천천리	HS-11	목탄	3140±80	−1500	−1313	−1613	−1211	No.11 house
7	화성 천천리	R_combine: HS-3,4	목탄	2925±34	−1194	−1054	−1259	−1014	No.6 house
8	화성 천천리	R_combine: HS-1,2	목탄	2845±29	−1047	−940	−1114	−921	No.6 house
9	여주 흔암리	KAERI 153	목탄	2541±150	−811	−417	−1026	−234	No.8 house
10	여주 흔암리	R_combine: KAERI, KAERI	목탄	2202±43	−358	−204	−386	−171	No.13 house
11	하남 덕풍동	HD-6	목탄	2800±60	−1022	−848	−1121	−824	No.1 house
12	하남 덕풍동	HD-7	목탄	2760±60	−976	−833	−1049	−805	No.1 house
13	하남 덕풍동	HD-5	목탄	2750±60	−973	−828	−1041	−802	No.1 house
14	의왕 이동	SNU07-216	목탄	2820±50	−1041	−910	−1123	−843	No.1 house
15	의왕 이동	SNU07-217	목탄	2820±50	−1041	−910	−1123	−843	No.1 house
16	의왕 이동	R_combine: SNU07-214,211	목탄	2730±36	−906	−832	−972	−809	No.10 house
17	의왕 이동	R_combine: SNU07-212,213	목탄	2720±39	−901	−827	−971	−804	No.11 house
18	의왕 이동	SNU07-215	목탄	2690±50	−896	−806	−971	−791	No.1 house
19	평택 방축리	SNU02-284	목탄	2630±50	−841	−771	−911	−594	No.4 house

표 3.8. 연구 대상 지역의 장방형 주거지의 모델화된 시작 및 마침 연대와 사용기간

장방형	개수	시작 (start)	68%	시작 (start)	95%	마침 (end)	68%	마침 (end)	95%	모델 적합도 (Amodel)	사용 기간 (span)	68%	사용 기간 (span)	95%
Original	19	1371	1169	1517	1104	370	256	388	142	82.6	850	1110	768	1303
Outlier	19	1346	1102	1488	1000	353	223	378	101	89.1	810	1094	696	1283

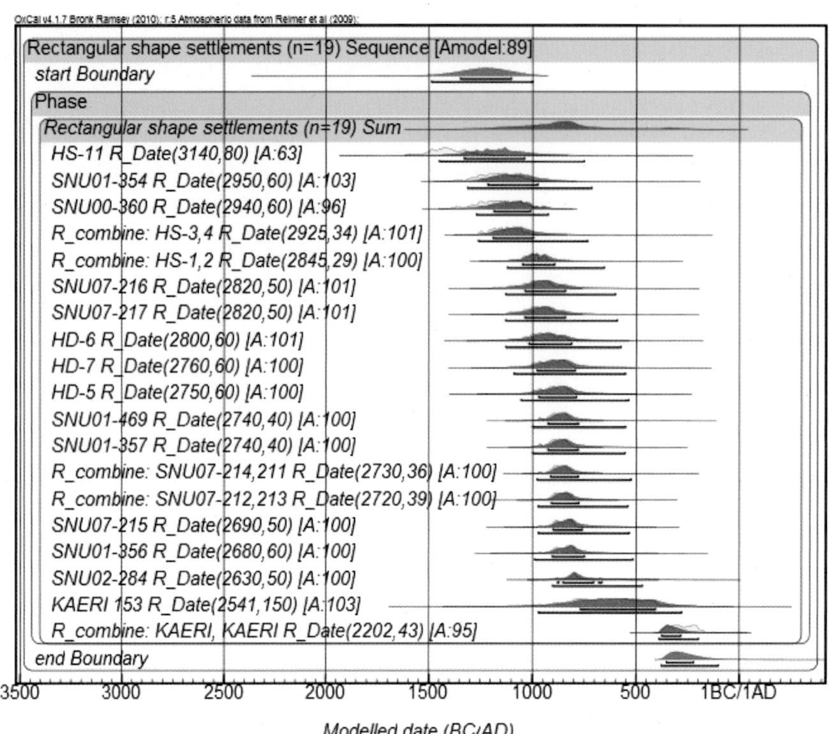

그림 3.17. 단일 시기 활동의 서울·인천·경기도 지역 내 장방형 주거지 19개 방사성탄소연대 측정치 모델화된 배열

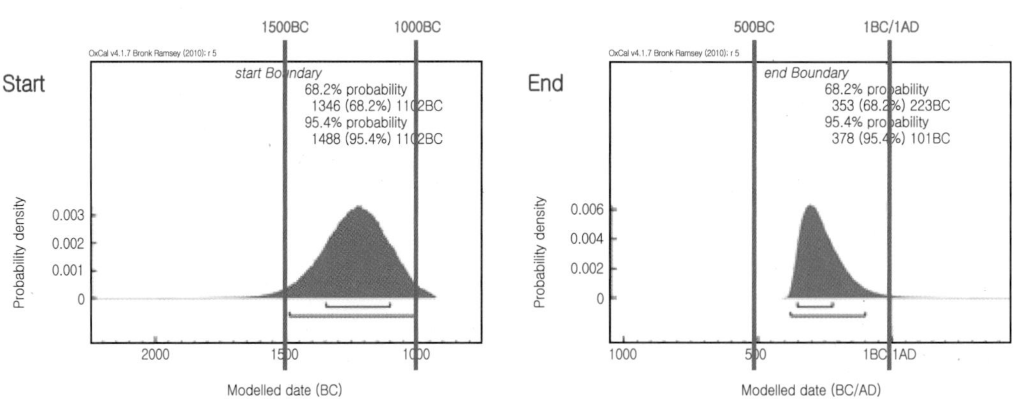

그림 3.18. 서울·인천·경기도 지역 내 장방형 주거지의 19개 방사성탄소연대 측정치 모델화된 시작 및 마침 연대

방형 주거지 마지막으로 방형 주거지를 검토하였다. 여기서는 주거 유적 5곳의 12개 주거지(표 3.9 참조)에서 수집된 16개의 방사성탄소연대 측정치를 가지고 베이지안 모델링 분석을 실시하였다. 그 결과, 방형 주거지의 시작과 마침 연대에 대한 추정치는 시작 연대의 경우 기원전 1217~702년(95% 확률)이고, 마침 연대의 경우는 기원전 695년~기원전 336년(95% 확률)이었다. 그림 3.19는 16개 방사성탄소연대 측정치의 모델화된 배열이고, 그림 3.20은 이들 측정치의 모델화된 시작 및 마침의 연대를 보여준다.

표 3.9. 방형 주거지 관련 방사성탄소연대 측정치

일련 번호	유적명	시료 번호	시료 종류	BP (절대연대)	보정연대				시료 위치
					+1σ cal BC	−1σ cal BC	+2σ cal BC	−2σ cal BC	
1	시흥 계수동	SNU02-042	목탄	2830±30	-1017	-927	-1111	-906	No.2 house
2	시흥 계수동	SNU02-041	목탄	2410±40	-700	-404	-751	-396	No.1 house
3	안양 관양동	R_combine: SNU01-470,471	목탄	2535±29	-791	-593	-797	-544	No.7 house
4	화성 천천리	R_combine: HS-9,10	목탄	2509±49	-775	-544	-795	-417	No.9-2 house
5	화성 반송리	HS-29	목탄	2890±40	-1129	-1005	-1251	-938	No.9 house
6	화성 반송리	HS-33	목탄	2730±40	-907	-831	-975	-806	No.14 house
7	화성 반송리	HS-30	목탄	2700±50	-896	-812	-973	-795	No.9 house
8	화성 반송리	HS-32	목탄	2690±40	-895	-807	-914	-798	No.14 house
9	화성 반송리	R_combine: HS-27,28	목탄	2514±32	-772	-553	-791	-538	No.8 house
10	화성 반송리	HS-31	목탄	2480±40	-758	-538	-770	-416	No.9 house
11	화성 반송리	R_combine: HS-20,21,22	목탄	2478±26	-755	-540	-768	-418	No.2 house
12	화성 반송리	HS-23	목탄	2460±40	-752	-419	-760	-411	No.5 house
13	평택 방축리	SNU02-282	목탄	2890±40	-1129	-1005	-1251	-938	No.3 house
14	평택 방축리	SNU02-281	목탄	2750±40	-926	-835	-997	-816	No.2 house
15	평택 방축리	SNU02-283	목탄	2720±40	-902	-827	-971	-804	No.3 house
16	평택 방축리	R_combine: SNU02-279,280	목탄	2710±29	-896	-823	-909	-809	No.1 house

표 3.10. 방형 주거지의 모델화된 시작 및 마침 연대와 사용기간

방형	개수	시작 (start)	68%	시작 (start)	95%	마침 (end)	68%	마침 (end)	95%	모델 적합도 (Amodel)	사용 기간 (span)	68%	사용 기간 (span)	95%
Original	16	1119	1003	1186	946	666	501	721	405	91.5	366	602	262	732
Outlier	16	1140	946	1217	702	629	446	695	336	96.1	359	644	0	807

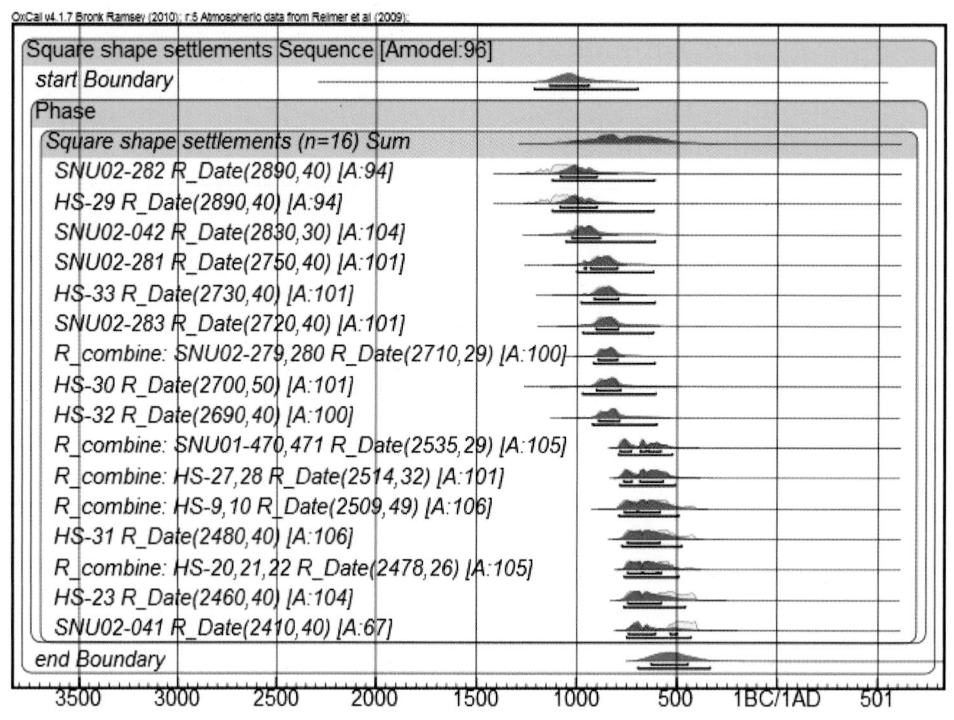

그림 3.19. 서울·인천·경기도 지역 내 방형 주거지의 16개 방사성탄소연대 측정치 모델화된 배열

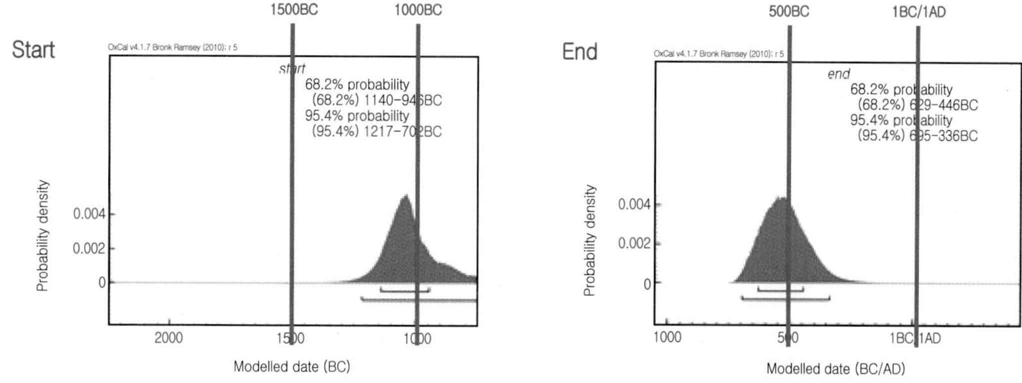

그림 3.20. 서울·인천·경기도 지역 내 방형 주거지의 16개 방사성탄소연대 측정치 모델화된 시작 및 마침 연대

주거지 형태의 결과 종합 세 주거지 형태의 목탄 예외값 분석 결과를 비교가 용이하도록 표 3.11과 그림 3.21로 제시하였다. 그림 3.21에서와 같이, 세 주거지 형태 분석에 대한 결과는 기존의 연구 결과를 뒷받침하는 것으로 보이는데, 즉 세장방형 주거지는 청동기시대 전기에, 그리고 방형 주거지는 청동기시대 중기에 출현했을 것으로 추정된다. 한편, 신석기시대 후기(기원전 약 3500년~기원전 2000년)부터 장방형의 주거지가 발달하기 시작한 것으로 추정되며(이상균, 2005: 195; 구자진, 2005: 6), 한반도의 다른 지역들과 달리 연구 대상 지역에서는 장방형 주거지가 신석기시대 후기에 확인되지 않았다(이상균, 2005: 195). 분석 결과에서는 장방형 주거지가

표 3.11. 서울·인천·경기도 지역에서 출토된 3개의 주거지 형태(세장방형, 장방형, 방형)에 대한 방사성탄소연대 측정치에 대한 목탄 예외값 분석 후(後)의 모델화된 사용 시작과 마침 연대의 범위와 사용기간

주거지	개수	시작 (start)	68%	시작 (start)	95%	마침 (end)	68%	마침 (end)	95%	모델 적합도 (Amodel)	사용 기간 (span)	68%	사용 기간 (span)	95%
세장방형	19	1504	1318	1616	1193	307	40	338	95	88.8	1096	1413	976	1619
장방형	19	1346	1102	1488	1000	353	223	378	101	89.1	810	1094	696	1283
방형	16	1140	946	1217	702	629	446	695	336	96.1	359	644	0	807

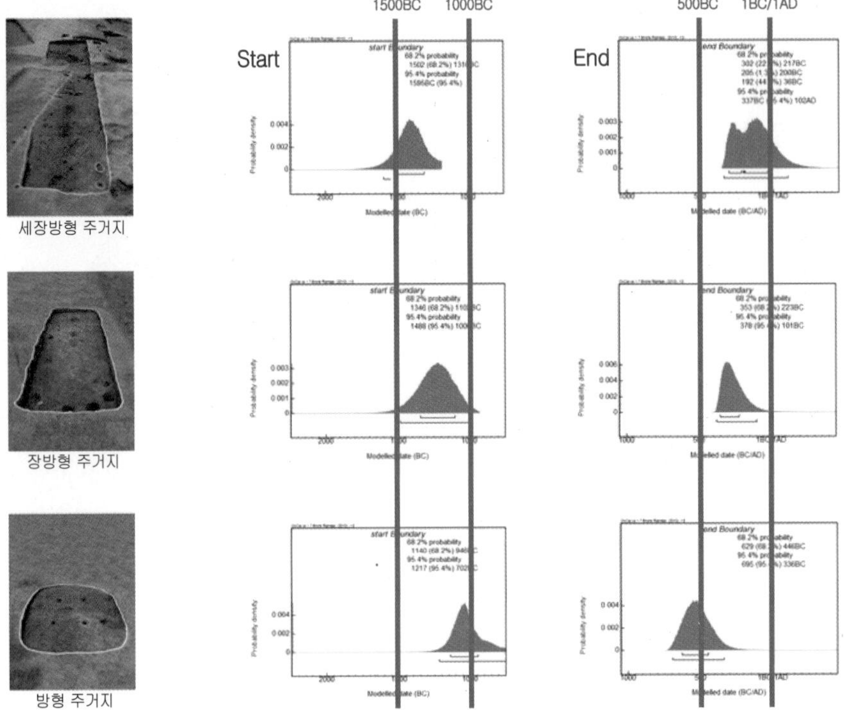

그림 3.21. 서울·인천·경기도 지역에서 확인된 3개의 주거지 형태(세장방형, 장방형, 방형)의 목탄 예외값 분석이 적용된 방사성탄소연대 측정치 모델화된 시작과 마침 연대(세장방형 주거지 사진: 경기문화재연구원·경기도 박물관, 2009: 57; 장방형 주거지 및 방형 주거지 사진: 고려문화재연구원·YM종합건설주식회사, 2008: 7, 9)

세장방형 주거지보다는 다소 늦게, 전기와 중기 사이에 나타난 것으로 보인다.

4. 소론

이상으로 연구 대상 지역인 한반도 중서부 지역의 청동기시대 시기 구분 및 장기간의 변화 양상을 살펴보기 위한 적합한 편년 모델을 찾기 위하여, 서울·인천·경기도 지역의 청동기시대 16곳의 주거 유적으로부터 확인된 72개의 방사성탄소연대 측정치를 분석하였다. 그리고 이 지역에서 출토되는 대표적인 5개 유형의 토기인 이중구연 단사선문 토기·공렬 토기·구순각목 토기·흔암리식 토기·적색마연 토기(홍도)에 대한 토기사용의 시작(start)과 마침(end) 연대 및 사용기간(use span)에 대한 베이지안 모델링 분석을 시도하였다. 또한 청동기시대의 또 다른 시기구분 요소인 주거지 형태, 즉, 세장방형, 장방형, 방형에 대해서도 베이지안 모델링 분석을 시도하였다. 고목 효과(old wood effect)를 피하기 위해서, 목탄 예외값 분석(a charcoal outlier model)을 적용하였다. 이 분석 결과에 의하면, 서울·인천·경기도 지역에서 청동기시대의 주거지가 사용되기 시작한 것은 기원전 1390년에서 기원전 1127년 사이(95.4% 확률)로 추정되며, 기원전 370년에서 기원전 242년 사이(95.4% 확률)까지만 사용된 것으로 보인다. 연구 대상 지역의 청동기시대 주거지의 사용 시작 시기는 기존의 청동기시대 상한보다 다소 늦으나, 시작 범위는 청동기시대 전기에 상응한다.

한편, 5개 유형의 토기형식들의 시작(start)과 마침(end) 연대에 대한 베이지안 모델링 분석의 결과는 적색마연 토기(홍도)가 다른 토기형식들보다 늦은 청동기시대 중기 경에 등장했다는 점 외에 나머지 토기형식들은 청동기시대에 걸쳐 거의 동시기에 사용되었던 것으로 보였다. 때문에 기존 연구에서 제시된 것처럼, 토기형식만을 가지고 시기를 구분하기에는 다소 무리가 있는 것으로 판단된다. 그리고 청동기시대의 또 다른 시기구분 요소인 주거지 형태에 대한 고찰 결과, 세장방형 주거지가 전기에 가장 먼저 등장하고 연이어 장방형이 전기와 중기 사이에 등장하여 이 두 형식이 후기 이후까지 계속 사용되었음을 알 수 있었다. 방형의 경우는 중기에 등장하여 후기까지 사용되는 비교적 한정된 사용범위를 보여주었다.

이로 보아 토기형식만으로, 또는 주거지형태만으로는 청동기시대를 전·중·후기로 구분하기에는 무리가 있었다. 그러나 두 요소를 함께 고려하면, 적색마연 토기(홍도)와 방형 주거지의 존재 여부로 청동기시대 중기의 설정이 가능할 듯하다. 한편, 자료의 부족으로 인해 베이지안 모델링 분석을 시도할 수 없었으나, 청동기시대 후기에 등장하는 토기형식인 경질무문 토기, 점토대 토기, 그리고, 타날문 토기 등의 출토여부 등을 고려하면 후기의 규정도 가능할 것으로 여겨진다. 다시 말해, 위의 분석 결과를 바탕으로 유적에 따라 전기 · 전기~중기 · 전기~후기 · 중기 · 중기~후기 · 후기라는 6범주의 시기 구분이 가능할 것으로 사료된다.

이들 범주들은 한반도 중서부 지역의 주거 유적의 장기적 변화 양상을 살펴보기 위하여 연구 대상 지역의 45곳의 주거 유적에 적용되었다. 또한 이 지역 고인돌의 장기적 변화의 고찰을 위해서도 주거지들의 시기 구분이 활용되었다. 즉, 주거지 주변의 일정 범위 안에 존재하는 고인돌이 그 주거지와 관련이 있으며, 유사한 시간대를 공유하였을 것이라는 가정이다. 주거지 주위의 일정 범위에 있는 고인돌들이 그들 주거지들과 관련이 없을 수도 있다. 다만, 적어도 고인돌들과 관련된 장기적 변화 양상을 시험적으로라도 살펴볼 수 있지 않을까라는 가정하에 시도해 보았으며, 이것은 제5장에서 다루어질 것이다.

마지막으로 본 연구는 72개의 방사성탄소연대 측정치가 확인된 주거지의 형태정보와 토기정보만을 바탕으로 모델화를 시도하였으므로, 그 결과가 매우 제한적이라는 한계가 지적될 수 있다. 또한, 베이지안 모델에서 분석대상의 존재유무는 고려하였으나 빈도는 고려되지 않았다는 점 또한 한계로 지적될 수 있다. 그리고 분석대상의 방사성탄소연대 측정치가 5개 미만인 경우 모델화 시도의 의미가 적었다. 이번

표 3.12. 주거지 형태 및 토기 유형에 따른 청동기시대의 구분

시기	주거지 형태	토기 유형	주거지 수
전기	세장방형, 장방형	이중구연(단사선문), 공렬, 구순각목, 흔암리식	7
전기~중기	세장방형, 장방형, 방형	이중구연(단사선문), 공렬, 구순각목, 흔암리식, 적색마연 토기(홍도)	12
전기~후기	세장방형, 장방형, 방형	이중구연(단사선문), 공렬, 구순각목, 흔암리식, 적색마연 토기(홍도) 후기형식 토기(점토대, 경질무문, 타날문)	9
중기	방형	이중구연(단사선문), 공렬, 구순각목, 흔암리식, 적색마연 토기(홍도)	8
중기~후기	방형	이중구연(단사선문), 공렬, 구순각목, 흔암리식, 적색마연 토기(홍도) 후기형식 토기(점토대, 경질무문, 타날문)	5
후기	·	후기형식 토기(점토대, 경질무문, 타날문)	4

분석에서는 제외된 토기형식들인 경질무문 토기, 점토대 토기 등은 관련된 충분한 방사성탄소연대 측정치가 확보되고, 주거 유적의 층위별, 지석묘 유적으로부터 보다 많은 방사성탄소연대값이 측정·제시된다면 보다 신뢰가능한 청동기시대의 시기구분안이 마련될 것으로 기대된다. 마지막으로, 이번 연구에서는 '전기에서 중기', '전기에서 후기', '중기에서 후기'까지의 범주들을 제대로 이용하지 못하였다. 이들 범주를 제대로 활용하기 위해서는 보다 세부적인 물질문화 요소들이 고려되어져야 할 것이고, 이 부분은 다음 연구를 기약하고자 하며, 이번 연구에서는 경관 분석에 초점을 맞추도록 하겠다. 위의 시기 구분이 적용된 주거지와 고인돌들의 장기적 변화 양상에 대해서는 제6장에서 논의될 것이다.

제 4 장

중서부 지역 청동기시대 유적의 환경적 요인 분석

이 장에서는 생계 경제의 변화, 특히 농경의 발달이 어떻게 청동기시대인들이 그들의 주거 유적과 매장 유적의 입지를 계획하고 결정하는 데에 영향을 미쳤는지와 어떠한 장기간의 변화 양상이 나타났는지에 대해 주로 물리적인 환경 요인에 초점을 맞추어서 살펴보고자 한다. 즉, 자연적인 환경 요소들[(예를 들면, 토양, 수자원으로부터의 거리, 경사방향(Aspect), 경사도(Slope) 및 고도(Elevation)]과 주거 유적 및 고인돌들과의 관계에 대해서 고찰하고자 한다. 제5장에서는 문화적인 요인들[(예를 들면, 인간의 관점에서 인지할 수 있는 요소들, 즉, 시계(視界)와 이동성(移動性)]이 주거 유적과 매장 유적을 결정하는 데에 어떠한 영향을 미쳤는지에 대하여 살펴볼 것이다.

1. 한반도 농경의 전래와 시작

제2장에서 언급했듯이, 농경의 시작이 신석기시대의 시작을 알리는 근동 지역의

'신석기 혁명'(Childe, 1951)과는 다르게 한반도에서의 농경은 신석기시대 중기경에 등장한 것으로 추정되며, 밭작물의 재배를 거쳐 수전 농경으로 발전되어간 것으로 보인다(안승모, 1998c; 1998d; 최기룡, 2001; 임효재, 2005). 황해도 봉산군 지탑리의 2호 주거지의 빗살무늬 토기 안에서 탄화된 곡물 세 홉(약 0.54ℓ) 정도가 발견되었는데, 이 곡물은 조(Setaria italic var.germanica) 또는 피(Panicum cus galli/Echinochloa utilis)로 추정되며, 기원전 3500년 이전으로 편년된다(안승모, 1998c: 383; 임효재, 2005: 342~343).

한편, 벼농사는 신석기시대 후기경에 등장한 것으로 추정되는데, 탄화된 볍씨(Oryza sativa L.)와 조가 경기도 김포시 통진면 가현리의 토탄층에서 발견되었다. 이 층은 4020±26 BP[(no lab no. 2618~2472 BC at 2 sigma(95% 확률)]로 편년되었다(임효재, 2005: 347). 청동기시대 전기(기원전 1500년경~기원전 1000년경)와 청동기시대 중기(기원전 1000년경~기원전 600년경, 표 2.3 참조)에 밭작물과 벼가 함께 경작되었던 것으로 추정된다. 경기도 여주시 흔암리의 12호 주거지에서 탄화된 벼, 보리(Hordeum sativum J.), 조, 수수(Andropogon sorghum) 등이 발견되었는데, 이 주거지의 방사성탄소연대는 표 4.1과 같다(서울대학교 박물관·서울대학교 고고학과, 1978: 17~18, 30~31). 그 후, 고고학적 자료에 따르면 청동기시대 후기에 한반도 남부 지역에서 집약적인 벼농사가 이루어진 것으로 추정된다(안승모, 1998c: 383~386; 임효재, 2005: 341~351; 최몽룡, 2003: 3; 2011: 211~217).

벼 재배를 이해하기 위해서는 한반도로 벼가 전파된 과정에 대해 이해할 필요가 있다. 한반도에서는 아직까지 야생벼가 발견되지 않았기 때문에 벼는 중국으로부터 전해진 것으로 추정된다(허문회, 1991: 86). 전파 경로에는 북방설, 남방설과 절충설의 3가지 가설이 있다(안승모, 1998a: 62~63). 북방설에는 두 개의 다른 경로가 있는데, 하나는 서해안선을 따라서 청동기시대 전기에 중국 동북지방으로부터 한반도 북부 지역으로 전파된 경로로 반월형 석도(Choe, 1982: 524~525; 심봉근, 1991: 44~54)의 등장과 궤를 같이한다. 다른 하나는 회하(淮河)에서 산동반도(山東半島)와 요

표 4.1. 흔암리 유적으로부터 확인된 방사성탄소연대[(서울대학교 박물관 · 서울대학교 고고학과, 1978: 17~18, 30~31, OxCal 4.1 이용, 필자 보정, 1번과 2번은 같은 샘플로 정확한 판단을 위해 둘로 나누어, 하나는 한국원자력연구소(KAERI: Korea Atomic Energy Research Institute)로, 다른 하나는 일본의 理化學硏究所(RIKEN: Rikagaku Kenkyusho, Japan)로 보내짐.]

No.	유적명	시료 출토 위치	시료 종류	Lab code	14C BP	±¾	cal BC (95%)	
1	여주 흔암리	12호 주거지	Charcoal	KAERI-70	3210	70	1668	1317
2	여주 흔암리	12호 주거지	Charcoal	RIKEN	2920	70	1370	924
3	여주 흔암리	12호 주거지	Charcoal	KAERI	2620	100	996	416
4	여주 흔암리	12호 주거지	Charcoal	RIKEN	2980	70	1400	1014

표 4.2. 송국리 유적으로부터 확인된 방사성탄소연대(강인구 외, 1979: 148; 이진민, 2005: 66, OxCal 4.1 이용, 필자 보정)

No.	유적명	시료 출토 위치	시료 종류	Lab code	14C BP	±¾	cal BC (95%)	
1	부여 송국리	54-1호 주거지	Charcoal	KAERI-186	2665	60	976	670
2	부여 송국리	54-1호 주거지	Charcoal	KAERI-187	2565	90	894	410
3	부여 송국리	54-5호 주거지	Charcoal	No lab. no.	2580	90	900	415

동반도(遼東半島)를 거쳐 한반도의 서해안으로 바다를 통해 전파되는 경로인데, 기원전 1000년경으로 추정된다(허문회, 1991: 88~91; 심봉근, 1991: 44~54). 남방설 역시 두 개의 경로가 알려져 있는데, 하나는 청동기시대와 철기시대 전기에 흑조(黑潮)를 통해 동남아시아로부터 한반도 남부 지역으로 이르는 경로이고(김병모, 1981: 76~77), 다른 하나는 양자강(揚子江) 유역에서 황해를 거쳐 한반도의 서해안 지역[(4020±26 BP(no lab no. 2618~2472 BC at 2 sigma(95% 확률)로 편년되는 탄화된 볍씨에 기초하여]에 이르는 경로(임효재, 2005: 346~347)이다. 마지막으로, 절충설은 벼 전파의 북방설과 남방설의 중요성을 인식하고 이들을 절충한 것이다. 이는 기원전 2000년경의 남방 해양 경로로서 양자강으로부터 한반도 남서부 지역에 이르는 경로와 양자강으로부터 산동반도를 거쳐 황해를 경유하여 한반도 중부 지역에 이르는 경로이다(Kim, 1982b: 516~517).

중국의 고고학적 증거에 의하면, 벼 재배는 양자강 중류와 하류 지역에서 기원전

8000년경(8050 cal BC)에 처음 시작된 것으로 추정된다(Jiang and Liu, 2006). 그리고 바요세프(Bar-Yosef, 2011)의 최근 연구 성과에 의하면(아직은 논쟁중에 있으나), 재배된 기장의 고고학적 증거가 중국 북부의 흥륭구(興隆溝, Xinglonggou, 8050 cal BC~6050 cal BC)에서 발견이 되었고, 벼의 고고학적 증거는 황하 아래에 위치한 가호(賈湖, Jiahu, 7050 cal BC~5850 cal BC)유적에서 발견되었다. 이와 더불어 휠러 박사와 친 박사의 연구 결과에 의하면(Fuller and Qin, 2010: 154), 양자강 하류 지역에 기반을 둔 공동체들의 벼농사로의 생계경제의 전환이 기원전 6000년에서 기원전 3000년경에 일어난 것으로 추정되는데, 그 이유는 이 시기에 형태학상으로 완전히 재배종화된 벼가 발견되었기 때문이다.

한편, 안승모는 청동기시대에 농경이 정착되어 신석기시대부터 재배되던 조와 기장 외에도 피, 수수, 콩, 팥, 보리, 밀 등 다양한 잡곡이 새로이 출현한다고 보았다(안승모, 1998e: 45; 1998b: 401~403). 한반도의 초기 농경은 유적의 입지 조건, 출토곡물과 고대 문헌자료를 통해 볼 때 밭농사가 우세하거나 밭농사와 논농사가 혼합된 형태로 존재하였고 논은 배후습지 외연부와 계곡 간의 저습지를 중심으로 전개된 것으로 보고 있다(안승모, 1998d: 28; 곽종철, 1993: 65~70).

청동기시대 유적 중에 경기도의 흔암리 유적에서 탄화미, 피맥, 조, 수수와 보리가 확인되었다. 이 유적은 청동기시대 전기에서 중기에 사용된 것으로 추정되었는데(서울대학교 고고인류학과, 1973; 서울대학교 박물관·서울대학교 고고학과, 1978), 이를 바탕으로 경기도에서 벼농사가 기원전 1000년경에 자리잡기 시작하여 점차 주식으로서 밭작물보다 중요한 위치를 차지하게 된 것으로 추정된다. 이와 함께 염두에 두어야 할 사항은 벼농사의 지역적 차이와 집약적 농경에 대한 연구들이 고려되어야 한다는 것이다. 송국리형 유물복합체[1)](물질문화)는 청동기시대 중기 말엽에서

1) 송국리형 문화 유물복합체에는 중앙의 타원형 구덩이 양단에 2개의 기둥구멍이 설치된 원형 또는 방형 집자리와 계란형 동체부에 외반구연을 특징으로 하는 무문 토기, 일단병식 석검, 삼각형 석도, 유구석부 등이 포함된다(김승옥, 2006: 34, 제2장 그림 2.15와 표 2.12 참조).

청동기시대 후기의 벼 재배 농경 사회와 밀접한 관련이 있었을 것으로 추정되며, 이러한 형태의 유적들이 대체로 한반도의 서남부 지역에서 발견되고 있다(안재호, 2000; 송만영, 2001; 최몽룡, 2011). 이러한 발굴 결과들은 벼농사 전파가 북방 경로와 남방 경로를 통해 전파되었다고 보는 세 번째 설인 절충설을 뒷받침하는 것으로 보여진다.

2. 환경요인 분석: 토양(土壤) · 수리(水理) · 지형(地形) 분석

농경으로의 전환은 청동기시대인들이 새로운 생계 경제 방식에 적응해 나가기 위하여 그들의 주위 환경, 즉 경관을 변화시키는 방향으로 진행되었을 것으로 추정되는데, 거석 기념물과 주거 유적의 분포, 그리고 그들이 만들어낸 패턴을 통해서 이러한 변화의 양상들을 읽어낼 수 있을 것이다. 청동기시대의 여러 환경적 요소들 중에 어떠한 요인들이 주거 유적과 매장 유적의 입지를 정하는 데에 영향을 미쳤는지 고찰하기 위하여, 다음의 몇 가지 질문들을 하게 되었다.

- 논농사와 밭농사에 가장 적합한 토양들로부터 얼마나 가까운 거리에 주거지들과 고인돌들이 축조되었는가?
- 시간이 흐름에 따라 주거지들과 고인돌들의 위치가 어떻게 변화되었는가?
- 주거지들과 고인돌들로부터 수자원과의 관계는 어떠했는가?
- 주거지들과 고인돌들이 위치한 곳의 지형적 특징 예를 들면, 경사 방형, 경사도, 고도 등은 어떠했는가?

1) 지리정보시스템 방법론(GIS Methodology)

본 연구에는 예를 들면, 토양 분석, 물로부터의 거리, 유적 위치들의 지형적 특성, 지세 선호도 분석, 시계(視界) 분석, 이동 분석 등 여러 다른 분석방법들이 활용되었는데, 각각의 구체적인 방법론들은 해당 절에서 살펴보도록 하고 그 외에 공통적으로 적용된 방법에는 수치표고모델(DEM: digital elevation model)로부터 해당값을 축출하여, 각 분석에서 도출된 결론들이 통계학적으로 유의미한 것인지를 검증할 수 있도록 한 것이다.

이를 위해서는 우선, 해당 연구 지역 자체의 분석값이 구해져야 하는데 '경사도(Slope)'를 가지고 예를 들어 보면, '연구 대상 지역의 경사도'라고 했을 경우의 값은 연구 대상 지역 안의 각 셀(cell)의 값을 의미한다. 공간 자료는 수치화된 모델로 대변되고, 지리정보시스템(GIS)은 이러한 수치 모델들을 활용하여 분석을 하게 된다. 지리정보시스템에는 두 가지 형태의 데이터 구조가 있는데, 벡터 데이터(vector data)와 래스터 데이터(raster data)가 그것이다. 벡터 데이터 구조는 실세계에서 나타나는 다양한 대상물이나 현상을 점, 선, 다각형으로 표현하는 것이고 래스터 테이터 구조는 실세계의 객체를 흔히 그리드, 셀, 또는 픽셀(즉 연속적인 가치가 포함된)이라고 불리는 '최소지도화단위'들의 집합으로 나타내는 것이다(이희연, 2003: 180, 187; Wheatley and Gillings, 2002: chapter 2; Conolly and Lake, 2005b: Chapter 2). 연구 대상 지역 내의 래스터 데이터에서 어떠한 분석 결과가 얻어졌을 경우, 그 분석 결과 값은 벡터 데이터값(각 셀의 값을 대표하는 그 셀의 중심값)으로 전환되어야 하고 이들 각 점들의 값이 연구 대상 지역의 값을 대변하게 된다. 이렇듯 연구 대상 지역의 값을 구해 그 지역의 전반적인 경향과 각 유적지들이 가지는 특성들과의 관계가 통계학적으로 유의미한가를 검증할 수 있도록 도와주는 것이 지리정보시스템(GIS)인데, 이것이 지리정보시스템(GIS)을 고고학에 활용했을 경우에 가질 수 있는 가장 큰 이점 중의 하나이다.

2) 토양 분석: 토양 유형과 유적과의 관계

주거 유적과 고인돌이 위치해 있는 토양 분석을 통해 생계경제방식의 변화 즉, 농경이 청동기시대의 사회 변화에 미친 영향에 대해서 간접적으로 유추해 보고자 한다. 토양의 침식(Gaffney and Stančič, 1991: 36~38)으로 인하여 현대의 토양 자료를 고고학적 분석에 활용하는 데에 한계가 있을 수 있으나, 고환경 자료의 부족을 보완하기 위한 방법으로 GIS 분석에서 현대의 토양 자료가 변수로 이용되는 경우가 종종 있다.

토양 분류 농경에 관한 배경지식에서 언급한 것처럼 밭작물의 재배는 신석기시대 중기에, 벼농사는 신석기시대 말에서 청동기시대 전기에 시작된 것으로 추정된다. 그 후에 밭작물과 벼가 함께 재배되다가, 청동기시대 중기에 이르러 벼 재배가 더 우세해지면서, 청동기시대 후기에는 한반도의 서남부 지역을 중심으로 집약 농경이 이루어진 것으로 추정된다(안승모, 1998d: 14~22; 임효재, 2005: 341~351). 이러한 기존의 가설이 맞는지 검증을 해보기 위하여, 청동기시대 전기의 주거 유적과 고인돌들이 밭작물에 적합한 토양의 주변에 위치했다가 벼농사가 발달됨에 따라 청동기시대 중기에는 이들 유적들이 벼농사에 적합한 토양 주변에 축조되었을 것이라는 가설을 세웠다. 이 가설을 검증하기 위하여 토양의 유형과 주거 유적 및 고인돌의 위치와의 관계를 검토하였다.

농촌진흥청 산하 국립농업과학원에서는 '흙토람'(http://asis.rda.go.kr)이라는 온라인 프로그램을 통해 농민들에게 유용한 토양 정보를 제공하고 있다. 여기에서 제공되는 토양 지도에는 토양의 물리적·화학적 특징, 토양 적성 등급, 작물재배 적지, 현재의 토지 이용, 토양 분류에 관한 사항 등을 담고 있는데, 각 항목에는 하위 범주들이 있다. 물리적 특징 범주에는 표토의 자갈 함량, 표토의 침식 정도, 표토의 토성이 하위 범주에 포함된다. 먼저 자갈 함량의 하위 범주로는 심토의 토색 및 토성, 유효 토심, 배수 등급 등이 포함된다. 둘째, 토양의 화학적 특징은 산도, 유기물 함량, 유효 인산, 칼륨, 칼슘, 마그네슘, 유효 규산으로 구성되고 셋째, 토양 적성 등급은 논, 밭, 과수/상전, 초지, 임지로 구분되어 있으며 넷째, 토지이용 지도는 주된 토지이용과 토지이용 추천으로 구성된다. 마지막으로, 토양분류 지도는 분포 지형, 토양

모재, 퇴적 양식, 목과 아목(형태적 분류)을 포함한다. 위의 분류를 바탕으로 한 국립 농업과학원에서 제공하는 서울·인천·경기도 지역의 정밀 토양도에는 2만개 이상의 범주가 존재하는데, 이를 본 연구의 분석에 적합하도록 다음과 같이 토양 유형을 재범주화하였다.

벼농사

a. 수확량 높음: 보통논과 미숙논

b. 수확량 낮음: 사질논, 습답, 염해논, 특이산성논

c. a과 b에 해당하지 않으나 벼농사에 적합한 토양: 여름 장마철에는 모든 지역이 벼농사에 이용될 수 있으며, 대부분의 지역은 건기인 겨울과 봄에 보리를 재배할 수 있다.

밭농사

a. 수확량 높음: 보통밭

b. 수확량 낮음: 사질밭, 중점밭, 고원밭, 미숙밭, 화산회밭.

c. a와 b에 해당하지 않으나 밭농사에 적합한 토양: 경사가 완만한 대부분의 지역에서는 보리, 콩, 고추, 감자, 배추, 무, 고구마 등을 재배할 수 있다. 경사가 가파른 지역에서는 소나무숲, 관목, 잡초, 혼효림이 형성된다.

d. 제한적으로 밭농사가 가능한 토양: 이러한 토양은 임지로 이용되며 일부는 밭농사에 이용된다.

벼농사/밭농사: 수확량 높은 벼농사와 수확량 낮은 밭농사용으로 혼합된 토양

임야: 이러한 토양 유형을 가진 대부분의 지역은 소나무, 경목, 관목, 혼효림에 이용된다.

물: 강이나 바다에 의해 침수된 지역, 간석지, 저수지

이 범주에 주거 유적과 고인돌이 존재한다는 것은 해수면이 변동되었거나 저수지가 형성되었을 가능성을 암시한다.

자료 없음: 이 범주 안에 고인돌 유적이 1기 있으나, 휴전선 인근 지역이어서 보안상의 이유로 인해 이 지역에 대한 토양정보가 제공되지 않았다.

토양 유형과 유적의 관계 서울·인천·경기도 지역의 범주화된 토양 백분율과 그에 따른 주거 유적과 고인돌군 분포 백분율을 그림 4.1과 4.2에 제시하였다. 그림 4.1은 상세 분류, 그림 4.2는 간소화된 버전을 보여준다. 조사 지역의 토양 유형과 주거 유적 및 고인돌군 간의 관계가 갖는 통계적 유의미성을 알아보기 위하여 카이제곱 검정을 실시하였다. 그 결과, 토양 유형과 주거 유적 간(그림 4.1: χ^2=18.13, *df*(자유도)=10, *p*(유의확률값)=7.64E−05, 그림 4.2: χ^2=13.84, *df*=5, *p*=0.017), 토양 유형과 고인돌군 간(그림 4.1: χ^2=77.99, *df*=10, *p*=1.24E−12. 그림 4.2: χ^2=18.13, *df*=5, *p*=6.1E−13)에 통계적으로 유의미성이 나타났는데, 이는 토양 유형 전반에서 주거 유적과 고인돌군이 임의로 분포되어 있지 않음을 보여준다. 주거 유적은 '수확량이 높은 밭농사' 범주의 토양에서 정적(positive) 상관을, '임야' 및 '물' 범주의 토양에서 부적(negative) 상관을 보여주었다. 고인돌군 역시 '물'과 '임야' 범주의 토양에서 부적 상관을, '수확량이 높은 밭농사'와 '수확량이 높은 벼농사' 범주의 토양에서 정적 상관을 보여주었다. 고인돌군에서 얻은 결과는 크로아티아 흐바르섬(The island of Hvar, Croatia)을 분석한 결과와 유사한데, 즉, 흐바르섬의 돌무지 무덤과 봉토분의 위치가 비옥한 토양 범주와 밀접한 관련이 있었다(Gaffney and Stančič, 1991: 65). 또한, 아르헨티나 북서부 지역(Northwest Argentina)에서 가장 먼저 발달한 농경사회로 알려진 타피 문화(Tafí culture)의 농경 구조(agrarian structures) 역시 선상지와 완만한 경사면(glacis)의 비옥한 토양에 자리하고 있었다(Sampietro Vattuone et al., 2008: 191).

그림 4.1에 의하면, 주거 유적은 수확량이 높거나 낮은 범주에는 속하지 않으나 밭농사를 하기에 적합한 '밭농사_적합' 범주에서 조사 지역의 토양 유형 분포와 비슷한 패턴으로 분포되어 있다. 이와 대소석으로, '밭농사_제한적' 범주와 '밭농사_수확량 높음' 범주에서는 주거지의 비율이 조사 지역 내의 분포 비율을 넘어섰다. 그렇다면 왜 청동기시대에 벼농사 경작지보다 밭농사에 더 적합한 토양이 있는 지역에서 예상보다 높은 비율의 주거 유적이 발견되는 것일까? 여기에는 다음과 같은 5가지의

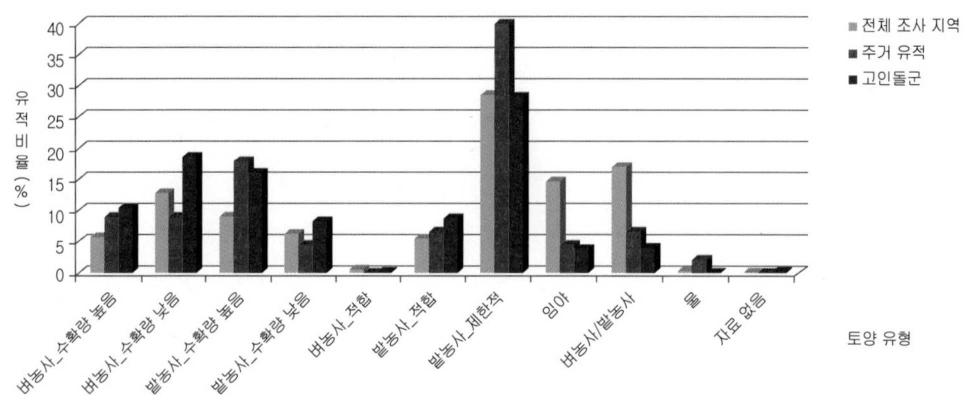

그림 4.1. 연구 대상 지역의 토양 유형과 주거 유적 및 고인돌군 간의 관계

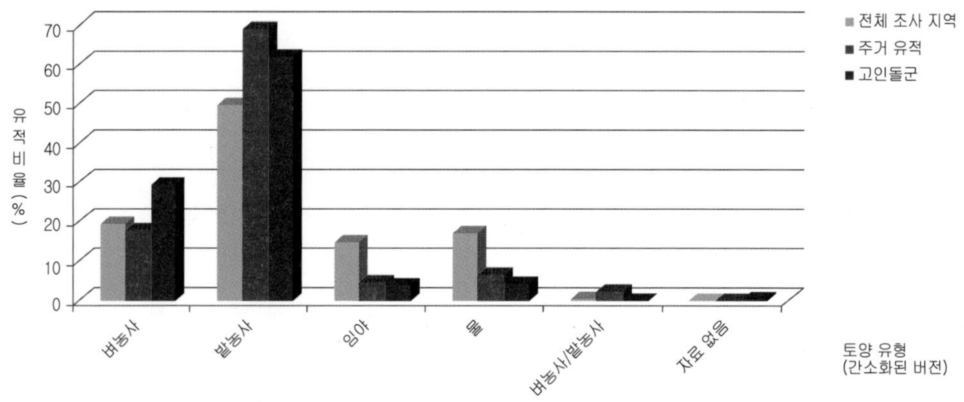

그림 4.2. 연구 대상 지역의 토양 유형과 주거 유적 및 고인돌군 간의 관계(간소화된 버전)

가능성을 유추해 볼 수 있을 것이다.

첫째, 벼농사에 적합한 토지는 오랫동안 경작되어 왔기 때문에 지표면에 남아 있던 주거 유적이 파괴되었을 가능성이 있는 반면, 고인돌은 일부 파괴되거나 다른 곳으로 이동된 사례가 있기는 하지만 상석의 무게로 인해 비교적 다른 장소로 이동될 가능성이 상대적으로 적다고 볼 수 있다. 둘째, 기존의 이론에 따르면 밭농사와 건식 벼농사가 습식 벼농사보다 더 일찍 시작되었다고 추정하는데, 이 이론이 맞다면, 밭농사의 역사가 벼농사의 역사보다 길기 때문에 밭농사에 적합한 토양에 위치한 주거 유적의 수가 벼농사에 적합한 토양에 있는 주거 유적보다 많을 가능성이 있다. 셋째, 당시 청동기시대인들의 농경기술이 양질의 토양을 벼농사에 이용하는 데 적합한 정도로 발전되어 있지 않았을 가능성을 들 수 있다. 예를 들어, 쟁기와 같은 도구나 역축(役畜)을 이용하기 전에는 벼를 심기 위한 토양조건을 마련하기가 쉽지 않았을 것이다. 비록 지탑리 유적에서 신석기시대 중기의 돌보습이 발견된 바 있지만, 쟁기는 철재 농기구의 발달과 함께 보편화되었을 것으로 추정된다. 넷째, 조사 지역의 온도와 강수량 등 기후 조건이 집약적 수전 농경에 적합하지 않았을 가능성이 있다. 한반도 중부 지역의 환경 변화에 대한 연구(Yi et al., 2008: 112)에 따르면, 중기 충적세 최온난기(?7000에서 5000 BP 사이) 이후부터 약 1700 BP까지는 기온이 낮아졌다. '이 기간 동안에는 상록낙엽수 대신 소나무과(Picea), 소나무속(Pinus, Diploxylon),

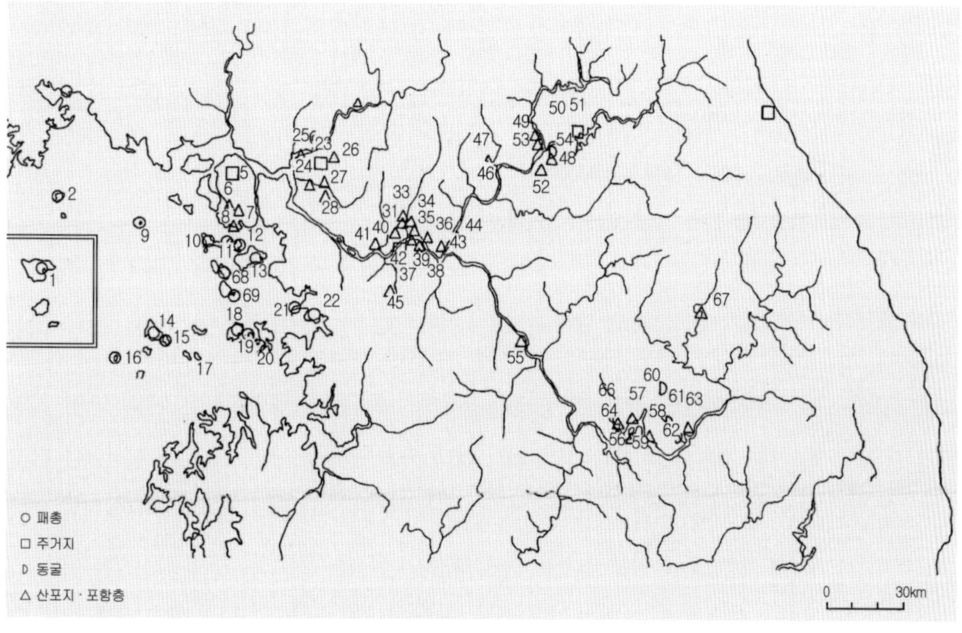

그림 4.3. 한강유역의 신석기유적 분포도(안승모, 1993: 31)

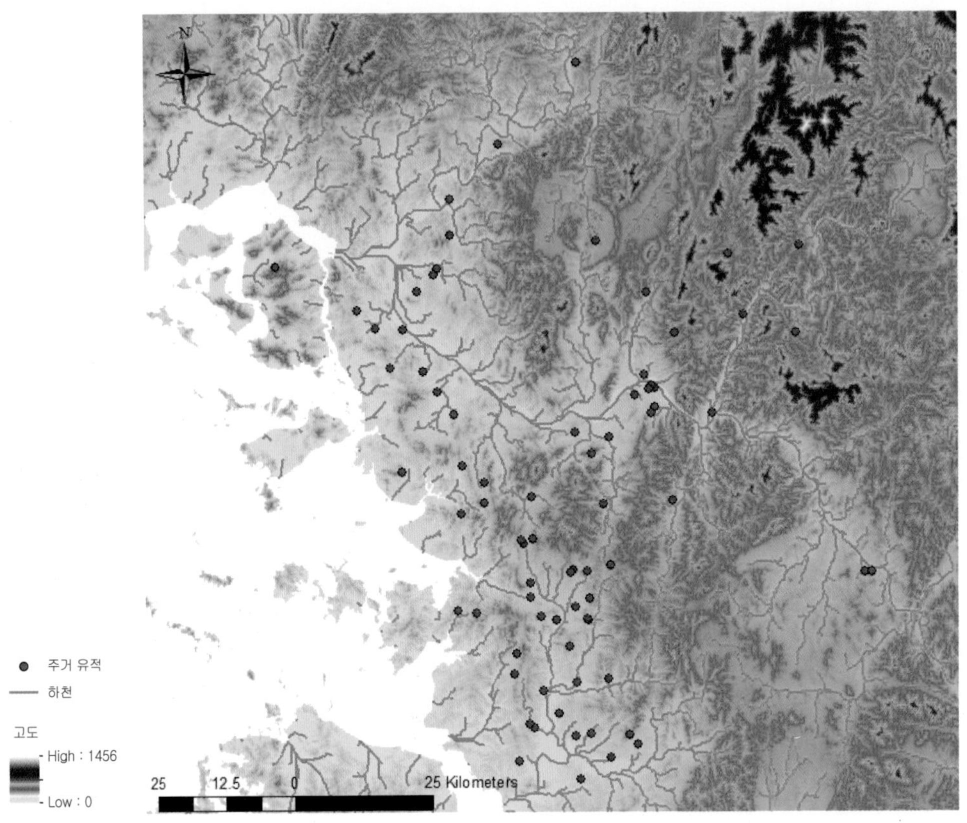

그림 4.4. 연구 대상 지역(서울 · 인천 · 경기도)의 청동기시대 주거 유적 분포도

잎갈나무(Larix/Pseudotsuga), 자작나무속(Betula) 등 저온에서 잘 자라는 침엽낙엽수가 우세했다'고 한다. 또한, 농촌진흥청의 연구에 따르면, 벼가 익는데 가장 적합한 평균 기온은 약 22℃로(김선희, 2007) 서울 · 인천 · 경기도 지역 내 이천이나 김포 지역 등은 고품질의 쌀 생산지로 널리 알려져 있으나, 농업기술이 크게 발전한 오늘날에도 한반도 중서부 지역을 주요 곡창지대로 논하지는 않는다. 마지막으로, 다른 문화적 이유를 들 수 있다. 가시권의 확보, 방어가 용이한 지형의 선호, 일조권 및 풍수적 배치의 고려 등 문화적 요인에 대한 분석은 제5장에서 다루고자 한다.

주거 유적의 경우와 달리, 고인돌군의 분포비율은 '벼농사_수확량 높음', '벼농사_수확량 낮음', '밭농사_수확량 높음'의 범주에서, 전체 조사 지역의 비율보다 높게 나타났다. 고고학적 자료에 의하면, 신석기시대 주거지는 주요 하천이나 바닷가 근처에 형성되는 경향이 있다(그림 4.3 참조, 그림 4.4 청동기시대 유적분포도와 비교). 생계경제로는 어로, 수렵, 채집 및 화전농경을 중심으로 이루어졌던 것으로 추정된다. 앞에서 언급한 바와 같이, 벼농사의 개시에 대해서는 의견이 분분하나, 현재로서는 벼농사가 주요 생계경제의 일환으로 전환된 것은 청동기시대였던 것으로 추정된다. 비록 유럽의 농경 개시기와 한반도의 농경 개시기가 다르나, 브래들리(Bradley, 1998)가 지적한 것처럼, 거석 기념물의 등장은 그것을 제작한 사람들의 생계경제 방식의 변화로 인하여 토지의 중요성이 부각되면서 나타난 반영된 결과물로, 비옥한 토양과 관련된 지역에 고인돌이 축조된 것은 청동기시대에 농경과 연관된 생계경제로의 변화 양상과 같은 맥락에서 이해될 수 있을 것이다.

3) 장기간의 변화 양상(long-term changes)

만약 물질문화(materiel culture)의 분석을 통해서와 같이, 경관에 남겨진 유적의 위치 변화로써 장기간에 걸친 인간 활동의 변화 양상을 읽어낼 수 있다면, 신석기시대 후기부터 철기시대 전기에 이르기까지의 청동기시대에 한반도에서 일어난 사회적 변화를 유추할 수 있을 것이다. 신석기시대 및 철기시대와 비교된 사회적 변화 양상은 제6장에서 살펴보기로 하고, 이 절에서는 토양과 관련된 청동기시대 전기부터 후기까지의 장기적 변화 양상을 간략하게 살펴보고자 한다. 청동기시대의 시기 구분은 제3장의 분석 결과들을 적용하였다.

유적의 파괴와 화석화(化石化, taphonomy) 과정이라는 잠재적인 문제를 고려해야 하겠지만, 그림 4.5·4.6·4.7에서처럼 주거 유적은 청동기시대 전 기간에 걸쳐 밭농사에 적합한 토양에 형성되는 경향이 우세하였다. 한편, 고인돌도 주거 유적과 마찬가지로 전 시기에 걸쳐 밭농사에 적합한 토양에 형성되었으나 주거 유적보다는 벼

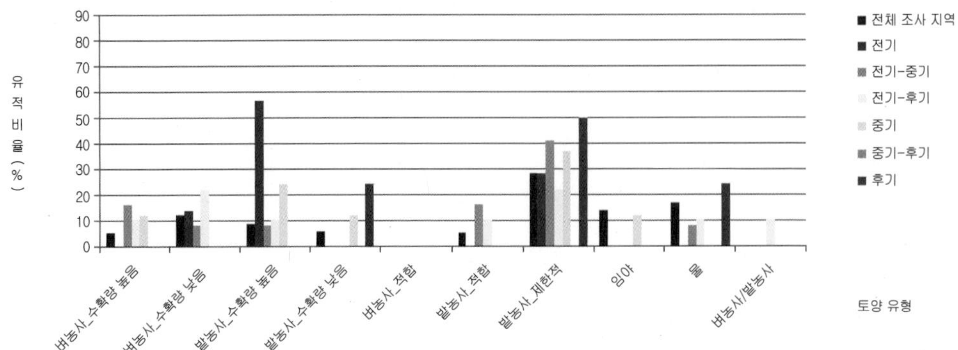

그림 4.5. 장기간에 걸친 토양 유형과 주거 유적 위치 간의 관계

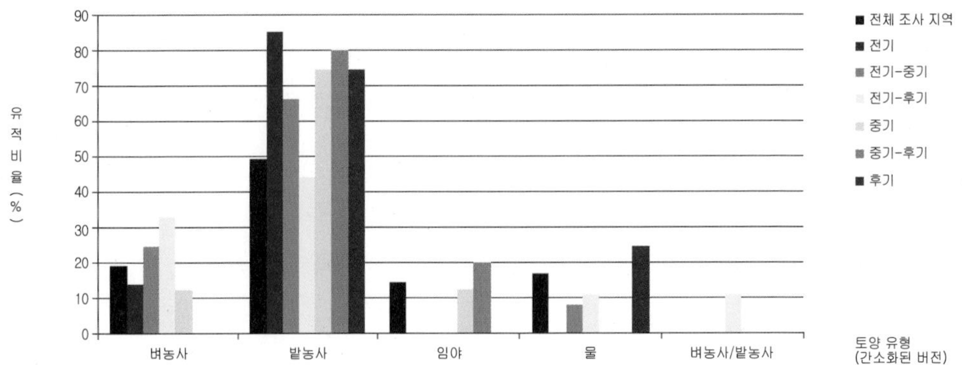

도면 4. 6. 장기간에 걸친 토양 유형과 주거 유적 위치 간의 관계(간소화된 버전)

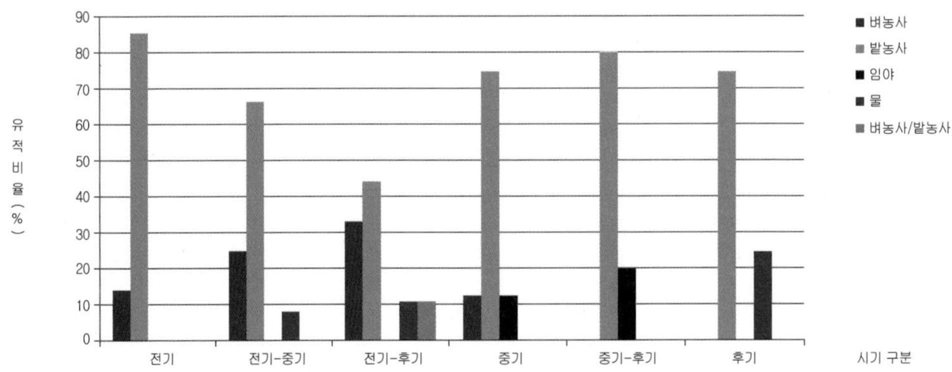

그림 4.7. 토양 유형과 주거 유적 위치 간의 장기간 변화 양상

농사에 적합한 토양에 위치한 고인돌의 비율이 높았다. 이러한 토양 유형과 주거 유적 및 고인돌과의 관계분석 결과는 제5절에서 논해질 고도(elevation) 분석의 결과와 제5장에서 지세(地勢) 선호도 분석과 가시권 분석 및 이동범위 분석 결과와 더불어 제6장 토론 부분에서 해석될 것이다.

4) 수리(水理) 분석: 수계(水系)로부터의 거리

물은 인간과 동물의 생존에 있어 필수적인 자원이다. 농경이 주된 생계경제 활동이었다면, 유적과 물의 거리를 검토하는 것도 청동기시대 주거 유적과 고인돌군의 위치적 특징을 파악하는 데 도움이 될 것이다. 지리정보시스템(GIS)을 이용하여 유적지와 수계(水系)로부터의 거리를 분석하기 위해서는 우선 수치표고모델(DEM)에서 지류(tributary)와 본류(main river)를 만들어내야 하는데, 그러기 위해서는 다음과 같은 몇 단계의 과정을 거쳐야 한다.

수리 분석 모델링 첫째, 물은 항상 가파른 경사지에서 평지로 흐른다. 그러므로 수치표고모델(DEM)에서 각 셀의 흐름 방향이 인식되면, 각 셀의 수에 따라 물 흐름의 크기가 결정된다. 흐름 중에 패인 곳이 있으면, 그 부분을 가득 채운 후에야 다시 흐를 수가 있다[이 부분은 GIS help 사이트(http://help.arcgis.com/en/arcgisdesktop/10.0/help/Deriving runoff characteristics)의 수리분석 모델링 순서도 참조 요망]. 한편, 하천을 만드는 방법에는 스트랄러[2](Strahler, 1957)와 슈레브[3](Shreve,

2) 스트랄러의 시스템에서는 지류가 없는 모든 물줄기가 1차로 분류되고, 동일한 차수의 시스템이 이 물줄기에 합류할 때만 차수가 높아진다. [Strahlar stream ordering method(http://help.arcgis.com: How Stream Order works)]

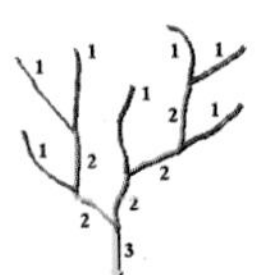

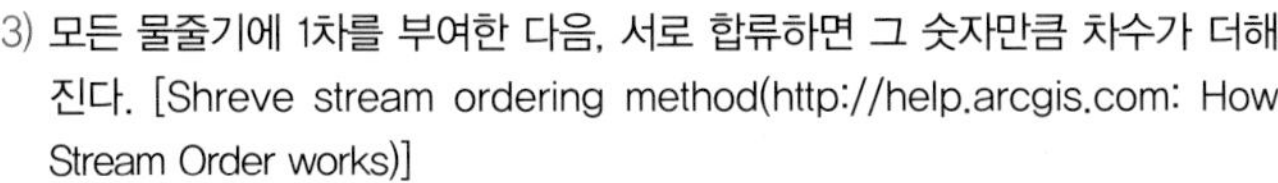

3) 모든 물줄기에 1차를 부여한 다음, 서로 합류하면 그 숫자만큼 차수가 더해진다. [Shreve stream ordering method(http://help.arcgis.com: How Stream Order works)]

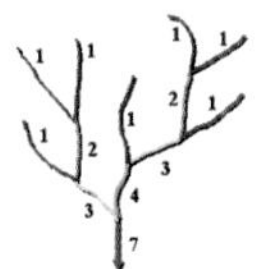

1966)의 두 가지 방법이 있는데, 본고에서는 지류와 본류의 비교분석을 위해, 주요 하천의 차수가 지류의 합으로 계산되는 슈레브의 방법을 선택하였다.

위의 과정을 거친 후에, 국제농업연구소자문단−공간정보컨소시엄(CGIAR−CSI)의 수치지형모델(SRTM 90m×90m 그리드)과 국토지리정보원의 1:25,000 수치지형모델 간의 등치성(equivalence)을 바탕으로 2개의 하천 시스템, 즉, 슈레브 1000 모델과 슈레브 100 모델이 분석되었다. 분석과정에서 슈레브 100 모델에서 보다 현실에 가까운 결과가 도출되어 본고에서는 그 결과만을 인용하고자 한다.

지류와 주요 하천으로부터의 거리: 슈레브 100 모델 슈레브 1000 모델을 바탕으로 한 수리 분석에서는 수계(水系)로부터 주거 유적까지의 평균 거리(평균: 1153.08m, 표준편차: 904.01)와 고인돌까지의 평균 거리(1087.93m, 표준편차: 723.56)가 지나치게 멀었다. 그래서 보다 현실적인 값을 얻기 위하여 슈레브 모델을 이용하여 100개의 셀을 바탕으로 두 번째 하천 시스템을 제작하였다. 이 모델을 적용하자 주거 유적의 경우에는 수계(水系)로부터의 평균 거리가 532.04m(표준편차: 245.31), 고인돌의 경우에는 328.82m(표준편차: 233.75)의 값이 도출되었다. 이들 평균 거리값은 수계로부터 200m의 평균 수평거리를 도출한 연천 지역 고인돌의 연구 결과를 상기시켰으며 이러한 결과는 예외적인 경우가 있기는 하나 보헤미아 지역의 선사시대 유적이 물로부터 300~500m를 벗어나지 않았다는 주장을 뒷받침하는 것이기도 하였다(Kuna and Adelsbergerrová, 1995: 122).

그림 4.8은 지류로부터 주거 유적과 고인돌군까지의 거리를, 그림 4.9는 주요 하천(한강·임진강·안성천)에서 주거 유적 또는 고인돌까지의 거리에 대한 분석 결과이다. 슈레브 100 모델의 분석에서는 전체 조사 지역의 수계로부터의 거리는 고려되지 않았다. 그 이유는 관여된 총 셀의 수가 23,082,866개나 되고, 슈레브 1000 모델에서 조사 지역과 주거 유적 및 고인돌 간의 관계를 분석하였으나 별다른 패턴이 나타나지 않았기 때문이다. 대신, 수계로부터 주거 유적과 고인돌군 간의 거리관계에서

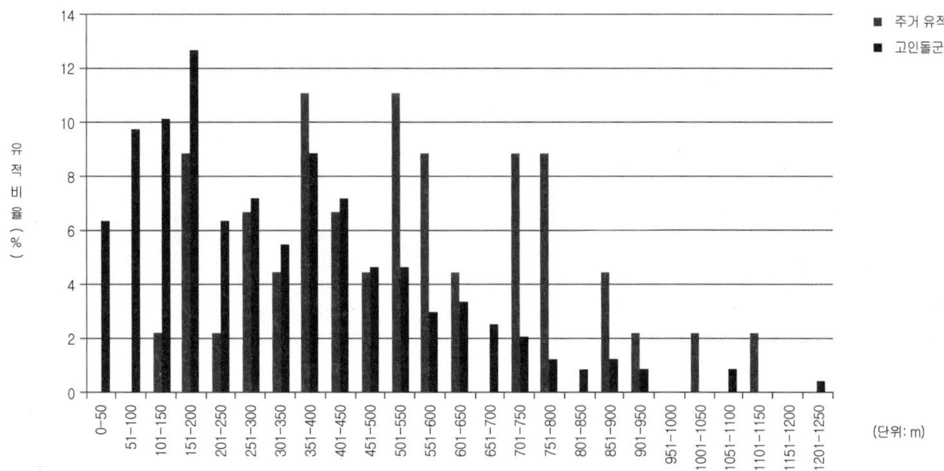

그림 4.8. 지류로부터의 거리(슈레브 100 모델)

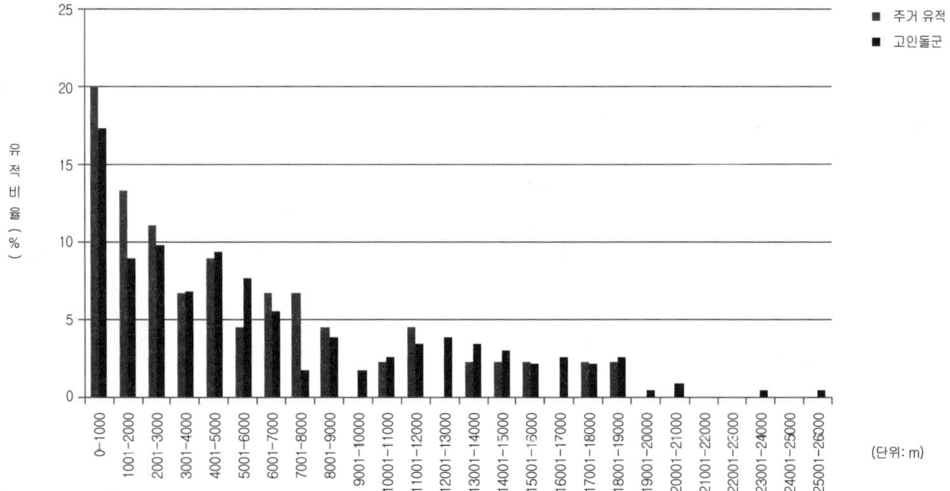

그림 4.9. 주요 하천(한강 · 임진강 · 안성천)으로부터의 거리(슈레브 100≧75 모델)

패턴을 확인할 수 있었는데, 즉, 고인돌이 주거 유적보다 지류에서 가까운 거리에 위치하는 경향이 있었다. 이러한 수리 분석의 결과는 가브리엘 쿠니의 가설(Cooney, 1983: 179)과 차이를 보였다. 그에 의하면, 아일랜드의 신석기시대의 거석묘 아래에서 주거 구조 등 사람이 거주한 흔적이 발견되는 경우가 종종 있는데, 이것으로 유추해 볼 때 주거지와 거석묘 간에는 상당히 강한 연관성이 있다는 것이다. 즉, 그는 '아일랜드의 거석묘 축조자들에게 산 자들을 위한 경관과 죽은 이들을 위한 경관과의 관계는 뗄레야 뗄 수 없는 것이었는지도 모른다('the landscape of the living and the landscape of the dead may well have been indivisible for the builders of the Irish megalithic tombs)'라고 결론지었다. 그러나 현 단계에서는 아일랜드와 한반도 간에 주거 유적과 거석 기념물의 위치에 있어서 명확한 차이가 있다고 단언하기는 어렵다. 왜냐하면, 본고에서는 유물산포지들을 고려하지 못하였고, 고인돌 아래에서 주거지가 발견되는 경우[4]도 있기 때문이다. 그러나 한반도에서는 삶과 죽음의 공간 구성에 지역적 특징이 있었던 것으로 보이며, 이 문제는 제6장에서 논의될 것이다.

5) 지형 분석: 유적 위치의 경사 방향(Aspect), 경사도(Slope) 및 고도(Elevation) 분석

이제 주거 유적 또는 고인돌 유적의 위치가 가지는 특정 방향성과 경사도 및 고도를 분석하고자 한다. 본 분석에서는 청동기시대인들이 어디에 정착했는지 그리고 경관에서 어떠한 지역을 매장지로 선호했는지에 대해 검토할 것이다.

경사 방향 분석 경사 방향 분석은 각 유적들이 위치하는 지점의 경사가 향하는 방향을 검토한 분석이다. 경사 방향은 시계방향을 따라 0°에서 360° 사이에서 표시된다. 0°와 360°는 정북향을 가리키며, −1은 평지를 나타낸다(표 4.3 참조).

청동기시대인들의 주거지와 매장지들이 축조된 경사 방향을 검토하기 위해서 지

4) 4곳의 주거 유적들(주거 유적 2번 파주 다율리; 3번 파주 옥석리; 4번 파주 교하리; 76번 광명 가학동)이 발굴 당시 고인돌 아래 층위에서 확인되었다고 기록되어 있다.

표 4.3. 경사 방향 산출표

경사 방향	도(°)
N	0 ~ 22.5
NE	22.5 ~ 67.5
E	67.5 ~ 112.5
SE	112.5 ~ 147.5
S	147.5 ~ 192.5
SW	192.5 ~ 237.5
W	237.5 ~ 282.5
NW	282.5 ~ 337.5
N	337.5 ~ 360
평지	−1

표 4.4. 조사 지역, 주거지, 지석묘의 경사 방향 비율

경사 방향	전체 조사 지역	주거지	지석묘
N	11.15	13.33	7.2
NE	11.37	8.89	12.71
E	12.82	11.11	17.37
SE	12.29	17.78	11.86
S	11.81	13.33	13.56
SW	12.63	6.67	13.56
W	14.10	8.89	11.02
NW	12.62	20	12.29
평지	1.20	0	0.42
총계	100	100	100

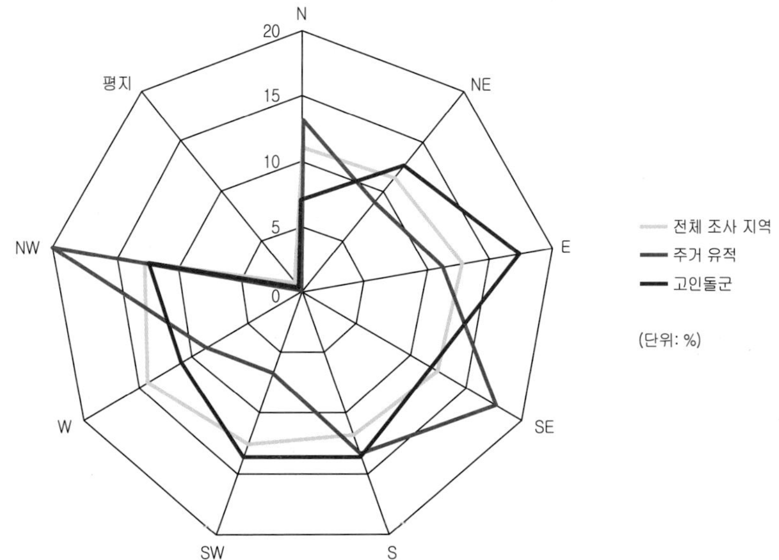

그림 4.10. 전체 조사 지역과 주거지, 지석묘의 특정 방향성

리정보시스템을 이용하여 각 유적이 위치하는 경사 방향을 도출하였다.

표 4.4와 그림 4.10에서 볼 수 있듯이, 주거 유적에서 가장 비율이 높은 경사 방향은 북서, 남동, 남향 순이었고, 이러한 경향성은 통계적으로 유의미하지는 않았다(χ^2=6.35, *df*(자유도)=8, *p*(유의확률값)=0.61). 고인돌의 경사 방향은 동, 남서, 남향의 순으로 많았으며, 서향과 북향의 선택비율은 낮았는데, 이 결과 역시 통계적인 유의미성은 없었다(χ^2=11.09, *df*=8, *p*=0.2).

여기서 이 경사 방향의 분석을 각 고인돌이나 주거지의 장축이 향하는 방향(orientation) 분석과 혼동하지 않는 것이 필요하며, 개별유적의 장축 방향에 대한 분석은 제5장 문화적 요인분석의 지향(orientation) 분석에서 다루었다.

경사도 분석 경사도는 토양 유형의 형성과 관련되어 있고, 다른 한편으로는 가시권 분석 및 이동범위 분석과 관계되어 있다.

경사도 분석 결과(표 4.5와 그림 4.11)에 따르면, 주거 유적의 95.6%가 경사도 0°~5° 구간에 자리하였으며, 4.4%는 경사도 5.1°~10° 구간에 위치하였다. 고인돌군의

표 4.5. 조사 지역과 유적의 경사도 분포표 (단위)

경사도(°)	조사 지역(%)	주거 유적(%)	고인돌(%)	조사 지역(빈도수)	주거 유적(빈도수)	고인돌(빈도수)
0~5	46.65	95.56	80.93	728968	43	191
5.1~10	20.87	4.44	17.37	326151	2	41
10.1~15	14.64	0	1.69	228707	0	4
15.1~20	9.87	0	0	154178	0	0
20.1~25	5.19	0	0	81154	0	0
25.1~30	2.06	0	0	32173	0	0
30.1~35	0.60	0	0	9341	0	0
35.1~40	0.12	0	0	1848	0	0
40.1~45	0.01	0	0	167	0	0
45.1~50	0.00	0	0	5	0	0
총계	100.00	100	100	1562692	45	236

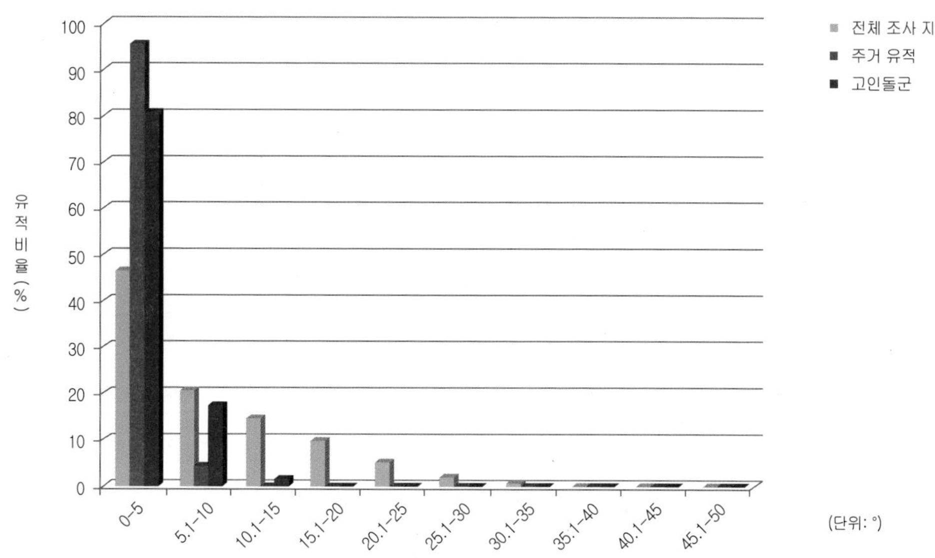

그림 4.11. 조사 지역 및 유적의 경사도 분포도

표 4.6. 주거 유적과 고인돌 입지의 경사도에 대한 평균, 중앙값과 최빈값

경사도(Slope)	주거 유적	고인돌
평균(Average)	2.0	2.8
중앙값(Median)	1.5	2.1
최빈값(Mode)	·	0.8

경우에는 80.9%가 경사도 0°~5° 범주에 있었고, 17.4%는 5.1°~10° 범주에 있었으며, 1.7%는 경사도가 10.1°~15° 범주에 위치하였다. 즉, 주거 유적은 100%가 0°~10° 구간의 완만한 경사지에 자리하였고, 고인돌군은 98.3%가 경사도 0°~10° 구간에 위치하였으며, 그보다 경사가 급한 10.1°~15° 구간에서 1.7%의 고인돌군이 발견되었다. 즉, 주거 유적과 고인돌 모두 평지를 선호하였고, 예상대로 두 경우 모두 통계적 유의미성을 보여주었다(주거 유적: χ^2=43.51, *df*(자유도)=9, *p*(유의확률값)=1.7373E−06; 고인돌: χ^2=129.97, *df*=9, *p*=1.2029E−23).

한편, 토양분석에서 언급한 국립농업과학원에서 제공하는 '흙토람'의 정보에 의하면, 경사도는 토지 이용과 직접적인 연관성이 있다. 예를 들어, 경사도 15° 미만 지역은 벼농사와 밭농사에, 경사도 15°~30° 사이는 과실수·뽕나무·약용작물 재배에, 경사도 30°~60° 사이인 경우는 초지에, 심하게 침식된 경우에는 삼림지대에 적합하다고 한다. 마지막으로 경사도가 60°를 넘는 경우에는 임지에 적합하다고 되어 있는데, 주거지와 지석묘가 대개 경사도 15° 미만의 지역에 위치하는 점으로 볼 때, 이들 유적이 주로 벼농사와 밭농사에 적합한 지역을 선호하는 것으로 유추된다.

고도 분석 마지막으로, 고도 분석을 실시하여, 주거 유적과 고인돌군의 고도를 검토하였다.

조사 지역에서의 고도 범위는 해발 0~1,236m이다(그림 4.12 참조). 주거 유적의 93.3%와 고인돌군의 96.6%가 해발 0~140m에 위치하고 있으며, 주거 유적의 6.7%와 고인돌군의 3.6%가 해발 141~300m 사이에 위치하고 있었다. 예외적으로, 주거 유적 한 곳(서울 일원동유적)이 해발 255m에, 고인돌 유적 한 곳(강화 고천리유적)이 해발 281m에 자리하고 있었다. 표 4.8에 따르면, 주거 유적의 평균 고도는 77m이고

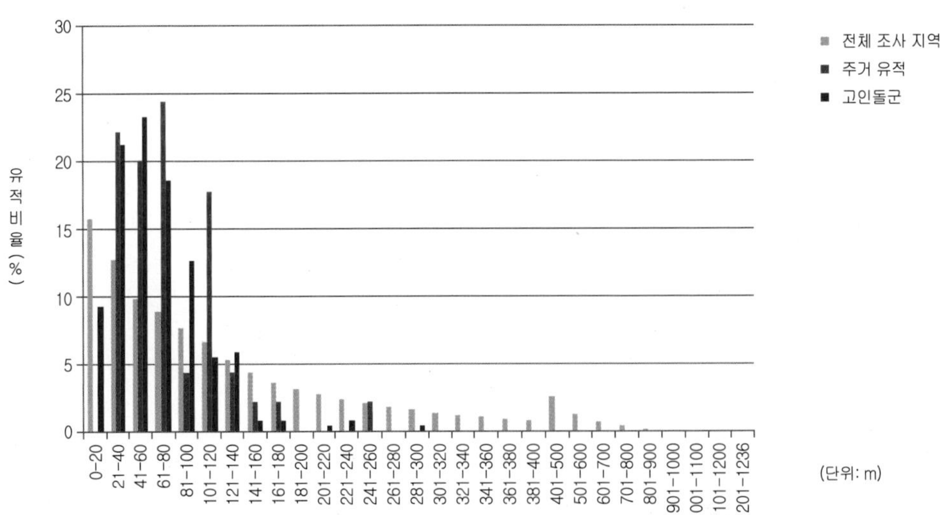

그림 4.12. 조사 지역 및 유적의 고도 분포도

표 4.7. 조사 지역 및 유적의 고도 분포표 (단위)

고도(m)	조사 지역(%)	주거 유적(%)	고인돌군(%)	조사 지역(빈도수)	주거 유적(빈도수)	고인돌군(빈도수)
0~20	15.8	0.0	9.3	247149	0	22
21~40	12.8	22.2	21.2	200159	10	50
41~60	9.9	20.0	23.3	154004	9	55
61~80	8.9	24.4	18.6	138837	11	44
81~100	7.7	4.4	12.7	120811	2	30
101~120	6.7	17.8	5.5	103989	8	13
121~140	5.4	4.4	5.9	83611	2	14
141~160	4.4	2.2	0.9	68032	1	2
161~180	3.7	2.2	0.9	57557	1	2
181~200	3.2	0.0	0.0	49446	0	0
201~220	2.8	0.0	0.4	43067	0	1
221~240	2.4	0.0	0.9	37424	0	2
241~260	2.1	2.2	0.0	33118	1	0
261~280	1.9	0.0	0.0	29125	0	0
281~300	1.6	0.0	0.4	25781	0	1
〉300	10.9	0.0	0.0	170166	0	0
총계	100.0	100.0	100.0	1562276	45	236

표 4.8. 주거 유적 및 고인돌의 고도에 관한 평균, 중앙값과 최빈값

고도	주거 유적	고인돌군
평균	77	65.2
중앙값	66	57.5
최빈값	35	33.0

중앙치는 66m이다. 고인돌군의 평균 고도는 65.2m, 중앙값은 57.5m이다. 이와 같이 조사 지역의 주거 유적은 고인돌 유적보다 더 높은 곳에 자리하는 경향이 있었는데, 이는 아마도 방어에 유리한 지역을 주거 지역으로 선정한 결과로 여겨진다.

한편, 조사 지역과 주거 유적 및 고인돌 유적 간의 통계학적 유의미성을 검증하고자 카이제곱검정을 실시하였다. 분석 결과[주거 유적: χ^2=47.23, *df*(자유도)=29, *p*(유의확률값)=0.01764, 고인돌군: χ^2=159.66, *df*=29, *p*=5.321E−20], 두 관계 모두 통계학적으로 유의미하였다.

3. 소론

이 장에서는 생계 경제(특히, 농경의 발달)의 변화가 청동기시대인들의 주거 공간과 매장 공간의 입지를 선택하는 데 어떠한 자연환경적 요인들이 영향을 미쳤는지에 대해 살펴보았다.

이들 관계에 대해 요약하자면,

첫째, 토양 분석에서는 조사 지역의 토양 유형과 주거 유적/고인돌군 간에 통계적으로 유의미성이 나타났다. 이는 토양 유형 전반에서 주거 유적과 고인돌군이 임의로 분포되어 있지 않음을 보여준다. 또한, 주거 유적은 '수확량이 높은 밭농사' 범주의 토양에서 정적 상관을, '임야' 및 '물' 범주의 토양에서 부적 상관을 보여주었다. 고인돌군 역시 '물'과 '임야' 범주의 토양에서는 부적 상관을, '수확량이 높은 밭농사'와 '수확량이 높은 벼농사' 범주의 토양에서는 정적 상관을 보여 주었다. 그러나 주거 유적의 경우와 달리, 고인돌군의 분포비율은 '벼농사_수확량 높음', '벼농사_수확량 낮음', '밭농사_수확량 높음' 범주에서 전체 조사 지역의 비율보다 높게 나타났다. 즉, 비록 유럽의 농경 개시기와 한반도의 농경 개시기가 다르나 브래들리가 지적한 것처럼 거석 기념물의 등장은 그것을 제작한 사람들이 생계경제방식의 변화로 인한 토지의 중요성이 반영된 양상이다. 비옥한 토양과 연관된 지역에 고인돌이 축조된 것도 청동기시대의 농경과 관련된 생계경제의 변화와 같은 맥락에서 이해될 수 있을 것이다. 다음으로 토양과 관련된 청동기시대 전기에서 후기까지의 장기적 변화 양상을 분석하였는데, 주거 유적은 청동기시대 전 기간에 걸쳐 밭농사에 적합한 토양에 형성되는 경향이 우세하였다. 한편, 고인돌도 주거 유적과 마찬가지로 전 시기에 걸쳐 밭농사에 적합한 토양에 형성되었으나, 주거 유적보다는 벼농사에 적합한 토양에 위치한 고인돌의 비율이 높았다.

둘째, 수리(水理) 분석의 경우 수계로부터 주거 유적과 고인돌군 간의 거리 관계에서 패턴을 확인할 수 있었다. 즉, 고인돌이 주거지보다 지류에 가까운 거리에 위치하는 경향이 있었다. 이러한 수리 분석의 결과는 가브리엘 쿠니의 가설과 차이를 보였다. 그의 가설에서는 아일랜드의 신석기시대의 거석묘 아래에서 주거 구조 등 사람이 거주한 흔적이 발견되는 경우가 종종 있는 것으로 볼 때, 주거지와 거석묘의 위치 간에는 상당히 강한 연관성이 있음을 알 수 있다.

셋째, 지형 분석의 경우 청동기시대인들이 어디에 정착했는지, 그리고 경관에서 어떠한 지역을 매장지로 선호했는지에 대해 검토하였다. 경사 방향의 경우, 주거 유적에서 가장 비율이 높은 경사 방향은 북서향·남동향·남향 순이었고, 고인돌의 경우는 동향, 남서향, 남향 순이었다. 이러한 경향성은 통계적으로 유의미하지는 않았다. 그러나 주거 유적과 고인돌군 모두 평지가 선호되었고 예상한대로 두 경우 모두 통계적 유의미성을 보여주었다. 국립농업과학원에서 제공하는 '흙토람'의 정보에 의하면, 경사도는 토지 이용과 직접적인 관련성이 있었다. 예를 들어, 경사도 15° 미만 지역은 벼농사와 밭농사에 적합하다고 하였는데, 주거 유적과 고인돌들이 대부분 경사도 15° 미만의 지역에 위치했던 것으로 볼 때, 이들 유적이 청동기시대에 주로 농경에 적합한 지역을 선호했음을 반영하는 것으로 유추해 볼 수 있다. 마지막으로, 95%가 넘는 주거 유적과 고인돌들이 해발 0~140m 사이에 존재하고 두 유적 모두 통계적으로 의미가 있었다. 한편, 주거 유적들은 0~20m 범주에서는 확인되지 않았고, 주거 유적들의 고도의 평균과 중앙치가 고인돌들의 수치보다 높았다. 이는 아마도 방어에 유리한 지역을 주거 지역으로 선정한 데서 온 결과가 아닌가 사료되며, 이러한 패턴들이 신석기시대에서 청동기시대로의 전환에서 나타나는 생활상을 반영하고 있다고 보인다.

이처럼, 토양학적·수리학적·지형학적 결과들을 통해서 청동기시대 주거 유적과 매장 유적에 관련된 입지 정보를 확인할 수 있었고, 그들의 생계 경제를 유추해 볼 수 있었다. 그러나 자연 환경적 요인들의 분석만으로는 청동기시대 주거 유적들과 고인돌들의 입지에 대한 만족스러운 답을 얻을 수 없었다. 이에 문화적 요인들에 대한 분석의 필요성을 깨달아 제5장에서는 이 부분에 대하여 고찰하고자 한다.

제 5 장

중서부 지역 청동기시대 유적의 문화적 요인 분석

제4장에서 살펴본 바와 같이, 자연환경적 요소가 청동기시대인들이 주거 유적과 고인돌들을 어디에 위치시킬 것인지에 관한 결정을 내리는 데에 중요한 역할은 했던 것은 사실이다. 그러나 선사인들이 유적지의 입지를 결정할 때 단지 토양의 질, 물과의 거리, 지형 등 자연 환경적 요소들만을 고려하여 결정했다고 보기에는 무리가 있어 보인다. 왜냐하면, 주거 유적들이 벼농사에 적합한 토양 주변에 위치하였을 것이라는 가정과 달리 주거 유적들은 전 청동기시대에 걸쳐 밭농사에 적합한 토양에 위치하는 경향이 있었다. 물과의 거리에서도 주거 유적들은 고인돌들에 비해 물 공급처로부터 더 멀리 위치하는 경향이 있었다. 따라서 어디에 살고 어디에 묻힐 것인가를 결정하는 데에 다른 요소들이 고려되었을 가능성이 있다. 문화가 무엇인지 정의내리는 것은 쉽지 않다(Ingold, 1994: 329). 더구나 자연환경적 요소와 문화적 요소들을 이분법적으로 구분해 내는 것은 더욱 어렵다. 그러나 인간의 인지와 인식(human perceptions)이 작용하는 경우(Lock, 2009)를 문화적 요인으로 볼 수 있다면 어떠한 지역에 살았던 선사인들의 지세 선호도나 인간이 서서 볼 수 있는 시야 범위(시계;

viewshed)와 지형상의 경사도를 고려하여 직접 이동하는 경우, 주거지와 고인돌들의 장축방향 등의 분석을 통해 당시인들이 주거 유적과 매장 유적의 입지를 선정하는데 어떠한 문화적 요인이 영향을 미쳤는지 살펴볼 수 있을 것이다. 이를 위해 지역화된 지식(localised knowledge)(Gosden, 1994: 79)과 현상학적 접근법(Tilley, 1994)을 활용하여 이들 문화적 요인을 고찰하고자 한다.

1. 지세(Landform) 선호도 분석

1) 목적

한반도 중서부 지역의 청동기시대인들이 그들의 거주 장소와 매장 장소의 선택할 때 산 정상, 산등성이, 평면 등의 지세 중에서 어떠한 곳을 더 선호했는지를 알아보기 위해 시야(시계) 분석에 앞서 다음과 같은 분석을 수행하였다. 여기서 언급된 지세들은 자연환경적 요소들로 보여질 수도 있다. 그러나 이는 선사인들이 자신들의 필요에 적합한 지역을 선택하는 인간의 의사결정과 밀접하게 관련되어 있는 것으로, 즉, 다시 말해 주위 경관과 상호작용하여 체득된 환경적 요인을 시각적 경험을 통하여 문화적 요인으로 개념화시킨 것으로 볼 수 있을 것이다(Wheatley and Gillings, 2000: 3). 그러므로 지세 선호도 분석은 인간의 인지를 통한 의사결정을 포함하고 있다는 점에서 문화적 요소의 범주 내에 포함시킬 수 있을 것이다. 한편, 앞에서 언급한 유적의 입지에 관한 다른 연구자들의 연구결과와도 비교하기 위해 고인돌의 유형 중 탁자식과 개석식 고인돌의 입지에 대해서도 검토할 것이다.

2) 방법론 – 모델링 특징

고인돌들과 주거 유적들의 축조에 어떠한 지세가 선호되었는지를 지리정보시스템(GIS)으로 분석하기 위해서는 우선 랜드서프(LandSerf) 2.3 소프트웨어(Jo Wood, Department of Information Science, City University, London)를 이용하여 수치표

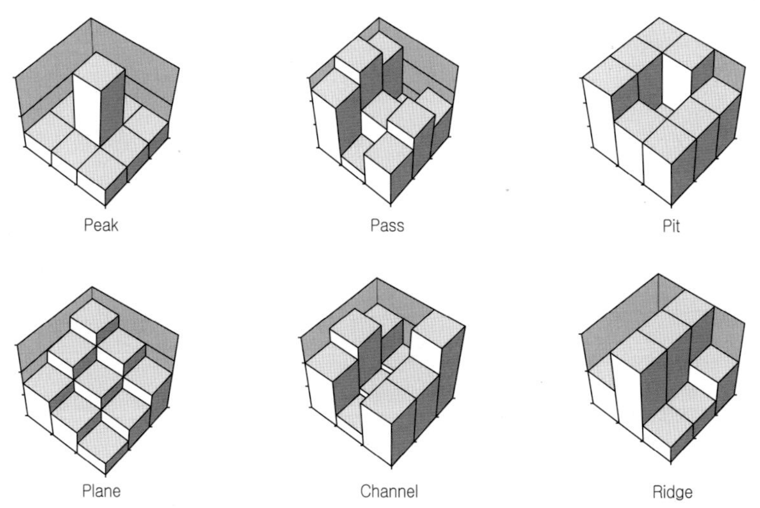

그림 5.1. 격자 고도 모델(gridded elevation model)로 표시된 6개의 형태학적 분류(Fisher et al., 2004: 108)

고모델(DEM: Digital Elevation Model)로부터 각 유적지들이 위치해 있는 지세를 확인해야 한다.

랜드서프(LandSerf) 소프트웨어는 우리가 경험할 수 있는 실질적 지세를 산 정상(peak), 고갯길(pass), 구덩이(pit), 평면(plane), 도랑(channel), 산등성이(ridge) 등 6개의 범주로 구분한다(그림 5.1).

그 과정을 간략히 기술하자면, 우선 수치표고모델(DEM)을 ArcGIS로부터 Land-serf 2.3으로 반출한 후, 윈도우 셀 크기를 정하고 '표면 매개변수(Surface parameter)' 분석 하에서 '지세 확인(Feature extraction)' 분석을 실행한다. 그림 5.1에서 볼 수 있듯이 중앙 셀의 형태학적 특성(morphological characteristic)은 주변 셀들에 의해 결정된다. 지세의 분류는 우드(Wood, 1996: Chapter five; Fisher et al., 2004: 107~109)의 정의를 따랐다. 예를 들면, 인접한 모든 셀들이 중심 셀(core cell)보다 낮다면 이는 '산 정상(Peak)'으로 인식되며, 반대로 모든 주위 셀들이 중심 셀보다 높다면 그것은 '구덩이(Pit)'로 구분된다. 또한, 중앙에 연속한 세 개의 셀들이 다른 셀들보다 높으면 그것은 '산등성이(Ridge)'으로 명명되고, 만약 이 인접한 중앙의 세 셀들이 주위의 다른 셀들에 비해 낮다면, 이는 '도랑(Channel)'으로 식별된다. 한편, '도랑(Channel)'에 비해, '고갯길(Pass)'은 인접한 셀들 간의 통로(passage)로 식별된다. 마지막으로, 만약 중앙 셀과 주위 셀들이 유사한 높이와 유사한 경사도를 가지면, 이 경우는 '평면(Plane)'으로 분류된다. 그런데, 여기서 주의해야 할 점은 이 범주가 평평한(flat) '평지(plain)'와 급하게 경사진(steeply sloping) '평지(plain)'를 모두 포함하는 것으로, 즉, '평면(plane)'을 '평지(plain)'와 혼동해서는 안 된다.

수치표고모델(DEM)과 호환이 되고 10m 간격의 등고선을 가진 지세도(feature map)를 찾기 위해, 윈도우 셀의 크기를 조절해 가면서 [예를 들어, 3×3, 5×5, 7×7, 9×9, 11×11(하나의 셀 크기가 90m×90m이므로 11×11은 대략 1㎞×1㎞임) … 25×25] 랜드서프(Landserf)에서 지세를 형상화시켜 보았다. 각각의 상이한 셀 크기의 지세도를 추출하였고, 이것을 지리정보시스템(GIS)의 래스터 데이터(raster data)로 변형시켰다. 그 다음 실제의 지세와 경관을 가장 잘 나타낼 수 있는 지도를 선택하기 위해 각각의 지도를 10m 간격의 등고선을 가지는 수치표고모델(DEM)과 연결시켰다. 여러 시행착오 후, 분석을 위해서 10m 등고선을 가장 잘 표현할 수 있는 11×11 윈도우 셀 크기의 지세도(feature map)를 선택하였다.

3) 분석 결과

위의 단계들을 거친 후, 각 유적들이 위치한 지세(feature category)를 11×11 지세도로부터 추출하였다. 주거 유적들과 고인돌 유적지들의 지세 분석 결과(표 5.1 및 그림 5.2 참조)에 따르면, 확인된 주거 유적의 60%와 고인돌 유적의 20.3%가 '산등성이(ridge)'에 위치하였던 것으로 확인되었다. 그리고 주거 유적의 26.7%와 고인돌 유적의 59.3%가 '평면(plane)'에 위치해 있었던 것으로 나타났다. 한편, 주거 유적의 8.9%와 고인돌 유적의 0.9%는 '산 정상(peak)'에, 주거 유적의 4.4%와 고인돌 유적의 2.1%는 '고갯길(pass)'에 위치해 있었던 것으로 확인되었다. 마지막으로, 고인돌 유

표 5.1. 연구 대상 지역과 유적이 위치한 곳의 지세 비율 (단위: %)

번호	지세 분류 (Landform)	전체 조사 지역	주거 유적	고인돌군
1	구덩이 (Pit)	0.27	0.00	1.69
2	도랑 (Channel)	22.20	0.00	15.68
3	고갯길 (Pass)	1.36	4.44	2.12
4	산등성이 (Ridge)	28.73	60.00	20.34
5	산정상 (Peak)	0.45	8.89	0.85
6	평면 (Plane)	47.00	26.67	59.32
총계		100.00	100.00	100.00

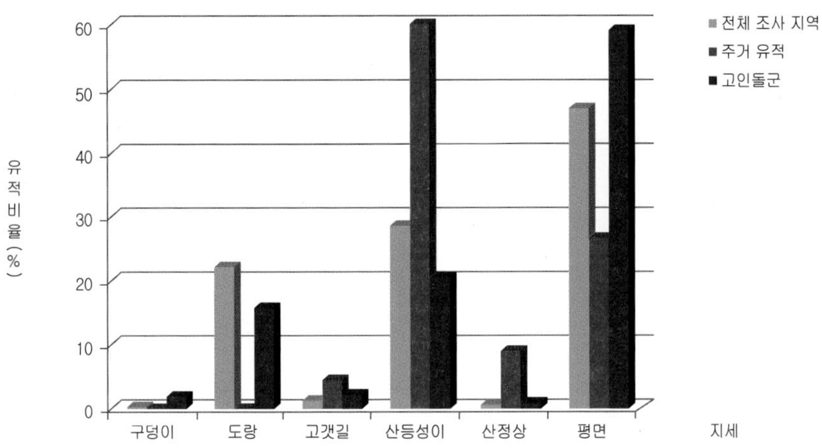

그림 5.2. 연구 대상 지역과 유적들의 지세 비율 막대그래프

적의 15.7%와 1.7%는 각각 '도랑(channel)' 및 '구덩이(pit)'에 위치해 있었던 것으로 보인다.

다시 말해, 60%에 해당하는 주거 유적들이 '산등성이(ridge)'에 위치해 있었고, 59.3%에 해당하는 고인돌이 '평면(plane)'에 위치해 있었다. 이들 결과는 총 연구 면적의 지세 분포에 유적들이 무작위로 분포되었다고 가정했을 경우의 예상 분포비율과 비교했을 때 통계학적으로 유의미한 결과(주거 유적: χ^2=103.75, *df*(자유도)=5, 그

표 5.2. 11×11 윈도우 셀 크기의 지세도(feature map)에서 전체 조사 지역 비율과 주거 유적 빈도의 카이제곱검정 결과

번호	11×11 윈도우 셀	전체 조사 지역 (%)	주거 유적 빈도수	기대 빈도수	(관측값(Oi)–기대값(Ei))^2	(관측값(Oi)–기대값(Ei))^2/기대값(Ei)
1	구덩이 (Pit)	0.27	0	0.12	0.01	0.12
2	도랑 (Channel)	22.20	0	9.99	99.80	9.99
3	고갯길 (Pass)	1.36	2	0.61	1.93	3.15
4	산등성이 (Ridge)	28.73	27	12.93	198.01	15.32
5	산정상 (Peak)	0.45	4	0.20	14.42	71.21
6	평면 (Plane)	47.00	12	21.15	83.72	3.96
		100.00	45	45.00		103.75
	자유도(df)=(6–1)*(2–1)					
	df=5					
	0.05 유의수준					
	χ^2=	103.75				
	유의확률값(p) =	0.0000				

표 5.3. 11×11 윈도우 셀 크기의 지세도에서 전체 조사 지역 비율과 고인돌군 빈도의 카이제곱검정 결과

번호	11×11 윈도우 셀	전체 조사 지역 (%)	고인돌군 빈도수	기대 빈도수	(관측값(Oi)–기대값(Ei))^2	(관측값(Oi)–기대값(Ei))^2/기대값(Ei)
1	구덩이 (Pit)	0.27	4	0.64	11.31	17.75
2	도랑 (Channel)	22.20	37	52.39	236.91	4.52
3	고갯길 (Pass)	1.36	5	3.21	3.21	1.00
4	산등성이 (Ridge)	28.73	48	67.80	392.15	5.78
5	산정상 (Peak)	0.45	2	1.06	0.88	0.83
6	평면 (Plane)	47.00	140	110.92	845.65	7.62
		100.01	236	236.02		37.50
	df=(6–1)*(2–1)					
	df=5					
	0.05 significance					
	χ^2=	37.50				
	p=	0.00000048				

리고 p값(유의확률값)〈0.0000, 고인돌 유적: χ^2=37.5, df=5, 그리고 p값=4.8×10−7, 표 5.2 및 5.3 참조)를 나타내었다. 청동기시대인들은 자신들의 주거 지역으로 '산등성이'와 '산 정상'을 선호하였고 '도랑'의 범주는 피했던 것으로 보인다. 반면에, 고인돌 축조는 '평면'을 선호했으며 '산등성이'는 매장 지역으로서는 일순위가 아니었다.

그러나 이들 결과는 신뢰성을 입증하기 위해 재검토 과정이 필요하다. 그 이유는, 지세 분석(feature analysis)이 선택한 윈도우의 크기(scale)에 크게 의존하기 때문인데, 어떤 셀들이 대략 1km×1km 단위 셀 분석에서 '평면'으로 지정되어 있었다 하더라도, 만약 분석이 보다 큰 윈도우 규모에서 수행되었을 때, '평면' 셀은 '산등성' 등의 다른 지세로 변경될 수 있는 가능성이 있기 때문이다(John Pouncett pers comm 2011). 이 점을 확인하기 위해 고인돌 유적지들에 대해 25×25 윈도우 셀 분석을 수행하였으며, 그 결과는 표 5.4와 같다.

표 5.4에서 볼 수 있듯이, 지세에 관한 11×11 분석과 25×25 분석 사이에 고인돌

표 5.4. 25×25 윈도우 셀 크기의 지세도에서 전체 조사 지역 비율과 고인돌군 빈도의 카이제곱검정 결과

번호	25×25 윈도우 셀	전체 조사 지역 (%)	고인돌군 빈도수	기대 빈도수	(관측값(Oi)−기대값(Ei))^2	(관측값(Oi)−기대값(Ei))^2/기대값(Ei)
1	구덩이 (Pit)	0.41	4	0.97	9.20	9.50
2	도랑 (Channel)	19.52	37	46.07		1.78
3	고갯길 (Pass)	2.05	5	4.84	0.03	0.01
4	산등성이 (Ridge)	25.13	48	59.31	127.84	2.16
5	산정상 (Peak)	0.76	2	1.79	0.04	0.02
6	평면 (Plane)	52.13	140	123.03	288.09	2.34
		100.00	236	236.00		15.81
	df=(6−1)*(2−1)					
	df=5					
	0.05 significance					
	χ^2=	15.81				
	p=	0.00740800				

표 5.5. 5×5 윈도우 셀 크기의 지세도에서 전체 조사 지역 비율과 고인돌군 빈도의 카이제곱검정 결과

번호	5×5 윈도우 셀	전체 조사 지역 (%)	고인돌군 빈도수	기대 빈도수	(관측값(Oi)−기대값(Ei))^2	(관측값(Oi)−기대값(Ei))^2/기대값(Ei)
1	구덩이 (Pit)	0.38	0	0.90	0.80	0.90
2	도랑 (Channel)	41.31	53	97.49	1979.50	20.30
3	고갯길 (Pass)	1.49	5	3.52	2.20	0.63
4	산등성이 (Ridge)	50.08	66	118.19	2723.67	23.05
5	산정상 (Peak)	0.45	1	1.06	0.00	0.00
6	평면 (Plane)	6.29	111	14.84	9245.90	622.85
		100.00	236	236.00		667.73
	df=(6−1)*(2−1)					
	df=5					
	0.05 significance					
	χ^2=	667.73				
	p=	0.00000000				

유적의 빈도에 있어 큰 차이가 발견되지 않았다. 25×25 분석뿐만 아니라, 그보다 작은 규모의 5×5(450m×450m) 윈도우 셀 분석도 수행하였는데, 고인돌 유적의 빈도(표 5.5)에서 위의 두 분석과 다소 차이를 나타내고 있으나 숫자들 사이에 그다지 큰 차이를 나타내고 있지 않으므로, 지세 11×11 분석은 신뢰할만하다는 결론 하에 해석을 시도하였다.

한편, 주거 유적과 고인돌 유적들 사이의 여섯 가지 지세에 따른 입지 선호의 차이가 분명해 보이나 프로그램에서 도출된 지세도와 실제 지형과의 관계에서의 오차 가능성과 발굴 보고서 상에 표시된 유적지의 위치와 실제 위치와의 일치 여부 등 많은 주의가 필요하다.

앞에서 언급했던 바와 같이 주거 유적이 고인돌 아래에서 발견되는 예가 있었고, 또한 유물 산포지가 고인돌 부근에서 발견되는 경우들도 있기 때문에 산 자와 죽은 자에게 할당된 공간을 분명하게 구별짓기는 쉽지 않지만, 주거 유적들과 거석기념물

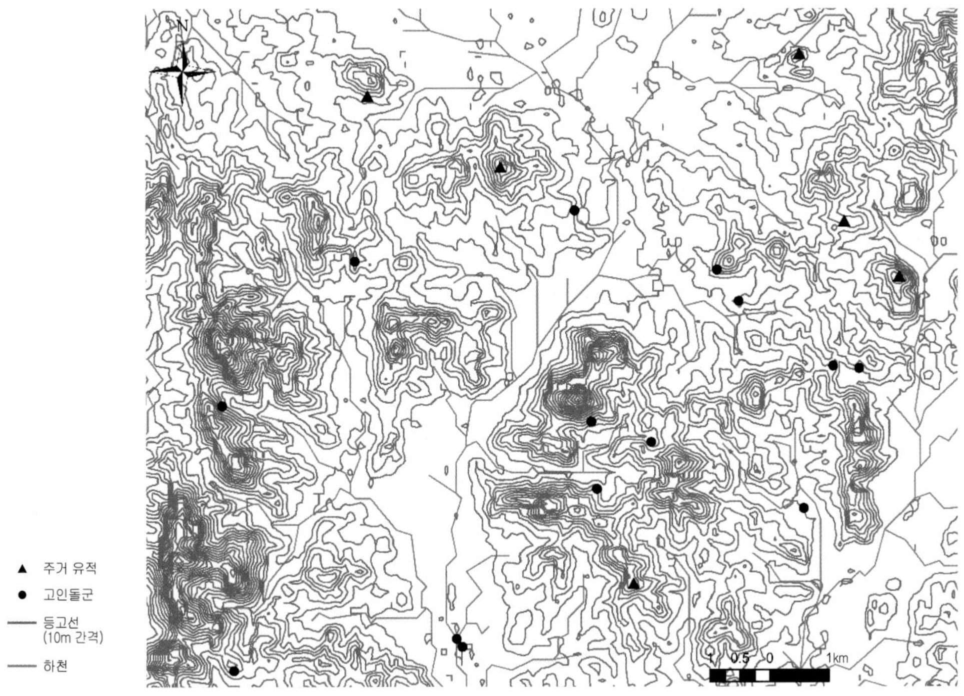

그림 5.3. 수치표고모델(DEM) 상의 등고선 지도 위의 주거 유적과 고인돌군의 위치

들 사이의 지세 선호도에 대한 위의 결과에서, 두 유적의 선호 지세에는 상당한 차이가 존재했던 것으로 추정된다.

유적 지도와 발굴 보고서의 유적지 위치 설명에 따르면(그림 5.3), 주거 유적들은 지세 분석에서 나타난 바와 같이 산등성이에 위치하는 경향이 있다. 따라서 고인돌들보다 더 높은 고도에 위치하고, 훨씬 좋은 전망을 갖는 경향이 있다. 이 점은 시야(시계) 분석 및 마지막 토론 부분에서 다시 검토될 것이다. 이에 비해, '평면' 범주에서 주로 확인된 고인돌들은 산사락의 끝에 위치하는 경향이 있는데, 이는 경사지의 마지막 부분과 평지의 시작 지점의 점이 지대(transitional zones)로 주변의 경작지를 관망할 수 있었던 곳으로 추정된다. 다음 장에서 검토할 시야(시계) 분석에서도 지세 분석의 결과들을 뒷받침하는 결과들이 제시될 것이다.

표 5.6. 11×11 윈도우 셀 크기의 지세도에서 전체 조사 지역 비율과 탁자식 고인돌 빈도의 카이제곱검정 결과

번호	11×11 윈도우 셀	전체 조사 지역 (%)	탁자식 고인돌 빈도수	기대 빈도수	(관측값(Oi)– 기대값(Ei))^2	(관측값(Oi)– 기대값(Ei))^2/기대값(Ei)
1	구덩이 (Pit)	0.27	4	0.30	13.7	46.2
2	도랑 (Channel)	22.20	11	24.42	180.1	7.4
3	고갯길 (Pass)	1.36	0	1.50	2.2	1.5
4	산등성이 (Ridge)	28.73	33	31.60	2.0	0.1
5	산정상 (Peak)	0.45	4	0.50	12.3	24.8
6	평면 (Plane)	47.00	58	51.70	39.7	0.8
		100.00	110			80.7
	df=(6–1)*(2–1)					
	df=5					
	0.05 significance					
	χ^2=	80.7				
	p=	6.025E–16				

표 5.7. 11×11 윈도우 셀 크기의 지세도에서 전체 조사 지역 비율과 개석식 고인돌 빈도의 카이제곱검정 결과

번호	11×11 윈도우 셀	전체 조사 지역 (%)	개석식 고인돌 빈도수	기대 빈도수	(관측값(Oi)– 기대값(Ei))^2	(관측값(Oi)– 기대값(Ei))^2/기대값(Ei)
1	구덩이 (Pit)	0.27	19	0.9	329.1	383.3
2	도랑 (Channel)	22.20	39	70.6	998.3	14.1
3	고갯길 (Pass)	1.36	8	4.3	13.5	3.1
4	산등성이 (Ridge)	28.73	99	91.4	58.3	0.6
5	산정상 (Peak)	0.45	7	1.4	31.0	21.7
6	평면 (Plane)	47.00	146	149.5	12.0	0.1
		100.00	318			423.0
	df=(6–1)*(2–1)					
	df=5					
	0.05 significance					
	χ^2=	423				
	p=	3.32185E–89				

한편, 본 연구의 '평면(Plane)' 범주는 평평한 '평지(plain)'와 경사진 '평지(plain)'를 모두 포함하기 때문에, 이 분석 결과는 강화도 고인돌의 위치와 관련해 표 2.5에 제시된 유태용의 결과인 고인돌의 61%가 '산하사면'에 위치했다는 조사보고와 비슷한 결과를 보여주고 있다. 그러나 이를 표 2.9 우장문의 결과인 경기 지역 고인돌의 26%가 평지에 위치하고 74%가 언덕이나 산등성이에 위치했다는 내용과 비교하기는 어려웠는데, 이는 우장문이 범주들에 대해 분명하게 정의하지 않아서인 듯하다.

또한, 유태용의 또 다른 연구 결과와 비교하기 위하여 탁자식과 개석식 고인돌들이 축조되었던 지세에 대하여 조사해 보았다. 유태용은 강화도의 탁자식 고인돌이 평지보다 산등성이나 산 정상에 더 많이 위치해 있다고 지적하였다(표 2.6 참조, 유태용, 2003: 425~428). 연구 지역이 동일하지 않기 때문에, 본 연구의 결과를 유태용의 결과와 직접 비교하는 것은 무리가 있을 수 있지만 본 연구 지역에서도 두 고인돌 형식의 입지에 차이가 나타나는가에 대해 검토해 보는 것도 의미가 있을 것이다. 두 결과의 비교를 돕기 위해, 고인돌군 단위 대신에 개별 고인돌에 관한 정보를 활용하였다. 표 5.6 및 5.7에 의하면, 연구 지역의 두 고인돌 유형과 지세와의 관계는 통계적으로 유의미하게 나타났다. 그러나 '평면(plane)' 및 '산등성이(ridge)' 범주에서 발견되는 고인돌들의 분포 빈도가 기대 빈도와 큰 차이를 보이지 않았으며, 이는 각주 9에서 보이는 카이제곱검정의 결과와도 유사하였다. 다시 말해, 각 고인돌 유형별로 그 분포와 지세와는 관계가 있으나, 그 관계의 형성에서 평지와 산등성에 분포한 고인돌의 숫자는 그 지세에 기대되는 분포 숫자를 크게 벗어나지 않았다. 그러므로 유태용의 결과처럼, 탁자식 고인돌들이 산등성이나 산정상에 더 많이 위치해 있다고 말하기가 어렵다고 볼 수 있다.

2. 시계(視界, Viewshed) 분석

1) 목적

이 절에서는 가시성(visibility) 분석에 대해서 살펴보고자 한다. 시계(viewshed) 분석의 목적은 시계(視界) 범위가 경관에서 주거 유적과 고인돌들의 위치를 정하는 데에 어떠한 영향을 미쳤는가에 대한 분석이다. 이는 '시각적 요소가 사람들이 환경을 인식하는 데에 영향을 미친다'(Wheatley and Gillings, 2000: 3)는 가정에 기반하여 주거 유적과 고인돌 유적의 가시범위 사이에 어떠한 차이가 있었는지를 살펴보는 것이다. 사람들이 조망하는 곳은 그들의 사고와 의사 결정에 매우 밀접한 연관이 있었을 것으로 사료되므로, 시계 분석도 문화적 요인에 포함된다고 할 수 있을 것이다.

2) 방법론

시계(視界, viewshed)의 정의 만약 래스터 데이터(raster data) 상의 셀들이 한 개 또는 다수의 관측 지점(point)으로부터 인식된다면, 그것은 시계(視界, viewshed)로 정의될 수 있다(ArcGIS 10 Help, 2011a). 만약 단 한 곳의 관측 지점이 선택된 경우, 관측 지점에서 볼 수 있는 셀들에는 '1'의 가치가 주어지고, 관측 지점에서 볼 수 없는 셀들에는 '0'의 가치가 주어지는데, 이러한 분석은 이분 시계(binary viewshed) 분석이라고 한다. 한편, 분석대상 전체 지점으로부터 누적적으로 가장 많은 지점으로부터 관찰되는 지역도 확인할 수 있는데, 이러한 분석은 누적 시계(cumulative viewshed) 분석이라 불린다.

이러한 누적 시계와 이분 시계 분석을 본 연구의 주거 유적들과 고인돌 유적들의 분석에도 활용하였다. 누적 시계 분석을 통해서는 다수의 주거 유적 혹은 고인돌 유적들로부터 바라다보이는 지점을 확인할 수 있었고, 이분 시계 분석을 통해서는 각 유적지들로부터 조망할 수 있는 또는 조망되지 않는 지역들의 범위를 확인할 수 있었다. 조망할 수 있는 범위에 해당되는 셀의 수를 확인하여 주거 유적들과 고인돌 유적들 간의 가시 범위를 서로 비교할 수 있었다. 이 방법은 다음과 같은 가정을 전제한다. 즉, 사람들이 고인돌 혹은 주거지 가까이에 서서 지평선을 바라보며 360°의 파노라마 시계를 확보하는 것으로 자신이 어디에 정착하고 묻힐지를 결정한다면 이때 가시권역이 중요한 역할을 했을 것이라는 가정이다.

한계점 시계 분석에 들어가기에 앞서 시계 분석에 대한 몇 가지 비판을 검토하고자 한다. 예를 들면, 시계 분석을 사용하는 연구자들이 과거의 식생 패턴(vegetation pattern)에 대해 충분히 고려하지 않았다는 지적이 그 첫 번째이다. 이는 과거의 경관에 관한 신뢰할 수 있는 정보가 부족하기 때문에 나타나는 문제점으로, 그 대안으로는 현재의 환경 데이터를 활용할 수밖에 없는 한계가 존재한다(Lock and Stančič, 1995: 34; Chapman and Gearey, 2000: 316~319). 두 번째는 분석대상 지역의 가장자리에 해당하는 부분은 분석에서 무시되거나 왜곡될 수 있는데, 이를 모서리 효과(edge effects)라고 한다(Wheatley and Gillings, 2000: 5~12). 이러한 한계사항을 염두에 두고, 연구 대상 지역에 시계 분석을 적용함에 있어 아래와 같은 몇 가지 사항을 정하였다.

a. 이 절에서는 각각의 주거 유적과 고인돌 유적의 X, Y 좌표에 기초하여 지점에 서서 관찰한다는 정적인(static) 관점에서 시계 분석을 시도하였다.
b. 비록 모든 유적지들이 동시에 축조되지는 않았지만, 분석에서는 모든 유적지들이 동시기에 존재했었던 것 같은 가정하에 수행되었다.
c. 시계 분석 중에는 관측자가 거리에 따라 다르게 경험하는 효과를 고려한 분석도 있는데, 이를 히구치 시계 분석(Higuchi viewshed), 즉 거리-참작 시계 분석이라고 한다(Wheatley and Gillings, 2000: 16~20). 본 연구에서는 주거 유적과 고인돌 유적들의 시계 유형의 비교에 집중하였기 때문에 관측자로부터의 거리 효과는 고려하지 않았다.

d. 모서리 효과(edge effects)를 최소화하기 위해(Wheatley and Gillings, 2000: 11~12;Conolly and Lake, 2006a: 91), 연구 지역(region) 주변의 완충 지역(area)을 포함하여 분석을 수행하였는데, 즉, 연구 지역의 범위가 대략 131km×143km의 불규칙한 형태이지만, 분석에서는 약 185km×153km의 래스터 데이터(raster data)를 활용하였다.

이러한 사항들을 고려한 후, 주거 유적과 고인돌 유적의 패턴을 확인하기 위해, 누적 시계 분석과 이분 시계 분석을 시도하였다.

3) 결과

누적 시계 분석 틸리(Tilley)의 현상학적 접근법(Tilley, 1994)은 그의 접근법에 객관적인 방법론이 부족하다는 비판에도 불구하고(Fleming, 1999b: 204; 2005; Wheatley and Gillings, 2002), 이후의 경관고고학 연구에 큰 영향을 미쳤다(Cummings and Whittle, 2003; Cummings and Fowler, 2004). 이러한 접근법이 서울·인천·경기도 지역의 청동기시대 유적들에도 적용될 수 있는지를 검토하고, 본 연구 대상 지역의 고인돌들이 두드러진 자연적 노출지 또는 주목을 끄는 대상들이 바라다 보이는 입지에 축조되었는지를 알아보기 위하여 누적 시계 분석을 실시하였다.

우선, 다수의 고인돌 유적지들로부터 조망될 수 있는 가시적 지역에 대한 결과를 누적 시계 분석에서 확인할 수 있었는데, 여기서 확인할 수 있었던 최대의 누적값은 52로서, 이는 236곳의 고인돌 유적지들 중 52곳의 고인돌 유적으로부터 누적값을 획득한 장소가 바라다보인다는 의미이며, 그 위치는 북한산(北漢山)이었다(그림 5.4의 진홍색 원 참조). 조선시대(朝鮮時代: 1392년~1910년)의 궁궐 및 현재의 대통령 관저인 청와대(青瓦臺)가 이 산자락에 위치해 있다. 최창조(1992: 59~61;1993)에 의하면, 고려(高麗; 918~1392) 및 조선 왕조가 도성 및 궁궐의 위치를 결정할 때 지형적

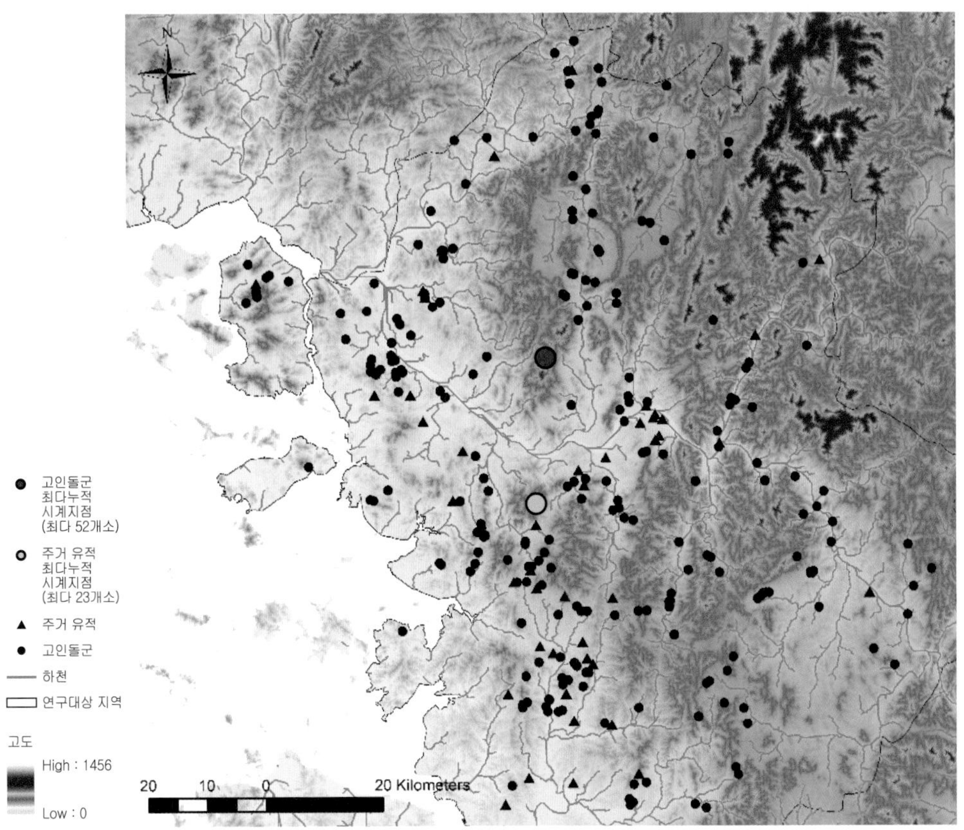

그림 5.4. 고인돌군으로부터의 최다 누적 시계 지점(●)과 주거 유적들로부터의 최다 누적 시계 지점(◎)

인 특징(topographical features)들을 중요하게 고려하였다고 한다. 그 이유는 그 시대인들이 특정한 지형적 조건을 갖춘 지역을 상서롭다고 여겼고, 이러한 입지에 도성과 궁궐을 지으면 그들의 왕조가 영원한 번영을 누릴 것이라고 믿었기 때문이다. 이 분석 결과에서 흥미로운 것은 청동기시대의 많은 고인돌 유적지들에서도 이 북한산 지역이 바라다보였다는 점이다.

이와 더불어, 누적 시계 분석의 또 다른 결과인 다수의 고인돌 유적으로부터 조망되는 주거 유적들의 순서는 다음과 같다. 주거 유적 25번 서울 일원동(16: 고인돌 유적지들로부터의 누적 시계 숫자—이 숫자는 일원동 유적지가 16곳의 고인돌 유적으로부터 보인다는 것을 의미한다); 주거 유적 76번 오산 가장동(11, 환호 유적); 주거 유적 12번 화성 고금산(7); 주거 유적 8번 부천 고강동(7, 환호 유적); 주거 유적 24번 서울 명일동(7); 주거 유적 26번 남양주 수석리(6), 주거 유적 48번 하남 덕풍동 제사 유적(ritual site)(6) 등이다. 나머지 주거 유적들은 각각 0부터 5까지의 숫자를 획득하였다. 누적 숫자가 높은 유적지들의 공통점은 이들이 다소 높은 고도에 위치해 있다는 점인데, 주거 유적의 평균 고도가 77m인데 비해(제4장 표 4.8 참조) 이들 주거 유적들의 평균 고도는 122.3±63.7m였다.

한편, 누적 시계 값이 높은 고인돌 유적지들은 유적지 211번 강화 고천리(9: 고인돌 유적들로부터의 누적 시계 숫자); 유적지 26번 고양 가좌동(9); 유적지 128번 평택 양교리(7); 유적지 125번 평택 내천리(7); 유적지 214번 일산 서구 구산동(7); 유적지 71번 김포 운양동 1 (7); 유적지 113번 화성 반송리 (6); 유적지 230번 인천 대곡동 A (6); 유적지 232번 인천 대곡동 C (6) 등이다. 이들 유적지의 평균 고도(78.3±81.5m)는 고인돌 유적들의 평균 고도인 65.2±41.8m보다 약간 높지만, 주거 유적들의 경우보다는 이들 유적지들이 공통점을 결여하고 있어 해석이 쉽지 않다.

다음으로, 주거 유적들로부터 확인할 수 있었던 최대의 누적값은 23으로, 45곳의 주거 유적들 중 23곳의 유적지들로부터 바라다보인다는 의미인데, 그 지점은 관악산(冠岳山, 그림 5.4의 옥색 원 참조)이었다. 관악산은 남쪽으로는 과천종합청사가 위치해 있고 북쪽 기슭으로는 서울대학교가 위치해 있다. 산봉우리의 모양이 불과 같아 풍수적으로 화산(火山)이 된다 해서 이 산이 바라보이는 서울에 화재가 잘 난다고 믿어졌다(과천문화원). 청동기시대인들이 관악산을 어떻게 생각했었는지는 알 수 없으나, 이 산이 경관을 지배하고 상당 수의 청동기시대 주거 유적들의 가시권 안에 있었던 것으로 볼 때 그들에게도 어떠한 상징적 의미가 있지 않았을까 생각된다.

이와 함께, 다른 주거 유적들로부터 가장 눈에 띄는 주거 유적으로는 주거 유적 25번 서울 일원동(12: 주거 유적들로부터의 누적 시계 숫자); 주거 유적 12번 화성 고

그림 5.5. 전체 고인돌군으로부터의 누적 시계 분포도

금산(9); 주거 유적 26번 남양주 수석리(8); 주거 유적 48번 하남 덕풍동 제사(ritual) 유적(8); 주거 유적 19번 평택 현곡리(7); 주거 유적 8번 부천 고강동(6, 환호) 등이 있었다. 나머지 주거 유적들은 0부터 5사이의 숫자가 각각 주어졌다. 5개의 유적지(25, 12, 26, 48, 8번)들은 위의 고인돌 유적들로부터의 누적 시계 분석 결과에서와 같이 주거 유적들로부터도 높은 누적 시계치를 보여주었다.

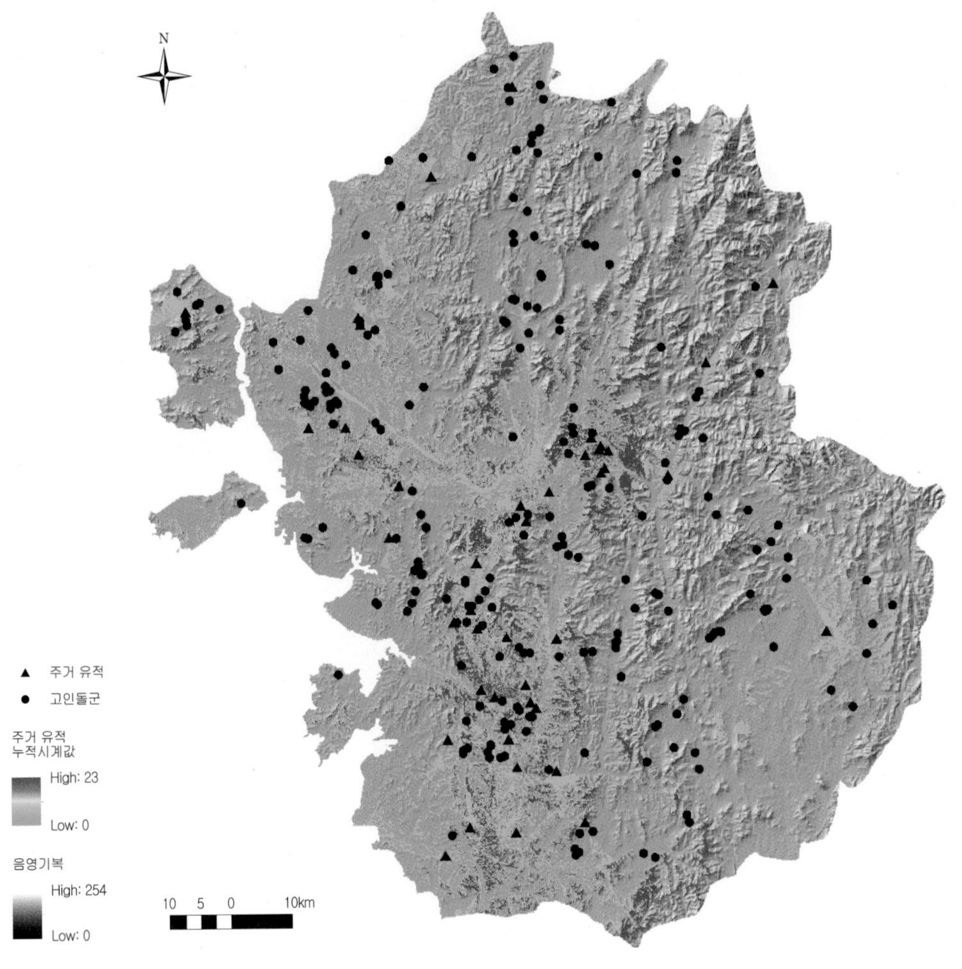

그림 5.6. 전체(45곳) 주거 유적들로부터의 누적 시계 분포도

마지막으로, 주거 유적들로부터 가장 눈에 띈 고인돌 유적으로는 유적지 128번 평택 양교리(5); 유적지 111번 화성 수기리(5); 유적지 131번 하남 교산동(4); 유적지 221번 서울 우면동(4); 유적지 95번 안양 평촌동(3); 유적지 51번 구리 사노동(3); 유적지 108번 수원 호매실동 (3); 유적지 97번 군포 산본동(3); 유적지 109번 수원 교동 (3) 등이 있었다. 비록 이들 고인돌 유적들은 고도 면에서 유사점이 없었지만, 고인

돌 유적들이 가지는 평균 가시권 범위보다 약간 더 넓은 가시권을 가지고 있었는데, 가시권 범위에 관한 사항은 이분 시계 분석에서 다루고자 한다.

이상의 누적 시계 분석 결과들에 따르면, 청동기시대로부터 중세, 근대에 걸쳐 현대에 이르기까지 어떠한 일련의 문화적 연속성이 유지되어 왔다고 보여진다. 즉, 많은 수의 고인돌 유적들로부터 가장 가시적인 위치에 입지한 북한산과 다수의 주거 유적들로부터 가장 가시적인 지점에 위치한 관악산이 역사상 중요한 지역들이었다는 점이다. 산들이 '단지' 환경적, 지형적(topographical) 요인에 불과할 수도 있고, 또한 시대적인 차이도 존재하겠지만, 사람들이 어떻게 경관을 인식하고, 개념화하고, 해석하느냐에 따라 자연환경적 요인들이 동시에 문화적 요인의로서의 의미도 함께 함축할 수 있었을 것으로 사료된다. 이처럼 연구 대상 지역의 고인돌 유적들과 주거 유적들의 누적 시계 분석 값들로부터 몇몇 의미있는 결과들을 확인할 수 있었지만, 이와 동시에 고려되어야 할 사항으로 영국과 같이 비교적 평탄한 지역인 경우에는 누적 시계 분석에서 고도가 중요한 지표가 될 수 있으나, 한반도와 같이 산지가 많은 지역(조화룡, 2000: 30; 김종욱 외, 2008: 21; 권동희, 2011: 82)의 경우에는 경관의 자연적인 지형(topography)이 누적 시계 분석의 결과 값에 많은 영향을 미친다는 사실이다. 그러므로 본 연구 대상 지역에서 주거 유적들과 고인돌 유적들 간의 보다 분명한 패턴을 살펴보기 위해서 다음의 이분 시계 분석(binary viewshed analysis)도 시행하였다.

이분 시계 분석 이 절에서는 선택된 45곳의 주거 유적들과 236곳의 고인돌 유적들의 이분 시계 분석을 시도하여 가시(可視) 범위에 해당되는 셀 및 불가시(不可視) 범위에 해당되는 셀의 숫자들을 확인하여 주거 유적들과 고인돌 유적들의 시계 범위를 비교하였다. 주거 유적들로부터의 가시범위에 해당되는 셀 수의 평균(average)은 12098.7±10054.5(표 5.8 및 그림 5.7)이고, 고인돌 유적들로부터의 평균 가시 셀 숫자는 4176.2±5060.6 (표 5.8 및 그림 5.8)이었다. 여기서 볼 수 있듯이, 주거 유적들

표 5.8. 주거 유적과 고인돌군으로부터의 평균, 표준편차, 중앙값, 사분위수 범위

가시 범위 (Viewshed)	주거 유적	고인돌군
평균 (Mean)	12098.7	4176.2
표준 편차 (Standard deviation)	10054.5	5060.6
중앙값 (Median)	9337.0	2552.0
사분위수 범위 (Interquartile range)	10822.0	4805.0

의 평균(mean) 시계는 고인돌 유적들의 평균 시계에 비해 3배 가량 더 넓다. 4곳의 주거 유적(주거 유적 2번 파주 다율리; 3번 파주 옥석리; 4번 파주 교하리; 76번 광명 가학동)이 발굴 당시 고인돌들 밑에서 발견되었기 때문에 주거 유적과 고인돌 유적들 사이에 분명한 구분이 있었다고 말하기는 어렵다. 그러나 현재까지 주거 유적 또는 고인돌 유적으로 각각 확인된 유적들의 수가 더 많으므로 두 유적 사이에 차이가 존재하였을 것으로 추정된다. 한반도 중서부 지역의 청동기시대인들이 그들의 주거 위치를 정할 때, 그들은 주위 경관이 잘 조망되는 입지를 선호했던 것으로 생각되며, 시계가 좋은 지역은 고인돌의 축조보다는 주거 유적의 입지로 우선시 되어졌던 것 같다.

주거 유적들의 시계 범위를 나타내는 이분 시계 분석 셀 숫자들의 빈도를 나타내

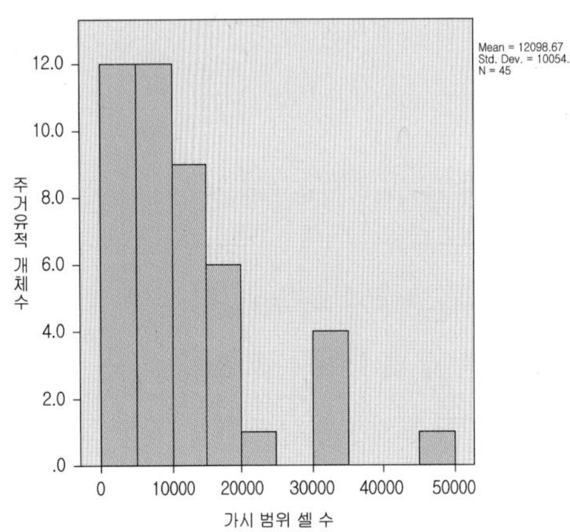

그림 5.7. 주거 유적들의 가시 범위(viewshed) 셀 수와 그 빈도

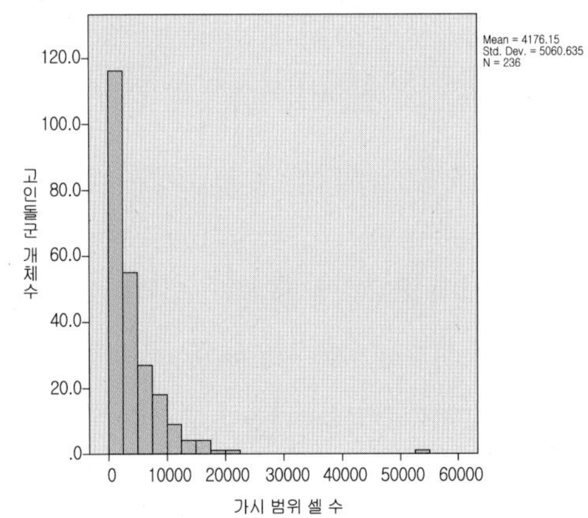

그림 5.8. 고인돌군으로부터의 가시 범위(viewshed) 셀 수와 그 빈도

표 5.9. 유적번호 25 서울 일원동 유적 관련 정보

유적 번호	유적명	시기	가시 범위 셀 수	고도	11×11지세도
25	서울 일원동	후기	47594	255	산능선

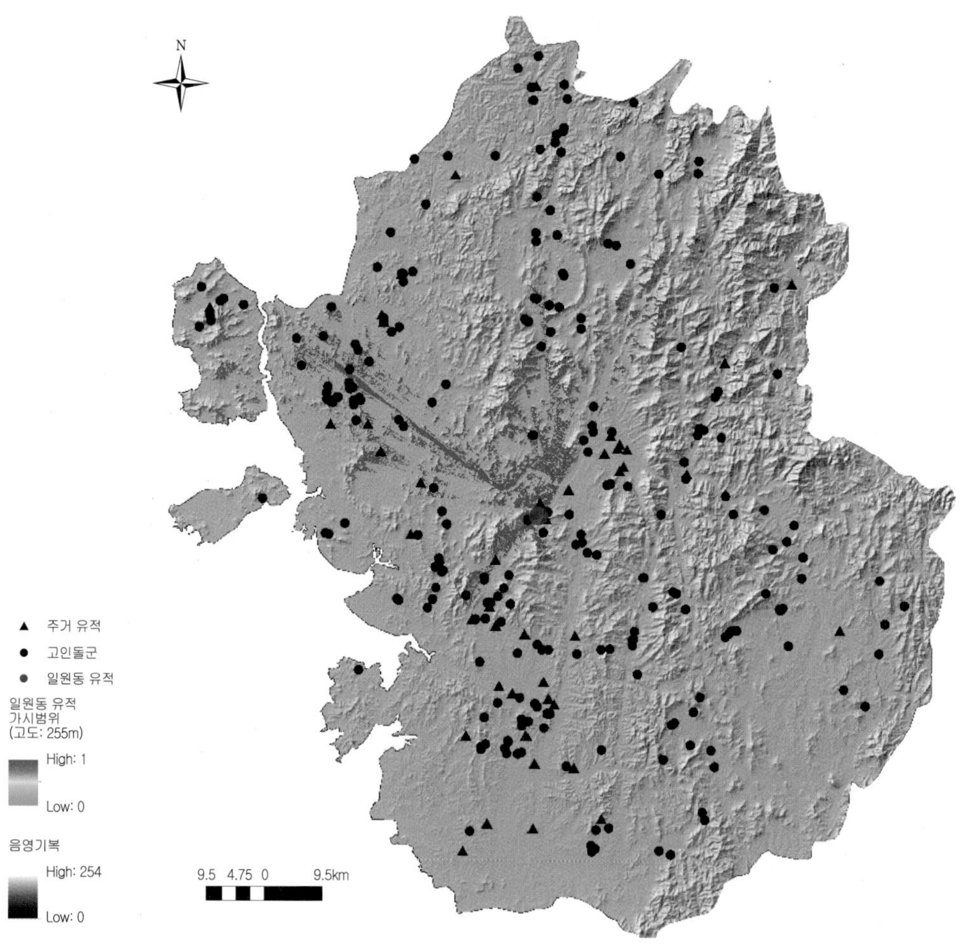

그림 5.9. 유적번호 25 서울 일원동 유적으로부터의 시계 범위(viewshed)

는 막대 그래프에 의하면(그림 5.7), 두 개의 예외적인 경우를 확인할 수 있는데, 첫 번째 범주는 주거 유적 25번 서울 일원동 유적(그림 5.9 참조)으로 주거 유적들 중 가시 범위가 가장 넓은 47594개의 가시범위 셀을 가지고 있다. 이 유적은 그림 5.9에서 보여지는 것처럼, 한강의 흐름을 그대로 확인할 수 있는 훌륭한 전망을 가지고 있는데, 마치 이러한 위치를 의도적으로 선택한 것처럼 보인다. 이곳 주거지의 평면 형태는 잔존 상태로 보아 말각방형이나 장방형이었을 것으로 추정되며, 원형 점토대 토기의 구연부편이 출토되었다. 주거지의 평면 형태와 토기편의 특징으로 보아 청동기시대 후기 유적으로 추정된다(최병식, 2008: 230~233; 최몽룡, 2008a: 62~65). 이 유적에 관해서는 제6장에서 다시 논의할 예정이다.

그림 5.7의 두 번째 범주에 해당되는 예외적 유적지들은 주거 유적 8번 부천 고강동(33469), 19번 평택 현곡리(31852), 68번 평택 방축리(31553), 76번 오산 가장동(30060) 등이다. 표 5.10을 보면, 주거 유적 19번 평택 현곡리를 제외하고, 나머지 3개 주거 유적의 편년은 청동기시대 중기 또는 중기에서 후기에 걸친 시기 범주에 해당된다. 이들 중, 주거 유적 8번 고강동 유적과 76번 가장동 유적은 모두 해발 110m(주거 유적 평균(average) 77m에 비해 115±5.7m) 이상에 위치해 있으며, 이들은 적석환구유구 또는 환호를 가지고 있었고, 19번 현곡리 유적과 68번 방축리 유적의 공통점은 두 유적 모두 안성천 부근에 위치해 있었다는 점이다.

한편, 최저 가시범위를 나타내는 유적은 주거 유적 1번인 연천 삼거리 유적이며, 가시 범위 셀 숫자는 667이다(다음으로 가장 낮은 숫자는 주거 유적 77번 광명 가학

표 5.10. 4곳의 예외적으로 넓은 시계 범위를 가진 유적들에 대한 정보

유적 번호	유적명	시기	가시 범위 셀 수	고도	11×11지세도	환호 유무	강가 對 내륙
8	부천 고강동	중기-후기	33469	119	산등성	○	내륙
19	평택 현곡리	전기-중기	31852	66	산등성	×	강가(안성천)
41	평택 방축리	중기	31553	55	산정상	×	강가(안성천)
44	오산 가장동	중기-후기	30060	111	산등성	○	내륙

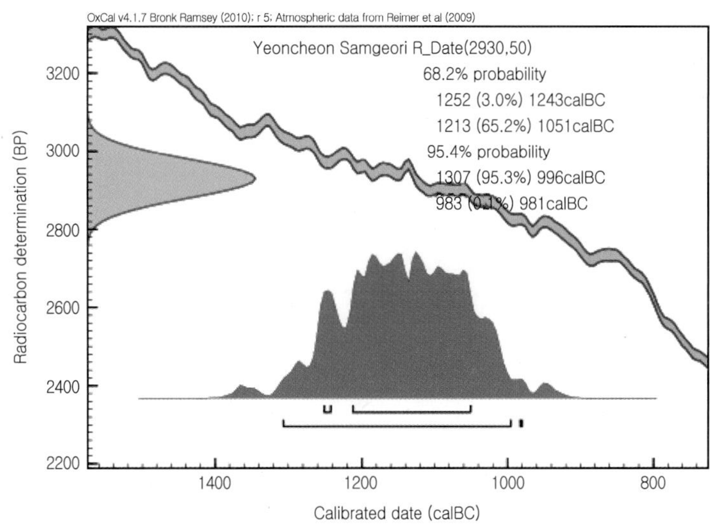

그림 5.10. 연천 삼거리 제9호 주거지로부터의 방사성탄소보정 연대 그래프[옥스칼(OxCal) 프로그램 4.0 버전 이용 필자 산출]

동의 1126이다). 발굴 보고서에 따르면, 6기의 신석기시대 주거지들이 3기의 청동기시대 주거지들 아래에서 발견되었으며, 9호 주거지의 방사성탄소연대는 서울대학교 AMS연구실에 의뢰하여 2930±50 BP[No lab no. 1307~996 BC(2 sigma), 그림 5.10]로 연대가 측정되었다(송만영 외, 2002: 160). 방사성탄소연대측정 결과에 기초하여 연천 삼거리 유적은 청동기시대 전기에 속하는 것으로 추정되며, 제4장에서의 분석 결과에 따르면 청동기시대 전기부터 중기까지의 시기에 해당된다. 아마도 청동기시대인들에게 있어 시간이 흐를수록 주거 유적의 입지 결정에 있어서 가시성(visibility) 확보가 보다 중요한 요소로 자리잡았을 것이라고 생각된다.

다음으로는, 고인돌 유적지들 중에 예외적으로 넓은 가시권을 가진 유적이 있는데, 평택 양교리 유적(그림 5.11 참조)이 그것이며, 이곳의 가시 범위는 54322개의 셀에 해당된다. 이 고인돌 유적지는 해발 107m(연구 대상 지역의 다른 고인돌 유적지들의 평균(average) 고도는 65.2±41.8m이다)에 위치해 있으며, 다른 연구 대상 지

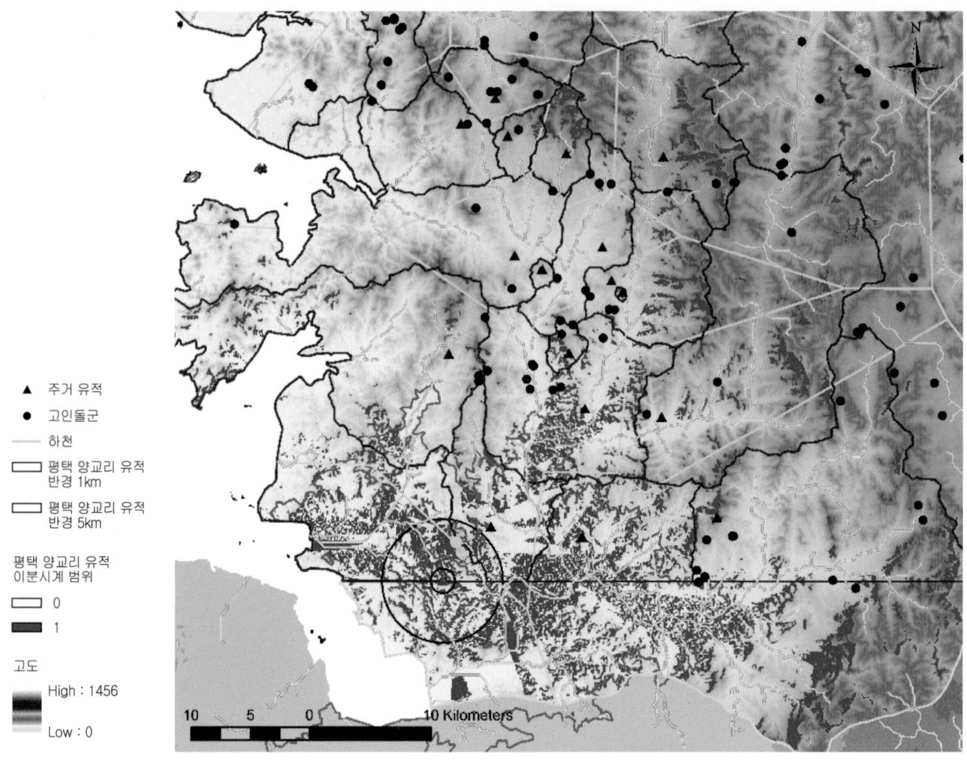

그림 5.11. 고인돌 유적 128번 평택 양교리 유적으로부터의 이분 시계 범위

역에 비해 다소 평탄한 지세를 가지고 있다. 이 고인돌 유적의 주변에 있는 주거 유적들[18번 평택 현화리(14412); 19번 평택 현곡리(31852); 68번 평택 방축리(31553, 그림 5.12 참조)]도 또한 상당히 넓은 시계를 가졌다.

한편, 앞에서 언급한 주거 유적의 평균 시계가 고인돌 유적지의 그것보다 3배 가량 더 넓은 이유를 알아보기 위하여 시계 범위와 주거 유적 및 고인돌 유적들의 고도와의 상관관계를 살펴보았는데, 이들 사이의 관계는 그림 5.13·5.14 및 5.15에서 확인할 수 있다. 시계의 범위와 주거 유적 고도(그림 5.13)의 상관관계분석 결과, 두 변수 사이에는 r^2=0.36(p값(유의확률값)=0.000014)이라는 뚜렷한 양적 선형관계가 존

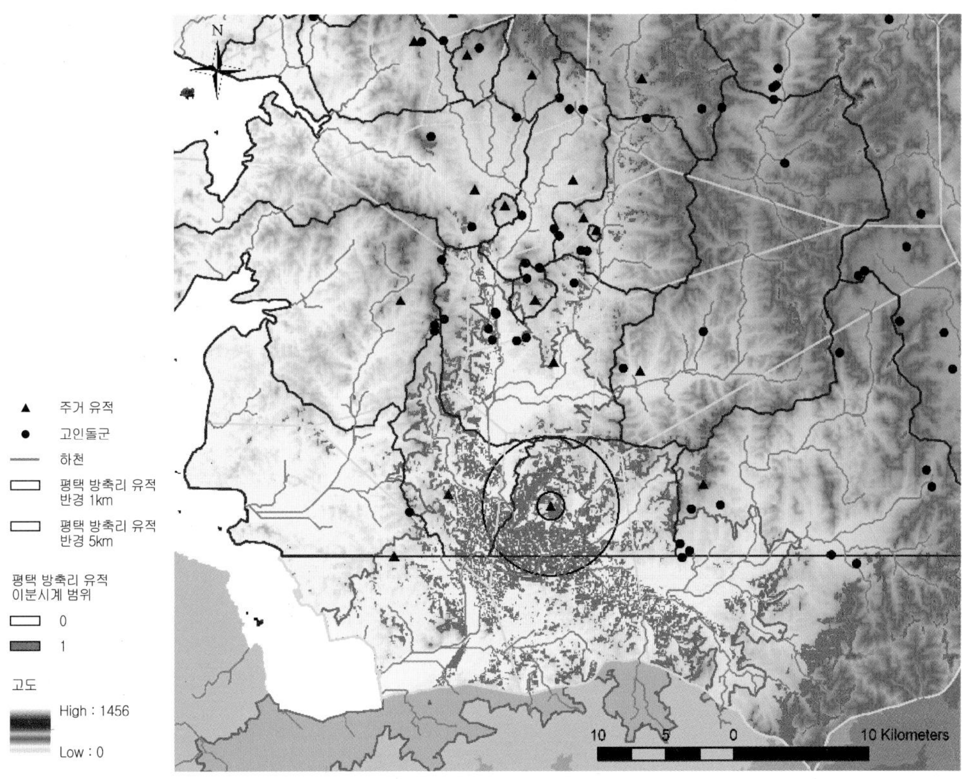

그림 5.12. 주거 유적 41번 평택 방축리 유적으로부터의 이분 시계 범위

재하였는데, 여기서 예외적 주거 유적(25번 서울 일원동 유적)을 특이치(outlier)로 제외시키면, 상관관계 분석치는 r^2=0.16(p값=0.00679, 그림 5.14)으로 다소 약한 양적 선형관계를 나타내었다. 한편, 시계범위와 고인돌 유적의 고도와는 거의 무시될 만한 선형관계가 도출되었다(r^2=0.0067, 그림 5.15).

시계(viewshed) 범위의 막대 그래프에서 잠깐 언급한 것처럼, 지세(landform) 분석의 결과를 함께 고려해 볼 때, 고도(elevation)는 고인돌 유적들의 입지 결정에서보다 주거 유적의 입지를 결정하는 데에 더 중요한 요인이었던 것 같다. 다시 말해, 청동기시대인들은 주거 유적 선정에 있어 아마도 방어 목적을 위하여 시야를 가리지

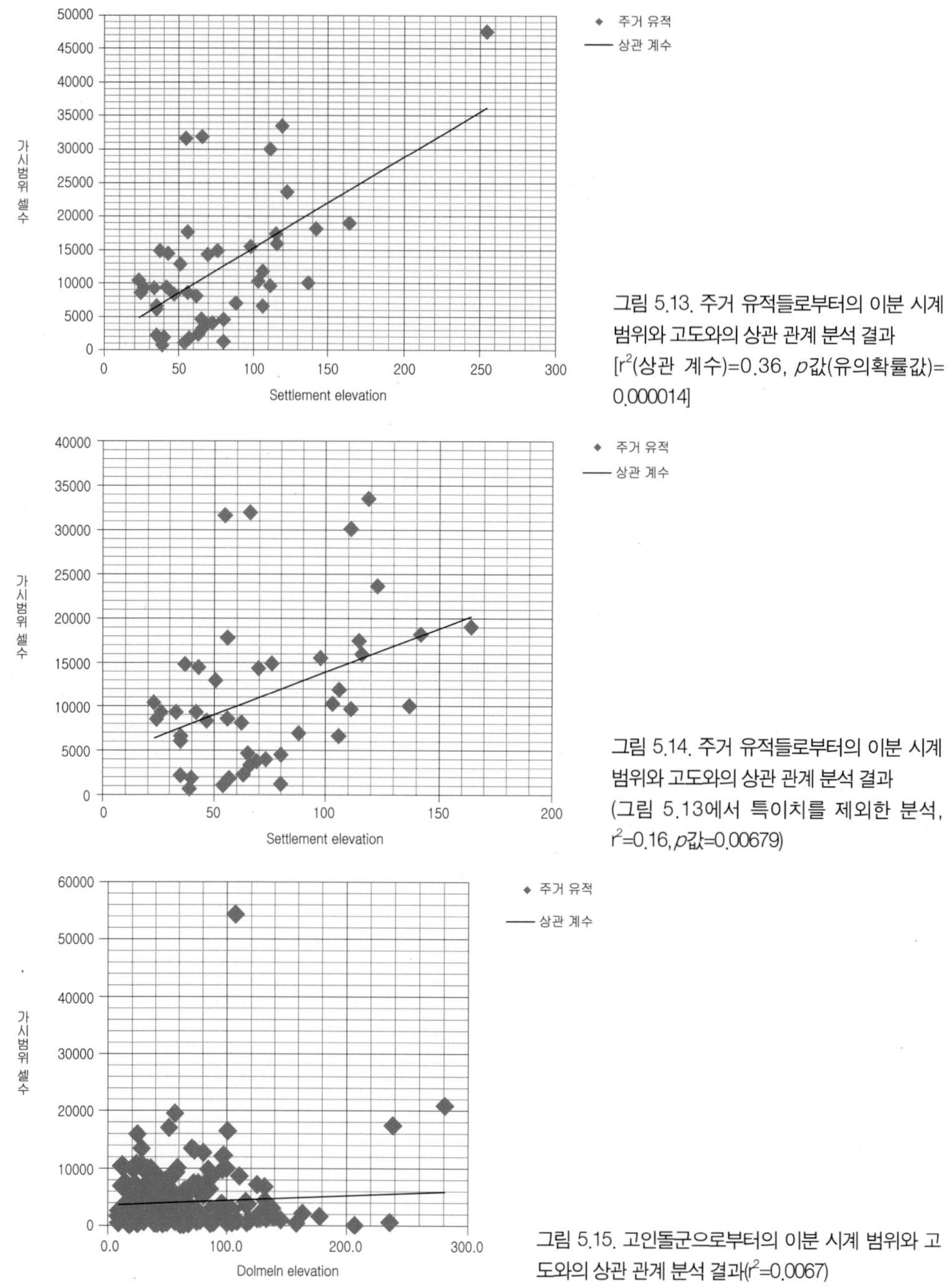

그림 5.13. 주거 유적들로부터의 이분 시계 범위와 고도와의 상관 관계 분석 결과 [r^2(상관 계수)=0.36, p값(유의확률값)=0.000014]

그림 5.14. 주거 유적들로부터의 이분 시계 범위와 고도와의 상관 관계 분석 결과 (그림 5.13에서 특이치를 제외한 분석, r^2=0.16, p값=0.00679)

그림 5.15. 고인돌군으로부터의 이분 시계 범위와 고도와의 상관 관계 분석 결과(r^2=0.0067)

않는 입지를 더 선호하였던 것으로 추정된다. 앞으로 청동기시대의 집단 간 갈등, 대립이나 충돌 등에 관한 연구들이 심도있게 진행되어져야 알 수 있겠지만, 고인돌 안에서 발견된 부러진 돌 화살촉이나 마제 석검 등의 고고학적 자료들 [고인돌에서 발견된 마제 혹은 청동 단검 및 화살촉(국립중앙박물관·국립광주박물관, 1992: 10~23); 화재에 의해 파괴된 주거지들(김재원·윤무병, 1967: 39; 배기동·강병학, 2000: 74, 109; 이남규 외, 2006: 65~66; 장경호 외, 2004: 32; 서울대학교 박물관·서울대학교 고고학과, 1976: 10; 박경식·서영일 외, 2007: 58, 98)]에 기초해 볼 때, 집단 내 혹은 집단 간에 갈등이 존재했을 가능성이 추정된다(이영문, 2002: 280). 즉, 당시 사람들은 주거 유적은 산등성이의 입지를, 고인돌 유적의 입지로는 산의 끝자락에서 평지가 시작되는 경계에 해당되는 공간을 선호했던 것으로 보인다. 이들 결과는 이동 분석 결과를 고려한 마지막 해석부분에서 다시 논의될 것이다.

한편, 주거 유적들 중, 5개의 유적지들(8번 부천 고강동; 14번 화성 동학산; 15번 수원 율전동; 72번 안성 반제리; 76번 오산 가장동)에서는 환호 유적 또는 적석환구 유구가 확인되었다. 환호 유적에 대한 해석은 의견이 분분한데, 8번 부천 고강동 및 72번 안성 반제리 유적의 경우에는 환호 안에서 주거지가 발견되지 않았다. 주거지 대신, 이들 두 환호는 공통적으로 산 정상부를 에워쌌는데, 8번 고강동 유적의 환구유구는 해발 91.6m의 정상부에 위치해 있으며, 유구의 중심에 남북 6m, 동서 6m 규모의 방형 적석유구가 자리하고 있었다. 72번 안성 반제리의 경우는 해발 94~95m 지점에 위치한 환호가 매봉산의 상당부를 원형의 머리띠 모양으로 둘러싸고 있었고, 환호가 위치한 정상부 평탄면의 북서쪽에 치우쳐 자연 암반이 자리하고 있었다(이승엽, 2007: 100~107). 그러므로, 이들 환호 또는 환구 유적은 방어용 구조물이라기보다는 의례 또는 제의와 관련된 기능을 담당했던 것으로 추정된다(상동: 100~124). 한편, 환호가 있는 유적과 환호가 없는 유적들 간의 고도의 차이가 존재하는지에 대해서도 살펴보고자 하는데, 그 이유는 환호 유적들이 의례가 목적이든 방어가 목적이든 다소 높은 지대를 선호했을 가능성이 있기 때문이다. 이 두 그룹들은 정규분포

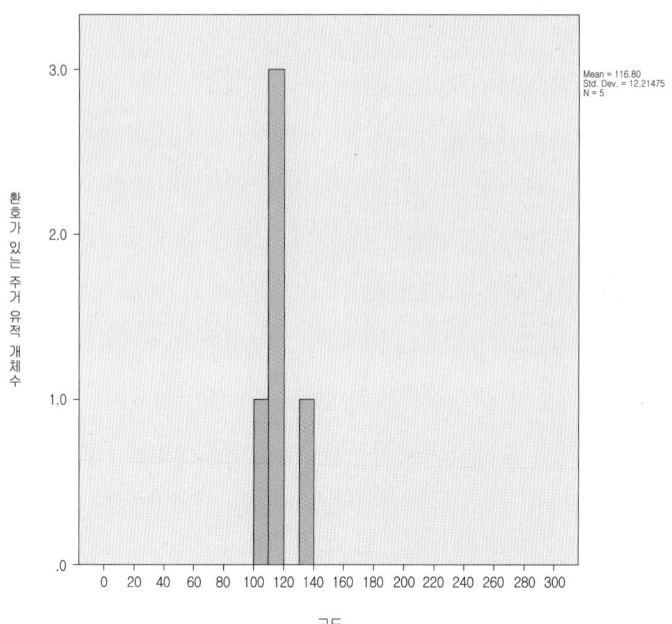

그림 5.16. 환호가 있는 주거 유적들의 고도에 따른 빈도

(normal distributions)를 보이기 때문에, t 검정을 통해 두 그룹의 평균이 서로 다른지 여부를 확인하였다[환호 유적 고도(그림 5.16 참조): 평균(Mean)=116.8±12.2m (중간값(Median): 111±8(IQR: interquartile range, 사분위수 범위)m], 개수(n)=5; 비환호 유적 고도(그림 5.17 참조): 평균(Mean)=71.70±43.34(중간값(Median): 63±40.5(IQR)m), n=40). t 검정 결과, 3.45E−05의 p값(유의확률값)을 구할 수 있었는데, 이 값이 유의 수준 0.05보다 작으므로, 환호 유적과 비환호 유적 간에 고도의 차이가 있다는 분석 결과가 도출되었다. 그런데, 비환호 유적들 중에서도 높은 고도에 위치한 예외(outlier)적인 유적이 존재하였는데, 바로 앞에서 언급한 바 있는 서울 일원동 유적으로, 이 유적에 관해서는 제6장에서 다시 논의하도록 하겠다.

이와 더불어, 고도 100m 이상의 환호 유적 및 비환호 유적들 간에 가시권 범위에 차이가 있는지에 대해서도 의문이 생겼다. 방해받지 않는 시야를 확보하기 위하여, 환호 유적들이 의도적으로 그들의 위치를 선택하였는지를 확인하기 위해, 다음의 분

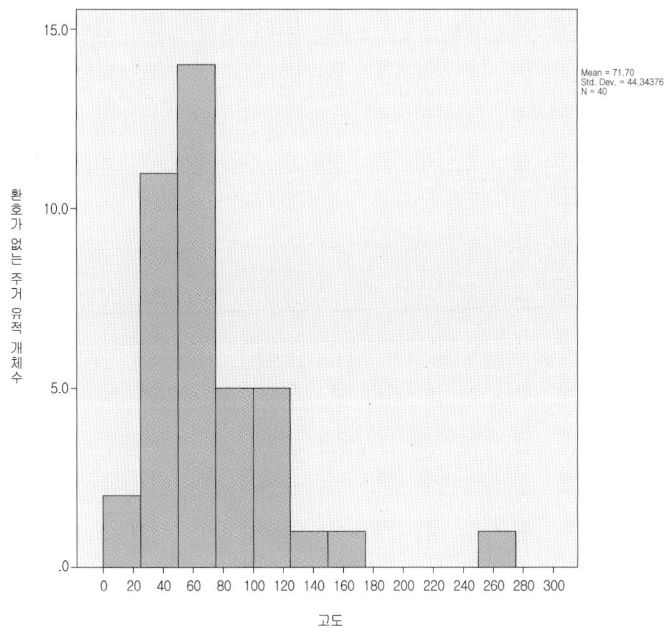

그림 5.17. 환호가 없는 주거 유적들의 고도에 따른 빈도

석을 수행하였고, 결과는 다음과 같다(환호 유적 시계 범위(그림 5.18 참조): 평균(mean)=19007±11735(중간값(Median): 11812±20016(IQR)m), 개수(n)=5; 비환호 유적: 평균(mean)=19814±12391(중간값(Median): 17748.5±5617.5(IQR)m), n=8, 비환호 유적지들은 주거 유적 12번 화성 고금산; 16번 수원 이목동; 21번 용인 죽전; 25번 서울 일원동; 28번 여주 흔암리; 48번 하남 덕풍동 제의 유적지; 54번 의왕 이동; 75번 파주 식현리 등이다).

고도 100m 이상의 환호 유적 및 비환호 유적들 간에 시계(viewshed) 범위의 분포가 정규분포 패턴을 보이지 않기 때문에 t 검정 대신에 비모수 만 위트니 유(Mann-Whitney U) 검정을 수행하였고, 그 결과 유의확률값(p값)이 0.77로 유의 수준 0.05보다 크므로, 해발 고도 100m 이상의 환호 유적과 비환호 유적들 간의 시계 범위에는 차이가 발견되지 않았다. 하지만 고도 100m 이상의 환호 유적과 비환호 유적들 간에는 주거지 수에서 차이가 나타난다(환호 유적: 평균(Mean)=10±8(중간값(Me-

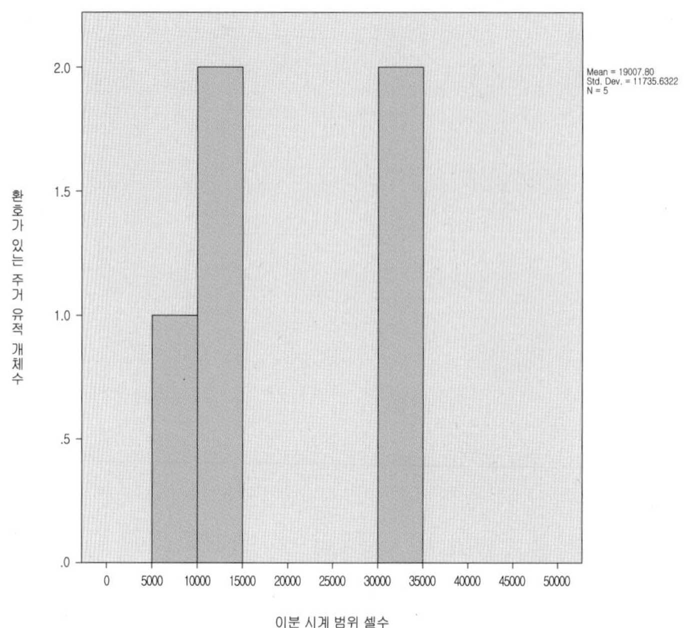

그림 5.18. 환호가 있는 주거 유적들의 이분 시계 범위에 따른 빈도

dian): 9±13(IQR)), 개수(n)=5; 비환호 유적: 평균(Mean)=5±5.5(중간값(Median): 2±6(IQR)), n=8). 대체로, 환호 유적들은 비환호 유적들보다 더 많은 수의 주거지를 가지는 경향이 있었다. 그런데, 환호 유적들 중에서 위에서 언급한 바와 같이, 주거 유적 8번 부천 고강동의 경우는 방형의 적석유구(6m×6m)가 확인되고, 72번 안성 반제리의 경우는 환호 안쪽의 북서쪽에 치우친 자연암반(약 4.1m×3.2m)이 발견되었기 때문에 다른 환호 유적들과는 상이한 기능들을 가졌던 것으로 추정된다(이상엽, 2007: 100~107, 112). 흥미롭게도, 한 곳의 제의 유적(ritual site)이 100m 이상 고도 범주의 비환호 유적들 사이에 포함되어 있었다. 주거 유적 48번 하남 덕풍골 유적에는, 8번 부천 고강동유적 및 72번 안성 반제리 유적과 유사하게, 덕풍골 산능선의 북쪽 정상부(해발 113m)에 위치해 있고, 자연암반 위에 커다란 바위 몇 개가 서로 맞대어 있거나 겹쳐 있는 상태이며, 이 바위들 주변으로 크고 작은 바위들이 흩어져 있었다. 세 유적의 공통점으로는 돌 구조물을 들 수 있으며, 이들 구조물들은 제

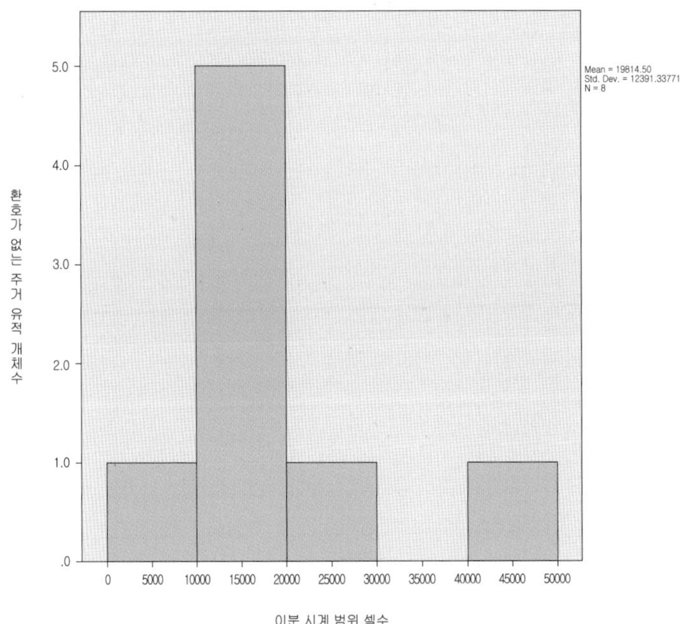

그림 5.19. 환호가 없는 주거 유적들의 이분 시계 범위에 따른 빈도

의(ritual ceremonies)를 위해 혹은 그 자체가 숭배의 대상(objects of worship)으로서 기능하기에 충분했던 것으로 보인다(최정필 외, 2007: 37~40, 82~84; 최병식, 2007: 225~227). 확인된 5곳의 환호 유적지들로부터 유추된 이들의 잠정적 시기구분을 살펴보면, 1곳의 유적지(주거 유적 14번 화성 동학산)가 청동기시대 전기에서 중기까지로 분류되었고, 4곳의 유적지들(주거 유적 8번 부천 고강동; 15번. 수원 율전동; 72번 안성 반제리; 76번 오산 가장동)은 청동기시대 중기에서 후기로 분류되었다. 이와 더불어, 8곳의 비환호 유적지들 중, 3곳의 유적지들(주거 유적 16번 수원 이목동; 48번 하남 덕풍동 제의 유적지(ritual site); 75번 파주 식현리)는 청동기시대 중기로 분류되었으며, 1곳의 유적지(주거 유적 25번 서울 일원동)는 청동기시대 후기에 포함되었다. 하지만, 나머지 4곳(54번 의왕 이동: 청동기시대 전기~중기, 12번 화성 고금산, 21번 용인 죽전, 28번 여주 흔암리: 청동기시대 전기~후기)의 유적들은 장기간의 사용 흔적이 확인되었는데, 아직 확정적으로 말하기에는 이르지만, 대

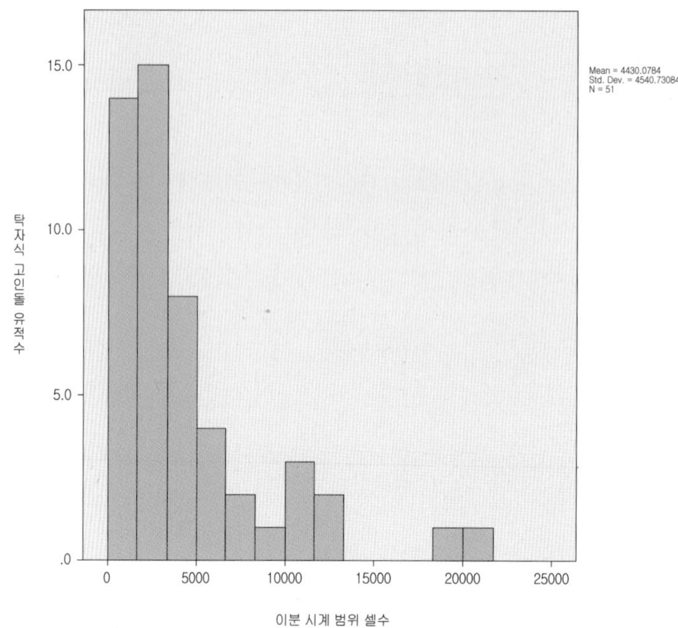

그림 5.20. 탁자식 고인돌 유적의 이분 시계 범위에 따른 빈도

체로 청동기시대인들은 중기 이후에 고도 100m 이상의 위치에 입지하는 주거 유적을 선호하는 경향이 있었던 것으로 추정되며, 이에 대해서는 제6장에서 다시 논의하고자 한다.

한편, 본 연구의 결과를 이전 연구자들의 연구결과와 비교하기 위하여 탁자식 고인돌과 개석식 고인돌 유적들 간의 시계 범위에 차이가 있었는지를 검토해 보았다. 기존 연구에 의하면, 탁자식(북방식) 고인돌은 대체로 한강 이북 지역에 분포되는 경향이 있었고, 개석식 고인돌은 한반도 전역에서 두루 발견되고 있으며, 바둑판식(남방식) 고인돌은 주로 한강 이남의 지역에 분포되어 있는 것으로 보았다(최몽룡, 1999: 10~12). 본 연구의 주된 목적이 고인돌들과 경관과의 관계를 규명하는 것이기 때문에, 여기서 고인돌 형식의 기원을 다루기에는 무리가 있고, 또한 연구 지역에는 바둑판식 고인돌의 예가 2곳밖에 없기 때문에, 여기서는 탁자식 유형과 개석식 유형 고인돌들의 시계 범위만을 비교하고자 한다.

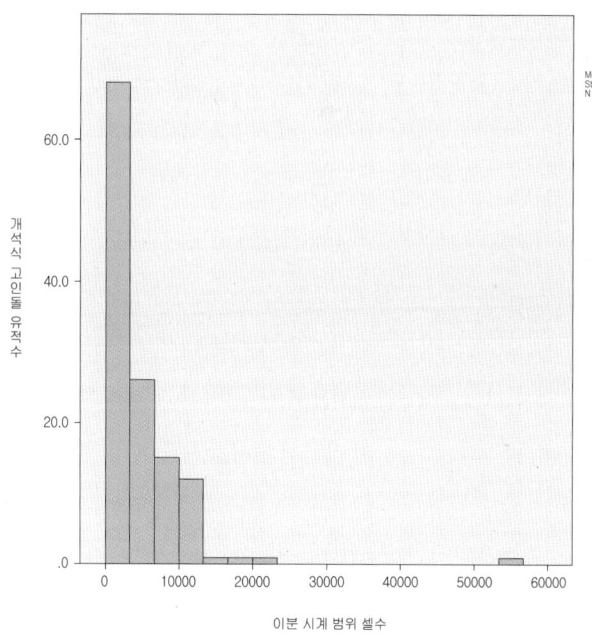

그림 5.21. 개석식 고인돌 유적의 이분 시계 범위에 따른 빈도

우선, 탁자식 고인돌과 개석식 고인돌의 입지에서 바라다보이는 시계(視界) 범위에 차이가 있었는가에 대해 살펴보았다(236곳의 고인돌 유적지 중 25곳의 유적지는 2개 유형의 고인돌이 모두 분포되어 있었다). 여기서는 자료가 중복되는 것을 피하기 위하여 개별 고인돌 단위가 아닌 고인돌 유적지 단위를 활용하였다. 그림 5.20과 5.21에서 볼 수 있듯이, 두 시계 범위를 나타내는 막대그래프가 정규분포를 보이지 않기 때문에 평균(Mean) 대신에 중앙값(Median)과 사분위수 범위(IQR: interquartile range)를 구하였다. 51곳의 탁자식 고인돌 유적의 가시범위 셀 중앙값(Median)은 2947±5285(IQR)이고, 125곳의 개석식 고인돌 유적의 가시범위 셀 중앙값은 2552±4805(IQR)이다. 정규분포를 보이지 않는 두 집단

표 5.11. 탁자식 고인돌과 개석식 고인돌의 이분 시계 범위

이분 시계 범위 (Viewshed)	탁자식	개석식
평균 (Mean)	4430.0	4845.4
표준 편차 (Standard deviation)	4540.7	6038.5
중앙값 (Median)	2947.0	2552.0
사분위수 범위 (Interquartile range)	5285.0	4805.0

간의 중앙값의 차이를 알아보기 위해서 만 위트니 유(Mann–Whitney U) 검정을 시도하여 유의확률값(p값) 0.89가 도출되었는데, 이 값이 유의수준 0.05보다 크므로 탁자식 고인돌 유적과 개석식 고인돌 유적들 간의 가시범위에는 차이가 없는 것으로 나타났다.

다음으로, 탁자식 고인돌 유적과 개석식 고인돌 유적들의 고도(elevation)에 차이가 있었는지에 대해 살펴보기 위하여 두 유적들의 고도(elevation)를 비교하였다. 그림 5.22와 5.23에서 볼 수 있듯이, 두 유적들의 분포 역시 정규분포를 보이지 않아서 평균값 대신에 중앙값을 구하였다. 51곳의 탁자식 고인돌 유적들의 고도에 관한 중앙값(Median)은 60 ±56.8(IQR)m였고, 125곳의 개석식

표 5.12. 탁자식 고인돌과 개석식 고인돌 유적들의 고도

고도(elevation)	탁자식	개석식
평균 (Mean)	67.5	62.4
표준편차 (Standard deviation)	50.0	41.1
중앙값 (Median)	60.0	56.0
사분위수 범위 (Interquartile range)	56.8	40.0

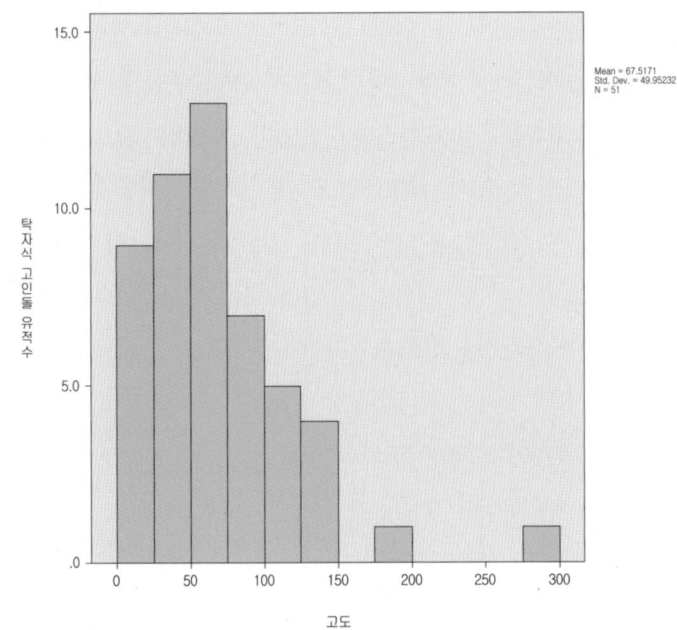

그림 5.22. 탁자식 고인돌 유적의 고도에 따른 빈도

고인돌 유적들의 고도 중앙값은 56±40(IQR)m였다(표 5.12, 그림 5.22 및 5.23 참조). 마찬가지로, 정규분포를 보이지 않는 두 집단 간의 중앙값의 차이를 비교하기 위해 만 위트니 유(Mann-Whitney U) 검정을 시도하여 유의확률값(p값) 0.71이 나와, 두 유형의 고인돌 유적지 사이에 고도의 차이가 나타나지 않음을 알 수 있었다.

그렇다면, 두 유형의 고인돌 유적들 간의 지역적 분포 패턴에는 차이가 나타나는가? 그림 5.24 및 5.25에 의하면, 탁자식 고인돌 유적들은 연구 대상 지역을 북쪽에서 남쪽으로 4등분했을 경우에 3/4의 영역에 해당하는 지역까지 분포되어 있었고, 개석식 고인돌 유적들은 연구 대상 지역 거의 전체에 걸쳐 분포되어 있었다.

이와 같이, 탁자식 고인돌 유적들과 개석식 고인돌 유적들 사이에 시계 범위나 고도 면에서 분명한 차이가 나타난다고 보기 어려웠고, 단지 분포 면에서 약간의 차이, 즉 탁자식 고인돌 유적들이 개석식 고인돌 유적들보다 연구 지역의 북쪽에 치우쳐 분포되어 있다는 차이를 보일 뿐이었는데, 이 점은 이전 연구자들도 지적했던

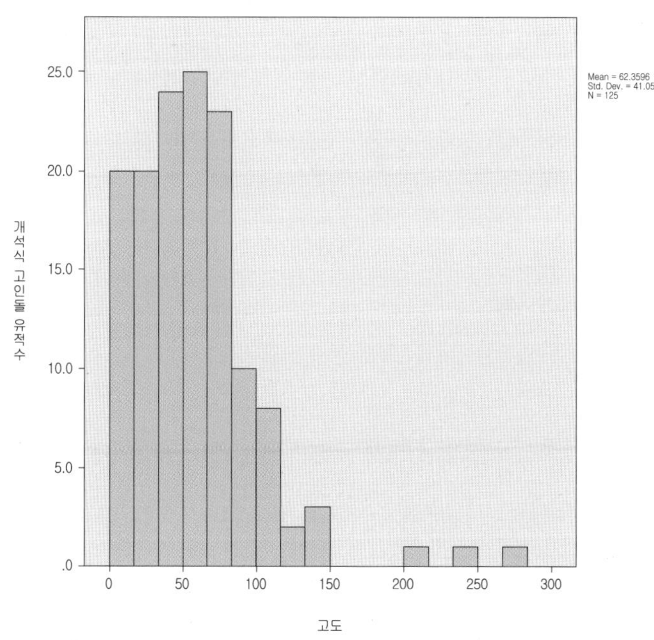

그림 5.23. 개석식 고인돌 유적의 고도에 따른 빈도

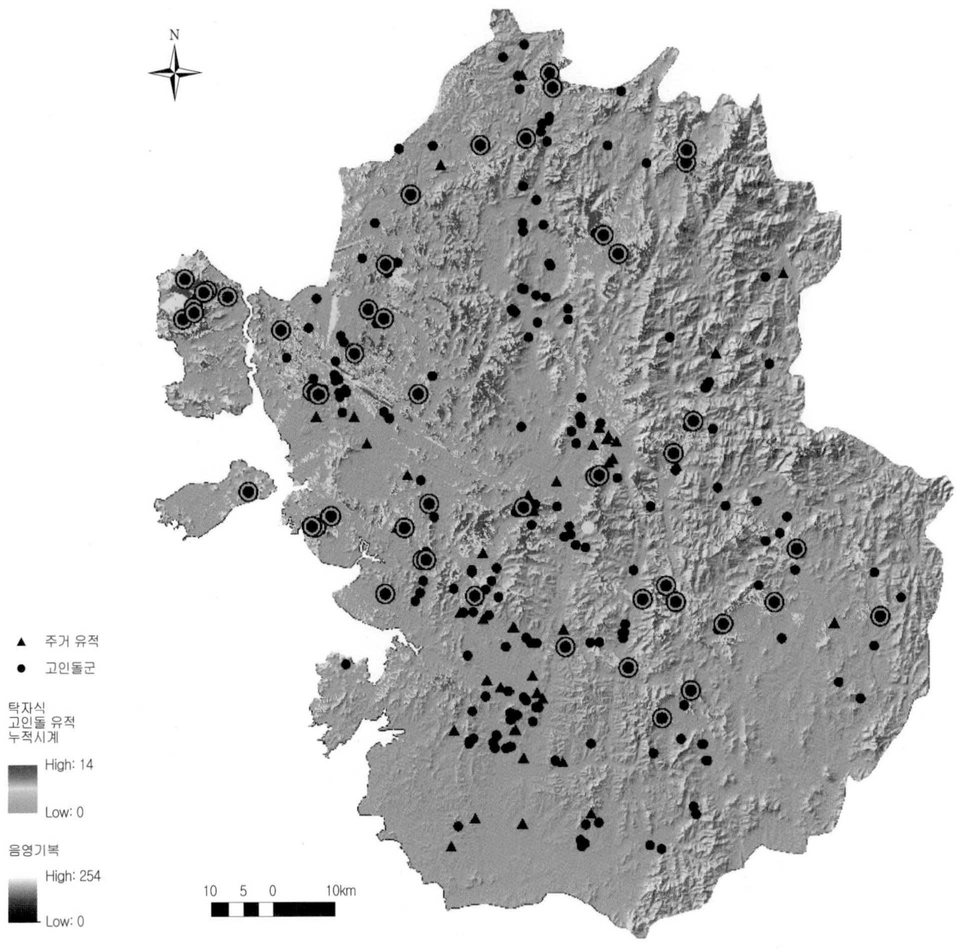

그림 5.24. 탁자식 고인돌 유적지들의 분포와 누적 시계도(◉)

사항이다.

지금까지 살펴본 바와 같이, 이분 시계 분석 결과에 따르면, 주거 유적과 고인돌 유적들 간의 입지에 차이가 나타났다. 주거 유적의 평균(mean) 시계는 고인돌 유적들의 평균 시계에 비해 대략 3배 정도 더 넓었고, 주거 유적과 고인돌 유적들의 시계와 고도 간의 관계는 주거 유적의 경우, 둘 사이에 긍정적인(positive) 상관관계가 나

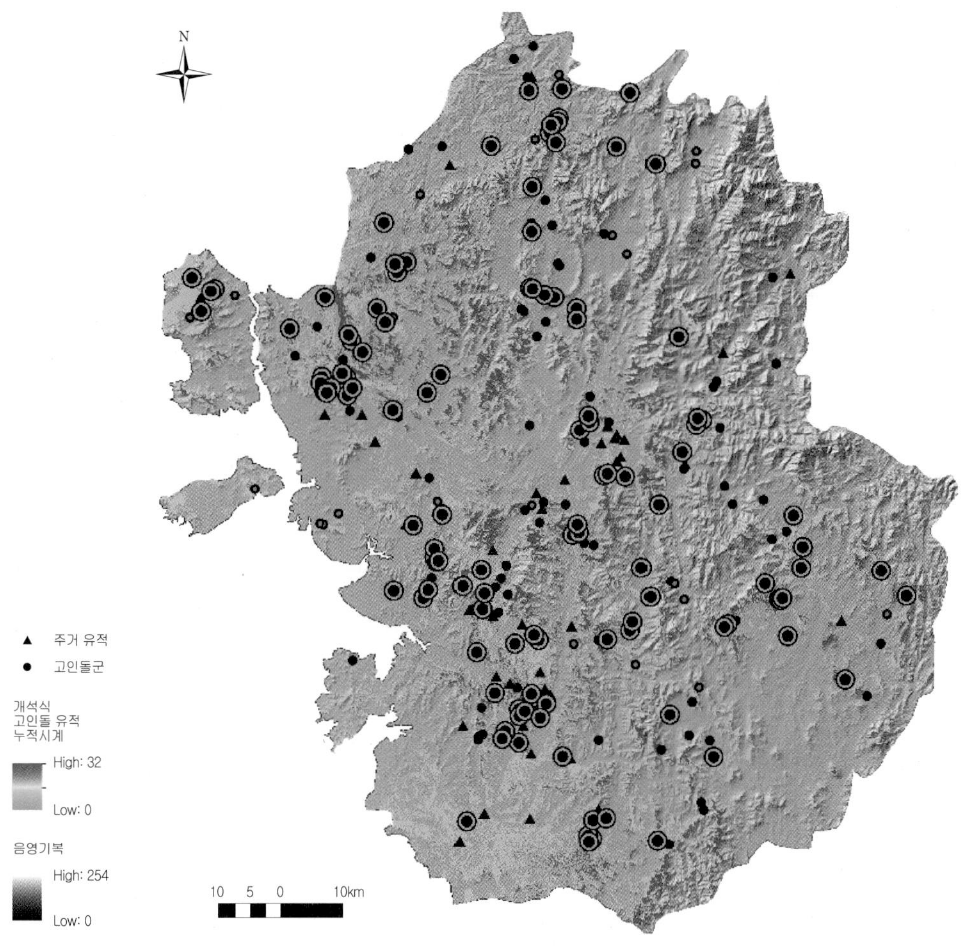

그림 5.25. 개석식 고인돌 유적지들의 분포와 누적 시계도(◉)

타났으나, 고인돌 유적들의 경우는 둘 간의 상관관계가 거의 나타나지 않았다. 다시 말해, 청동기시대인들은 주거지 선정 시 아마도 방어 목적을 위하여 시야를 가리지 않는 입지를 더 선호했던 것으로 추정된다. 고인돌 유적지의 입지로는 산의 끝자락에서 평지가 시작되는 경계에 해당되는 공간, 즉, 농경지와 인접한 지역을 선호했던 것으로 보인다. 한편, 누적 시계(Cumulative viewshed) 분석 결과들에서 주목할 만한 사항은 많은 수의 고인돌 유적들로부터 바라다보이는 곳이 북한산이었고, 다수의 주거 유적들로부터 조망되는 지점은 관악산이었는데, 이 두 지역들은 이후 한국 역사에 있어서도 중요한 입지(location)가 되었다. 어떠한 입지가 선택되고 결정될 때는 상징적 의미가 함께 부여되었는데, 예를 들면, 한국의 역대 왕조들은 번영을 누리고 불운을 피하기 위해서 여러 조건에 부합되는 특정 유형의 장소를 신중히 선택하였다(최창조, 1992: 60~61; 1993). 그러므로 역사상 도읍이나 왕궁이 존재했었던 지역은 그 시대에 그곳을 특별히 상서로운 장소로 여겼다고 볼 수 있을 것이다. 누적 시계 분석 결과와 다음 절의 이동 분석 결과는 우리가 익히 들어온 풍수(風水)의 개념을 연상시켰는데, 이에 대해서는 제6장에서 다시 논의하고자 한다.

3. 이동 범위 분석

1) 목적

이 절에서는 이동 범위에 대한 분석을 하고자 한다. 이동 범위 분석의 목적은 인간의 움직임이 경관에서의 생활 공간과 매장지의 입지를 선택할 때 어떠한 영향을 미치는지에 대한 것을 알아보는 것과 그것을 어떻게 문화적 요소로 해석할 수 있는지에 대한 것이다. 이 질문에 대한 답을 구하기 위해, 우선 각 유적을 중심으로 자원 획득 범위(유적 자원 경계, site catchment boundaries)를 구하였는데, 지리정보시스템(GIS)에서 비용 표면 분석(cost surface analysis; CSA)을 활용하였다. 비록 경사지(slope)의 존재가 인간의 동선(動線)을 결정하는 데에 있어서 유일한 요인은 아니지만, 사람들이 한 장소에서 다른 장소로 이동할 때 경사지에 대한 고려는 중요한 요소가 될 수 있다(Lock and Bell, 2000: 91~92; Lock and Pouncett, 2010). 그 이유는 경사지에서 이동할 때 평지에서 보다 더 많은 에너지가 소요되기 때문이다. 그러므로 인간 이동의 보다 현실적인 패턴을 찾기 위하여 각 유적지로부터 에너지 소비에 기초한 유적 자원 경계(site catchment boundaries)를 구하였다. 그런 후에 1㎞와

5㎞ 유클리드 반경 내의 고인돌 유적의 수와 에너지 소비에 근거를 둔 조정된 1㎞와 5㎞의 유적 자원 획득영역 내의 고인돌 유적의 수를 추출하였다(표 5.13).

표 5.13. 이동 범위 분석을 위하여 활용한 두 가지 경계

	유클리드 반경(Euclidean distance)	비용 거리(Cost distance)
각 주거 유적	각 주거 유적 중심으로부터 1㎞와 5㎞ 반경	1㎞와 5㎞ 반경에 상응하는 에너지 소비에 기초한 유적 자원 경계

2) 방법론

각 주거 유적을 중심으로 에너지 소비에 근거를 두고 조정된 1㎞와 5㎞의 유적 자원 획득영역 경계는 지리정보시스템(GIS)에서 지형(topography)과 상대 비용(relative cost)을 고려하여 구해지는데, 이 경계는 각 유적지를 중심으로 반경 1㎞와 5㎞의 유클리드 거리(보통 직선이라고 말하는 두 점 사이의 거리)에 의한 경계와 비교가 될 것이다.

이동 범위 분석을 위해서 1㎞와 5㎞를 선택한 이유는, 우선, 1㎞ 반경은 치스홈(Chisholm, 1966: 45~49)이 언급한 농경생업경제(agricultural subsistence economy)에 있어서 농경 활동으로 보상을 받을 수 있는 범위('reward limitation')를 따라 선택하였다. 5㎞ 반경은 비타-핀치와 힉스(Vita-Finzi & Higgs, 1970: 16)가 농경의 초기 형태가 이루어졌다고 여겨지는 레반트(Levant) 해안 유적지들을 조사한 후 그들의 저서에서 반경 5㎞의 원을 집약 농경에 의한 생계 경제의 한계선(economic threshold)으로 기술한 것, 이영문의 전남지방 고인돌 연구에서 소밀집지를 해안 또는 계곡분지나 저평한 구릉지 내에서 산과 인접된 분지 등에 직경 5㎞ 내외의 일정한 범위 안에 고인돌이 밀집되어 있는 경우로 규정한 예(이영문, 2002: 308), 마지막으로 경기도 지역 한성 백제시대 토성 배치에 있어서도 대체로 5㎞ 내외의 간격을 고려하여 배치된 것(최몽룡, 1993: 259) 등 기존 연구들의 활동 범위 규정들에 근거하여 1㎞와 5㎞의 반경을 이동 범위 분석의 기준으로 설정하게 되었다.

에너지 소비에 기초한 조정된 1㎞와 5㎞의 유적 자원 획득영역 경계를 구하기 위해서는 우선 비용 표면(cost surface)을 구해야 한다. 비용 래스터(cost raster: 비용이 계산된 정사각형 격자의 셀 단위)는 경사지(slope)와 토지 이용(land-use) 등의 기준에 따라 구해지는데, 서로 다른 기준들을 비교하기는 어렵기 때문에 각각의 기준은 서열 척도(ordinal scale)로 재분류되어야 하고 여기서의 비용(Cost)은 한 목적지로부터 다른 목표 지점으로 이동하는 데 소요된 에너지를 말한다(Lock and Bell, 2000: 86). 비용은 두 지점 사이의 거리와 상대 비용에 기초한 계산법(알고리즘)에 의해 결정되는데, 여기서 활용된 상대 비용(relative cost)은 아래에 제시된 록(Lock)과 벨(Bell)(*Ibid*: 88~89)의 계산법을 따랐다.

$$\text{상대 비용(relative cost)} = \frac{\tan(\text{경사지})}{\tan(1^\circ)}$$

다음으로, 각 주거 유적을 기준으로 에너지 소모를 고려한 1㎞와 5㎞의 자원 획득영역을 구하기 위해, 비용 거리(cost distance) 프로그램과 경로 거리(path distance) 프로그램을 이용하여 각각 산출을 시도해 보았다. 비용 거리 혹은 경로 거리 툴(tool)들은 목적지와 대상 지점 사이의 실제 거리를 계산하는 것이 아니라 목적지에서 다른 목표 지점에 이르기까지 소요된 에너지가 계산된 최소 가중 거리(the least weighted distance)를 말한다(ArcGIS 10 Help, 2011c). 비용 거리(cost distance) 산출 프로그램(tool)과 경로 거리(path distance) 산출 프로그램(tool)의 차이는, 후자가 최소 가중 거리뿐만 아니라 길 상태와 경사도, 바람의 속도와 방향 등 다른 요소들도 함께 고려한다는 것이다(Pouncett, 2009: 13;ArcGIS 10 Help, 2011d). 그림 5.26에서 볼 수 있듯이, 비용 거리 분석(cost distance analysis)으로 얻어진 유적 자원(획득영역) 경계(검은 색 선으로 표시)와 경로 거리 분석(path distance analysis)에 의한 유적 자원(획득영역) 경계(회색 선으로 표시) 두 선들 사이에 약간의 간격(gaps)이 나타

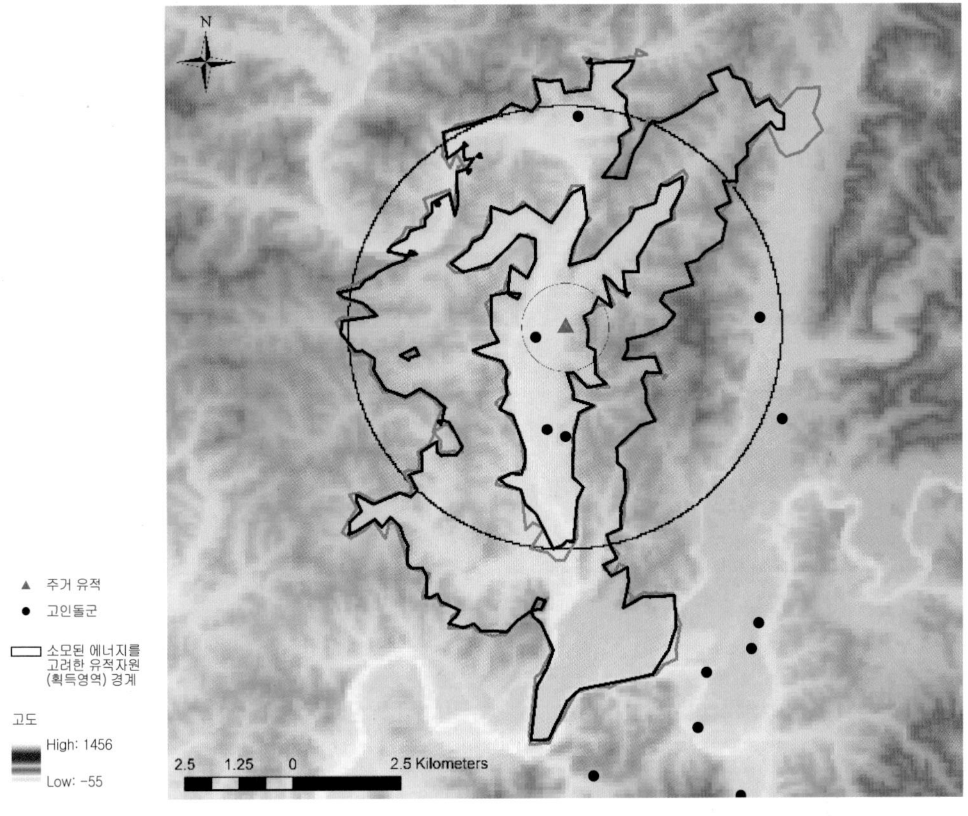

그림 5.26. 주거 유적 1번 연천 삼거리 유적의 비용 거리(cost distance, 검은색 선)와 경로 거리(path distance, 회색 선)에 기반한 유적 자원 획득영역 경계도(site catchment boundaries)

났지만, 서로 크게 차이가 나지는 않아서, 비용 거리 유적 자원(획득영역) 경계를 이동 범위 분석의 경계로 활용하였다. 조정된 5㎞ 유적 자원(획득영역) 경계는 단순히 지리적 특징과 같은 환경적 요인들에 의해 결정된 것처럼 보이나 여기서 산출된 경계 범위가 문화적으로 형성된 이상적인 입지에 대한 발상들과 얼마나 밀접하게 관련되어 있는지를 알게 된다면 아마도 놀라게 될 것이다. 결과에 따르면(다음 절 참조), 이런 결과는 이른바 "환경(environment)"이라는 일반적 개념의 틀(conceptual framework)에서 기인했다기보다는 당시 사람들이 살았던 땅(land)에 대해 경험적

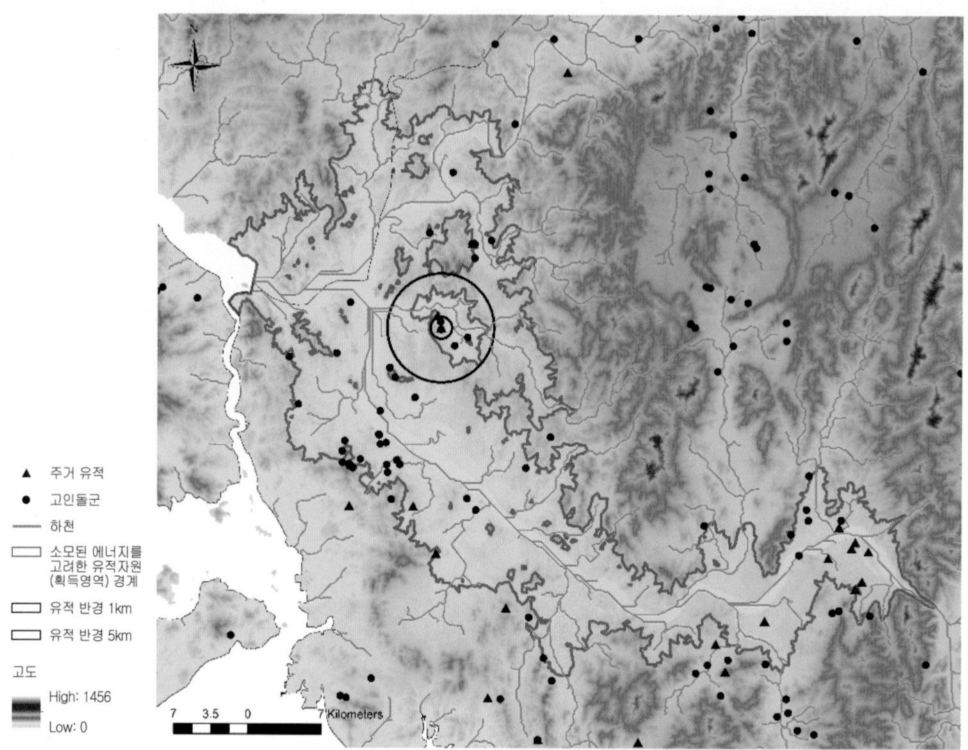

그림 5.27. 주거 유적 2번 파주 다율리 유적의 유적 자원 경계도

으로 얻어진 토착적 지식(the localized knowledge)에서 기인한 것으로 생각된다 (Bourdieu, 1990: 53~55; Gosden, 1994: 117; 1999: 489). 환경적으로 결정된 경관이 문화적으로 해석된 경관과 얼마나 뒤얽혀 있는지에 대해서는 제6장에서 다시 논의될 것이다.

3) 결과

유적 자원 경계 주거 유적과 고인돌 유적들 사이의 관계를 조사하기 위해, 우선 45곳의 주거 유적들로부터 1㎞와 5㎞ 유틀리드 반경 범위(각 주거 유적을 중심으로

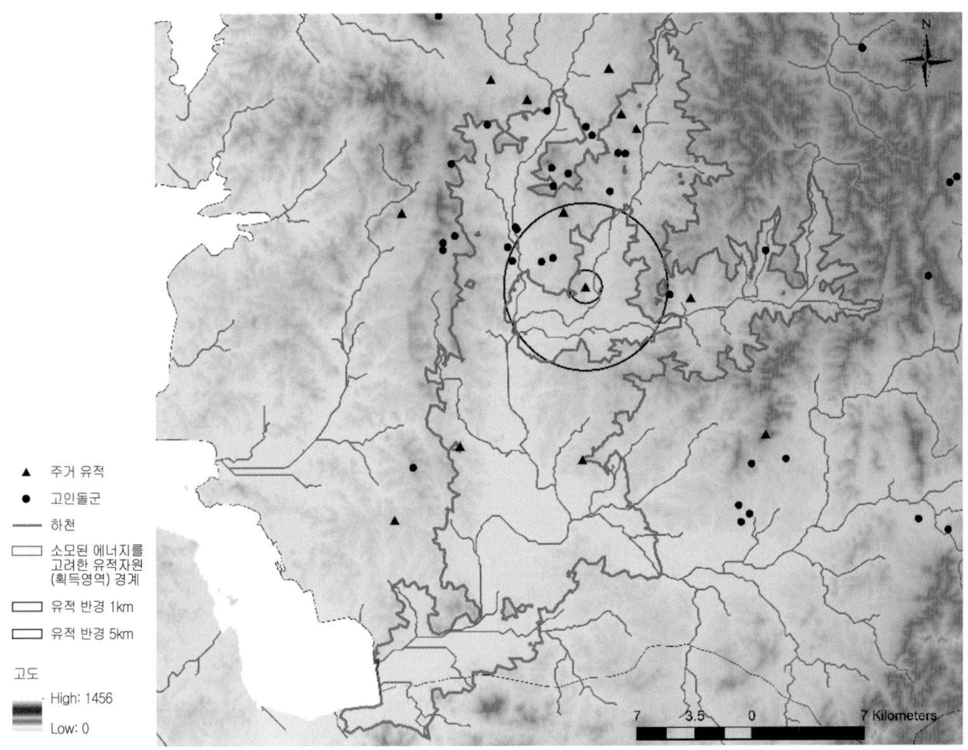

그림 5.28. 주거 유적 17번 평택 지제동 유적의 유적 자원 경계도

검정색으로 표시된 원들; 그림 5.27~5.31 참조)와 이동에 소모된 에너지를 고려하여 구해진 1㎞와 5㎞ 조정 유적 자원(획득영역) 경계(각 주거 유적을 중심으로 붉은 색으로 표시된 불규칙한 선들; 그림 5.29~5.31 참조)들을 구하였다.

그림 5.27 및 5.28에서 볼 수 있듯이, 한강(그림 5.27)이나 안성천(그림 5.28)과 같은 주요 하천에 가깝게 위치한 주거 유적들은 강을 통한 이동이 가능하기 때문에 내륙에 위치한 주거 유적들(그림 5.29, 5.30, 5.31 참조)보다 훨씬 광범위한 에너지 소비가 고려된 5㎞ 유적 자원(획득영역) 경계를 가진다. 그러므로 너무 넓은 경계 범위로 인해 중첩되는 자료들이 발생되지 않도록 주요 하천에 가깝게 위치한 주거 유적들의 경우에는 5㎞ 유클리드 반경 범위를 활용하였다. 즉, 이들 분석에 주거 유적의

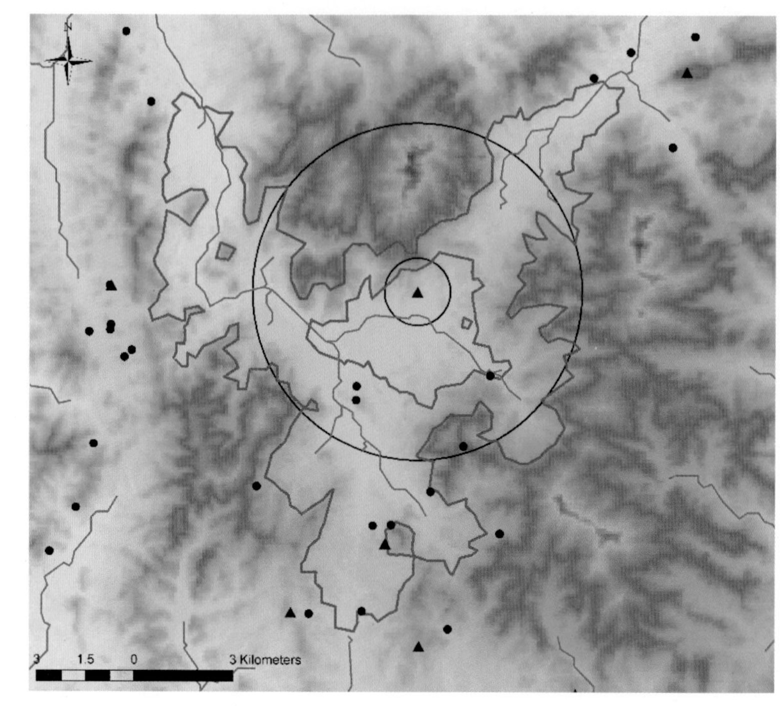

그림 5.29. 주거 유적 11번 안양 관양동 유적의 유적 자원 경계도

위치에 따라 다른 기준을 적용하였다. 그 이유는, 언급한 바와 같이 주요 하천에 가깝게 위치한 주거 유적들의 조정된 5km 유적 자원(획득영역)이 상당히 중첩되어 있고, 따라서 어떤 고인돌 유적지가 어떤 주거 유적의 유적 자원 영역에 속했는지를 지정하는 것이 쉽지 않기 때문이다. 제3장에서 시도된 주거 유적들의 시기구분(periodization)(표 3.8 참조)에 따라, 내륙에 위치한 주거 유적의 경우는 조정된 5km 유적 자원 영역 내에서 고인돌 유적들의 정보를 추출하였고, 주요 하천에 가깝게 위치한 주거 유적의 경우는 주거 유적으로부터 5km 유클리드 반경 범위 내의 고인돌 유적들의 자료를 확인하였다. 한편, 고인돌 유적들의 장기적 변화 양상을 살펴보기 위하여서는 표 3.8에서 청동기시대 '전기', '중기', '후기'의 범주에만 해당되는 주거 유적들과 관련된 고인돌 유적들의 정보를 추출하였으며, 이들의 장기적 변화는 제6장에서 논

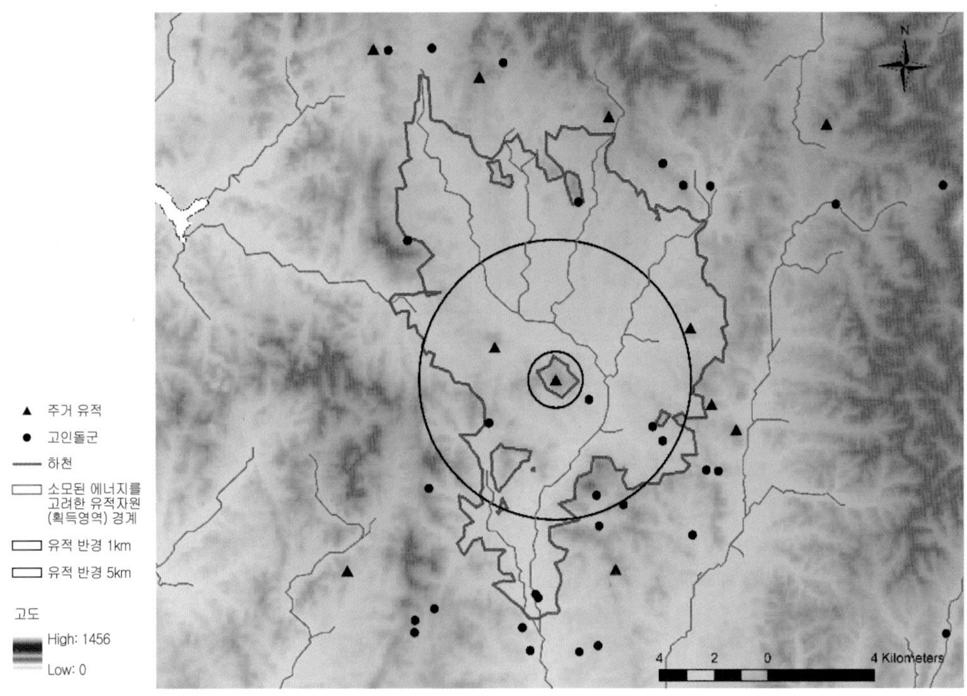

그림 5.30. 주거 유적 12번 화성 고금동 유적의 유적 자원 경계도

의하고자 한다. 이러한 방법은 매우 실험적이기는 하지만, 연대를 추정할 수 있는 근거가 부족한 고인돌 유적들의 편년적 정보를 추론할 수 있는 방법이라 사료되어 시도해 보게 되었다.

내륙에 위치한 주거 유적들 중심의 조정된 5㎞ 유적 자원(획득영역) 지도(site catchment map)들에는(그림 5.29~5.31) 유사한 패턴이 분명하게 나타났다. 즉, 이들의 조정된 5㎞ 유적 자원 획득영역들은 대체로 산으로 둘러 싸여 있었고, 그 둘러싸인 지역 내에 지류를 포함하고 있었다. 45곳의 분석된 주거 유석들 중 경기도 지역 주요 3대 강에 가깝게 위치한 3분의 1의 주거 유적들(14개)을 제외한 3분의 2에 해당되는 주거 유적(31개)들이 유사한 배치상태(configuration)를 보여주었다. 2개 혹은 3개의 주거 유적들의 경계가 중첩이 되는 경우에는 해석상의 문제가 있기는 하다.

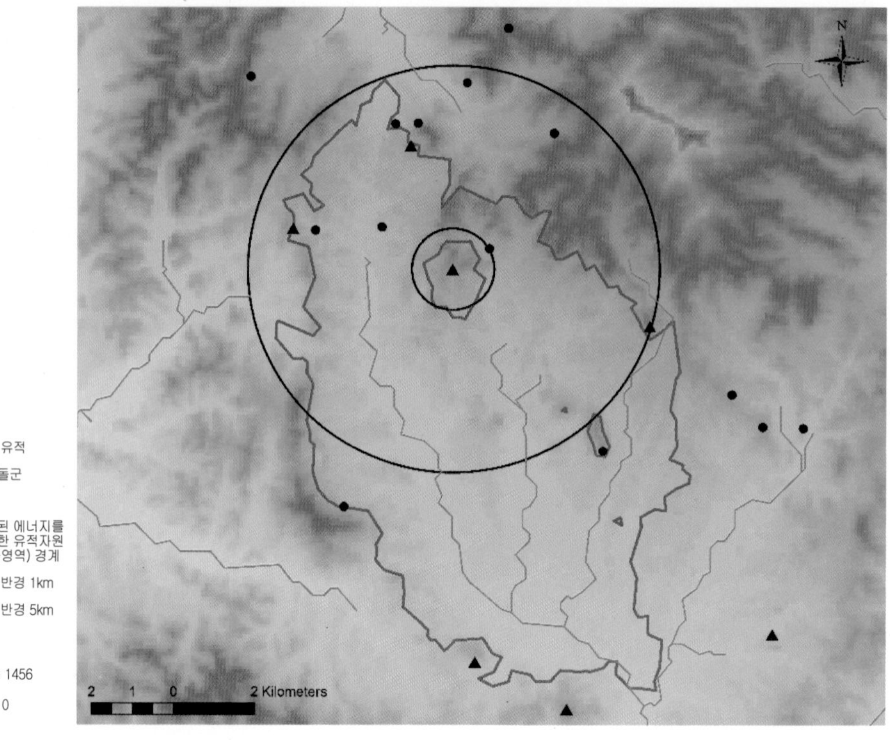

그림 5.31. 주거 유적 15번 수원 율전동 유적의 유적 자원 경계도

그러나 지형학적 입지(topographic location) 측면에서의 이러한 위치설정(positioning)은 이후에 등장하는 풍수(風水) 개념에서 정의되는 상서로운 위치, 즉, 풍수에서 말하는 명당(明堂)의 개념을 연상시켰는데(최창조, 1992), 이에 대해서는 제6장에서 다루고자 한다.

한편, 고인돌 유적들은 이 주거 유적들(31개 중 29개, 즉 94%)의 에너지 소모가 고려된 5㎞ 유적 자원(획득영역) 경계선과 그 이내에서 발견되는데(그림 5.32 참조), 이들 주거 유적들의 평균(average) 고인돌 유적 수는 6(±5.3)이며 중앙값은 5(±6.5)로 본 연구 대상인 236곳의 고인돌 유적들 중 80%에 해당되는 185곳의 고인돌 유적들이 이 에너지 소비가 고려된 5㎞ 유적 자원(획득영역) 경계 내에서 확인된다. 분명, 주

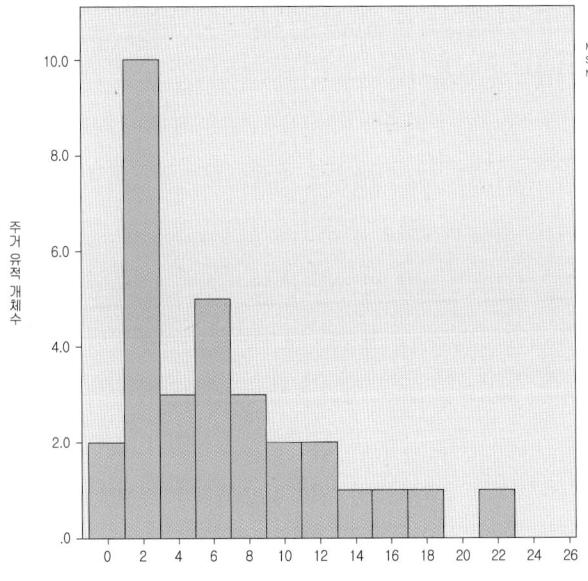

그림 5.32. 각 주거 유적에서 에너지 소모가 고려된 유적 자원 경계 내의 고인돌 유적의 빈도

거 유적과 고인돌 유적들은 그들이 축조된 경관 내에서 상호 연관되어 있었을 것으로 추정되는데, 서로 인접한 주거 유적들의 경우 발생될 수 있는 유적 자원 경계의 중복 등은 앞으로 해결되어야 할 과제이다.

4. 지향(Orientation) 분석

1) 목적

주거 유적과 고인돌 유적들이 입지한 지역의 지형적 특성을 청동기시대인들이 어떻게 인식하였는가를 확인하기 위해, 이들 유적들의 지향(orientation)을 조사하였다. 그 이유는 능선(ridgeline)과 하천의 흐름 등이 자연적으로 형성되어 있다고 하더라도 이들의 방향을 고려하여 주거지나 고인돌의 축조를 결정하는 것은 인간의 인식(perceptions)과 밀접하게 연관되어 있기 때문이다. 그러므로 주거지와 고인돌들의 장축의 지향은 문화적 요인으로 볼 수도 있을 것이다. 한편, 유적들의 지향을 조사하는 또 다른 이유는 기존 연구들에 주거지와 고인돌들이 능선이나 하천의 흐름 방향과 나란히 축조되었다고 언급된 연구 결과들이 있었기 때문이다(김병모, 1981; 지건길, 1987). 또한, 신석기시대부터 주검을 매장할 때 두향(頭向)은 해가 떠오르는 동쪽을 향하게 하였다(Lee *et al*., 1984:7)고 추정하였는데, 시체의 머리를 동쪽으로 둔 것은 해가 뜨는 방향과 햇빛이 뜨겁게 비쳐주는 방향이 다시 생명을 부활시킨다는 사고가 반영된 듯하다(최창조, 1992: 170). 마지막으로, 본 연구 지역 고인돌들의 지향을 유럽의 거석 기념물들의 지향과 비교해 보는 것도 흥미로운 일일 듯한데, 후자는 천문 관측의 방향과 관련되는 경향이 있었다. 예를 들면, 스톤헨지(Stonehenge)의 내부 구조 축은 하지(夏至, 한여름)의 일출 방향을 향하고 있었고(McClintock, 2006), 뉴그레인지(Newgrange)의 연도분(羨道墳, passage tomb)은 동지(冬至)날 석실 안으로 햇빛이 들어오도록 축조되었으며(Stout and Stout, 2008), 콧츠월드-세븐(Cotswold-Seven)의 장형분(長形墳)들의 약 36%(나침반 상으로 동쪽이 포함된 것들을 모두 합하면 그 수치는 85.5%에 이름)는 동쪽을 지향하고 있었다(Darvill, 2004: 98 Fig. 37).

2) 방법론

주거지와 고인돌들이 등고선과 평행하게 축조되었는지를 확인하기 위해, 45곳의 주거 유적에서 발굴된 314기의 주거지들 중 보고서(제4장 참조)에서 장축 방향의 확인이 가능한 147기와 219곳의 고인돌 유적군에서 확인된 706기의 개별 고인돌 중 역시 보고서(경기도박물관, 2007; 우장문, 2006; 최정필 외, 2005)에서 장축방향을 확인할 수 있는 375기의 고인돌의 지향이 이 분석의 기초를 이루었다. 45곳의 주거 유적과 219곳의 고인돌 유적들이 위치한 경사의 방향성 분석 결과 또한 지향 분석에 활용되었다. 한편, 주거지의 입구와 매장(burial)의 머리 방향을 확인하기가 어렵기 때문에, 주거지와 고인돌들의 장축 방향이 이 분석에서 활용되었는데, 두 유적들의 장축 방향과 이들이 축조된 지형의 경사면의 방향을 두 변수로 하여 각각의 빈도를 표시하는 교차분석표를 만들어 교차분석(Cross tabulation)을 실시하였고, 두 변수 간에 관련 여부를 알아보기 위한 통계적 유의성 검증방법으로는 카이제곱 검정을 이용하였고, SPSS v.18을 활용하여 실행하였다.

3) 결과

연구 대상 지역의 청동기시대 주거지와 고인돌들의 장축 방향은 유적이 위치한 경사면의 방향, 등고선 등 주위의 자연환경을 따르는 경향이 있었다(주거지: 표 5.14, 카이검정 결과: 표 5.15; 고인돌: 표 5.16, 카이제곱 검정 결과: 표 5.17).

표 5.15 및 5.17에서 볼 수 있듯이, 카이제곱 검정의 유의확률값(*p*값)은 각각 0.000과 0.003이 나와, 주거지와 고인돌들의 장축 방향들이 유적들이 위치한 경사면의 방향(aspect) 등 경관의 자연적 지형(topography)과의 관계에 있어서 유의미한 것으로 나타났다. 다시 말해, 이들 결과는 본 연구 지역의 고인돌 및 주거지의 축조가 지형적인(topographical) 특징에 의해 영향을 받았다는 다른 연구자들의 연구 결과를 뒷받침한다고 할 수 있을 것이다. 그러나 이 결과들을 유럽 지역의 거석 기념물들의 지향과 비교하기에는 어려움이 있었는데, 그 이유는 유럽에서는 거석 기념물과 주거지의 입구, 또는 매장 유구의 머리 방향을 천문학적 측정을 함께 고려하는 데(Darvill, 2004: 98~99) 비해, 여기서의 분석은 주거지와 고인돌들의 장축 방향에 기초하여 연구가 이루어졌기 때문이다.

앞에서도 언급한 바와 같이, 한반도는 약 70%가 산지로 구성되어 있기 때문에(제2장 지형 부분 참조), 주거지와 고인돌들의 축조 시에 있어 한여름의 일출이나 겨울 동지의 일출 방향과 같은 뚜렷한 천문학적 현상의 방향을 따르는 것이 가능하지 않았을 수 있고, 그보다는 경관의 자연적 지형을 고려한 것으로 추정된다. 즉, 한국 청동기시대인들에게는 자신들이 거주하는 경관에 대한 인식이 그들의 문화적 사고의 틀을 형성하는 데에 결정적인 영향을 미쳤을 것이라고 판단된다. 다시 말해, 그들은 자연으로부터 그들 자신을 구분했다기보다는 그들을 환경, 혹은 생태계의 일부라고

표 5.14. 314기의 주거지 장축 방향과 경사 방향(aspect)의 교차표

		경사 방향 (Aspect)								총계
		E	N	NE	NW	S	SE	SW	W	
주거지의 장축 방향 (Orientation)	Unidentified	8	25	69	13	12	10	26	4	167
	E–W	7	12	2	3	2	9	4	3	42
	NE–SW	0	1	1	4	2	4	3	0	15
	NW–SE	0	1	2	6	12	4	6	0	31
	S–N	1	25	8	4	4	11	4	2	59
총계		16	64	82	30	32	38	43	9	314

표 5.15. 주거지 장축 방향과 경사 방향(aspect)의 관계에 대한 카이제곱검정 결과

	값 (Value)	자유도 (df)	양방향 검정 유의도 (Asymp. Sig. (2–sided))
피어슨 카이제곱검정 결과 (Pearson Chi–Square)	129.350a	28	0.000
우도비 (Likelihood Ratio)	121.557	28	0.000
적합한 사례의 수 (N of Valid Cases)	314.000	.	.

표 5.16. 706기의 고인돌 장축 방향과 경사 방향(aspect)의 교차표

		경사 방향 (Aspect)									총계
		E	F	N	NE	NW	S	SE	SW	W	
고인돌의 장축 방향 (Orientation)	Unidentified	47	2	21	30	42	88	34	23	44	331
	E–W	22	0	9	13	24	19	13	7	15	122
	NE–SW	9	0	7	8	7	12	7	14	5	69
	NW–SE	16	0	2	5	12	7	12	6	5	65
	S–N	12	0	16	15	16	19	19	13	9	119
총계		106	2	55	71	101	145	85	63	78	706

표 5.17. 고인돌 장축 방향과 경사 방향(aspect)의 관계에 대한 카이제곱검정 결과

	값 (Value)	자유도 (df)	양방향 검정 유의도 (Asymp. Sig. (2–sided))
피어슨 카이제곱검정 결과 (Pearson Chi–Square)	58.648a	32	0.003
우도비 (Likelihood Ratio)	56.327	32	0.005
적합한 사례의 수 (N of Valid Cases)	706.000	.	.

생각했기 때문에 산 자와 죽은 자를 위한 구조물들을 자연의 지형적 특징에 따라 축조한 경향이 있었던 것으로 추정된다. 자연과의 조화가 그들의 문화에 있어 중요한 주제였던 것 같으며, 아마도 이러한 이유로 인해, 본 연구에서도 자연환경적인 요인들과 문화적 요인들을 분명히 구분해 내기가 쉽지 않았다.

5. 소론

이 장에서는 지세(landform) 선호도, 시계(viewshed), 이동 범위, 유적들의 지향 등 인간들의 지각과 관련된 문화적 요소들의 분석을 시도하였다. 이는 청동기시대인들이 어떻게 자신들의 주변을 인지하고 산 자와 죽은 자를 위한 입지를 결정하는 데에 있어서 어떠한 문화적 요인들이 영향을 미쳤는지를 검토하기 위해서였으며, 그 결과는 다음과 같다.

- 지세(landform) 분석에 따르면, 주거 유적들의 60%는 '산등성'에 위치해 있었고 고인돌 유적들의 59.3%는 비스듬한 '평면(Planes)'에 위치해 있었다.
- 누적 시계 분석 결과에 따르면, 최대의 누적값은 52로, 이는 236곳의 고인돌 유적지들 중 52곳의 고인돌 유적들로부터 누적값을 획득한 장소가 바라다 보인다는 의미로 그 위치는 북한산(北漢山)이었고, 45곳의 주거 유적들로부터의 최고 값은 23이었는데, 23곳의 주거 유적들로부터 바라다보이는 지점은 관악산(冠岳山)이었다. 현상학적 측면에서 청동기시대부터 중세 및 근대를 거쳐 현대에 이르기까지 일련의 문화적 연속성이 유지되었다고 보여지는데, 즉, 많은 수의 고인돌 유적으로부터 바라다보이는 위치에 입지한 북한산과 다수의 주거 유적들로부터 조망되는 지점에 위치한 관악산이 청동기시대인들에게도 중요한 지역으로 받아들여지지 않았을까 생각된다.
- 이분 시계(binary viewshed) 분석 결과에 의하면, 주거 유적들의 평균(mean)

시계(12098.7±10054.5)는 고인돌 유적들의 평균 시계(4176.2±5060.6)보다 3배 가량 더 넓었는데, 시계의 범위와 주거 유적들의 고도 사이에는 r^2=0.36(*p*값=0.000014)라는 뚜렷한 긍정적인 상관관계가 나타났고 서울 일원동 유적을 특이치(outlier)를 제외시켰을 경우에는 r^2=0.16(*p*값=0.00679)라는 다소 약한 양적 선형관계가 나타났다. 한편, 시계 범위와 고인돌 유적들의 고도와는 거의 무시될 만한 선형관계가 도출되었다(r^2=0.0067).

- 환호 유적들과 환호가 없는 주거 유적들 사이에는 고도(elevation)의 차이가 있었는데, 두 집단의 평균의 차이가 유의한가를 알아보기 위해 t 검정을 하였다. 95% 신뢰도 수준(유의수준 0.05)에서 유의확률값(*p*값)이 3.45E-05를 나타내어 두 집단 간의 평균에 차이가 있음이 확인되었다(5곳의 환호 유적들의 평균(Mean)=116.8±12.2m(중간값(median): 111±8(IQR)m) 및 마흔 곳의 환호가 없는 유적들의 평균(Mean)=71.70±43.34(중간값(median): 63±40.5(IQR)m).
- 해발 100미터 이상에 위치한 다섯 곳의 환호 유적들(평균(mean)=19007±11735(중앙값(median): 11812±20016(IQR)m)과 여덟 곳의 환호가 없는 유적들(평균(mean)=19814±12391(중앙값(Median): 17748.5±5617.5(IQR)m) 사이에는 시계(viewshed)의 차이가 발견되지 않았다(만 위트니 유 검정(Mann-Whitney U-테스트), *p*=0.77, 95% 신뢰도 수준).
- 51곳의 탁자식 고인돌 유적들(중앙값(median): 2947±5285(IQR))과 125곳의 개석식 고인돌 유적들(중앙값(median): 2552±4805(IQR)) 사이의 시계 범위의 차이를 발견하지 못하였다(Mann-Whitney U-테스트), *p*=0.89, 95% 신뢰도 수준).
- 51곳의 탁자식 고인돌 유적지들(중앙값(median): 60±56.8(IQR)m)과 125곳의 개석식 고인돌 유적지들(중앙값(median): 56±40(IQR)m) 사이의 고도에도 차이가 나타나지 않았다(Mann-Whitney U-테스트, *p*값=0.71, 95% 신뢰도 수준).
- 여기에서 볼 수 있듯이, 시계 범위와 고도 분석에 있어서 탁자식 고인돌 유적

들과 개석식 고인돌 유적들 사이에 분명한 차이를 발견할 수 없었다. 단지 연구 지역 내에서 개석식 고인돌들이 전역에 분포되었다면, 이전 연구자들이 지적했던 바와 같이 탁자식 고인돌들은 개석식 고인돌들보다 좀더 북부 지역에 치우쳐 분포되어 있음을 확인할 수 있었다(그림 5.24 및 5.25 참조). 청동기시대인들이 고인돌을 어디에 축조할 것인가에 관해서는 유사한 생각을 가지고 있었으나 아마도 자신들의 문화적 친연성(affinities)이나 역사적 관행에 기초하여 다른 형태의 고인돌들을 축조하였을 것으로 생각되는데, 본 연구에서는 이 부분까지는 다루기 못하였다.

- 이동 범위 분석에 따르면, 주요 강들에 가깝게 위치한 3분의 1에 해당되는 14곳의 주거 유적을 제외하면, 분석된 45곳의 주거 유적들 가운데 3분의 2에 해당하는 내륙에 한치한 31곳의 유적지들이 유사한 배치상태(configuration)를 보이고 있었다. 즉, 각 주거 유적을 중심으로 에너지 소모가 고려된 5㎞ 유적 자원(획득영역) 경계들은 대체로 산들에 의해 싸여 있는 경향이 있었고, 그 경계 내의 안쪽 지역에는 지류들의 흐름이 발견되었다. 이러한 형태의 지형적 입지(topographic location)는 이후에 등장하는 풍수(風水) 사상에서 길한 위치를 나타내는 개념인 명당(明堂)의 배치와 매우 유사한 형태를 띠고 있었다.
- 내륙에 위치한 주거 유적들의 94%(29곳)에서, 고인돌 유적들은 에너지 소비 조정 5㎞ 유적 자원(획득영역) 경계 내에서 발견되었는데, 본 연구 대상 고인돌 유적들의 80%(185곳)가 이 경계 내에서 발견되었다.
- 지향 분석에 의하면, 주거지와 고인돌들의 장축 방향은 유적지가 위치한 경사면의 방향 등 자연적으로 형성된 경관 지형(topography)들과의 관계에서 유의미하게 나타났다(카이제곱 검정, 주거지들: 유의확률값(p값)=0.000 및 고인돌들: p값=0.003, 95% 신뢰도 수준).

제 6 장

환경적 요인과 문화적 요인의 상호작용

본 연구는 한국 청동기시대인들이 산 자들을 위한 주거 공간과 죽은 자들을 위한 매장 공간의 입지를 선택함에 있어서 그들이 생활하고 있던 경관과 어떠한 관계가 있었는지에 대하여 조사하였다. 이 장에서는 3, 4, 5장의 결과들을 한국 고고학의 범위 내에서 토론하고자 한다. 이미 기술한 결과들(특히 3.4, 4.3, 5.5 절)의 반복을 피하기 위하여, 이 장에서는 제1장에서 언급한 세 번째 연구 질문이었던 장기적 변화 양상(long-term changes) 및 본 연구에서의 새로운 발견과 기존 연구 결과들과의 비교에 초점을 맞추었다. 더불어, 본 연구가 한국 청동기시대 연구에 기여할 수 있다고 보여지는 점들에 대해서도 언급하도록 하겠다. 한편, 제1장에서 제시된 첫 번째 연구 질문인 '청동기시대인들이 주거 유적과 고인돌 유적들을 그들의 경관에 위치시키는 데에 있어서 어떠한 환경적 요인들이 고려되었는가?'와 두 번째 연구 질문인 '어떤 문화적 요인들을 고려하여 청동기시대인들이 주거 유적과 고인돌 유적들을 그들의 경관에 위치시켰는가?'에 관한 연구 결과들에 대한 요약은 제7장에서 제시될 것이다.

1. 산 자와 죽은 자를 위한 특정한 장소를 선택·결정한 배후에는 어떠한 환경적 또는 문화적 동인들이 작용하였는가? 청동기시대 전기, 중기, 후기에 걸쳐 청동기시대 유적지들의 입지는 어떻게 변해갔는가?

주거 유적과 고인돌 유적들의 장기적 변화에 관한 첫 번째 결론은 주거 유적들이 청동기시대 전반에 걸쳐 밭농사(그림 6.1 및 6.2)에 적합한 토양에 위치하는 경향이 있었다는 것이다. 한편, 고인돌 유적들 역시 밭농사에 적합한 토양 유형에 위치하였다. 비록 청동기시대 후기에 해당되는 고인돌 유적지의 수(4곳)는 많지 않았지만, 이들 유적들은 벼농사에 적합한 토양 유형과도 일관된 관계를 가지고 있었던 것으로 나타났다(그림 6.3 참조).

다음으로, 전기·중기·후기에 걸쳐 통시적으로 주거 유적과 고인돌 유적들의 변화를 단순 비교하기 위하여 각 유적들이 위치한 경사면의 방향(aspect), 고도, 시계(視界) 등을 분석하였다(표 6.1 및 6.2). 표 6.1에서 볼 수 있듯이, 청동기시대 전 시기의 주거 유적들은 고인돌 유적들보다 다소 높은 고도에 위치하였다. 중앙값들에 근거하면, 청동기시대 중기에는 주거 유적과 고인돌 유적들이 모두 가장 높은 고도에 위치하고 있었다[예외적으로 높은 고도(255m)에 위치했던 유적지는 청동기시대 후기의 것으로 추정된다]. 또한, 주거 유적과 고인돌 유적들의 시계 범위는 시간이 경과함에 따라 넓어지는 경향이 있었고, 주거 유적의 시계(viewshed) 범위의 중앙값은 대체로 고인돌 유적들의 그것에 비해 3배 가량 더 넓었다. 이런 결과들은 외부로부터의 침입에 대한 방어를 위해 경관 전체를 내다볼 수 있는 곳에 취락지를 위치시키려는 청동기시대인들의 결정으로 해석될 수 있을 것이다. 발견된 고고학적 자료에 의하면, 한국 청동기시대에는 무력적 갈등이 있었던 것으로 추정되며(이영문, 2002: 280), 청동기시대 전반에 걸쳐 다양한 청동 무기들이 만들어졌고(국립중앙박물관·국립광주박물관, 1992), 연구 대상 지역의 보고서들에 의하면, 상당수의 주거지들이 화재로 파괴되었던 것으로 조사되었다(김재원·윤무병, 1967: 39; 배기동·강병학,

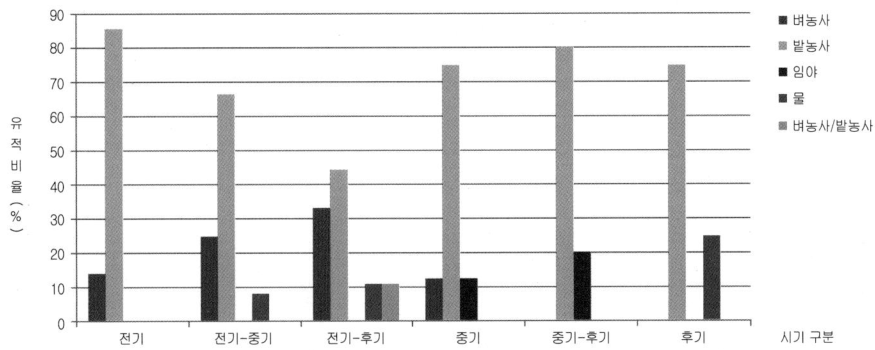

그림 6.1. 토양 유형과 청동기시대 주거 유적 위치 간의 장기간 변화 양상(그림 4.7과 같음)

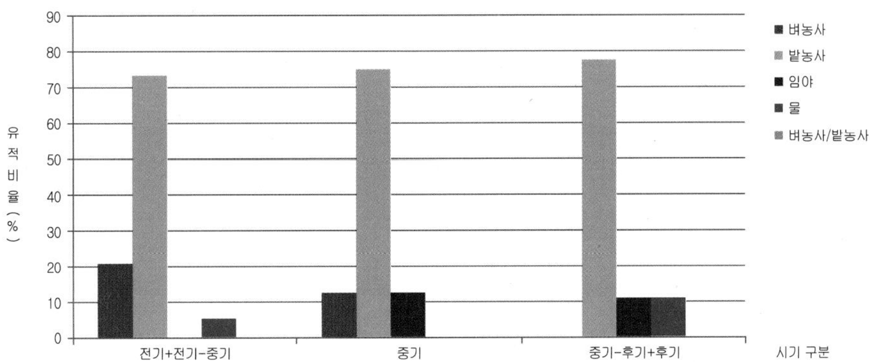

그림 6.2. 토양 유형과 청동기시대 주거 유적 위치 간의 장기간 변화 양상(간소화된 버전)

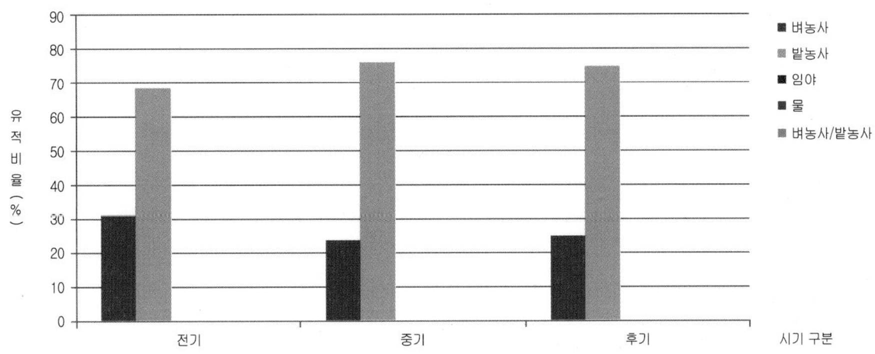

그림 6.3. 토양 유형과 청동기시대 고인돌 유적지 위치 간의 장기간 변화 양상

표 6.1. 청동기시대 전·중·후기의 주거 유적과 고인돌 유적들의 고도 (단위: m)

고도 (m)		전기 (n=7)	중기 (n=8)	후기 (n=4)
주거 유적	평균	66.1	83.5	108.5
	표준편차	21.6	34.7	98.4
	중앙값	65.0	76.5	66.0
	사분위수 범위	25.5	46.0	67.0
		전기 (n=16)	중기 (n=21)	후기 (n=4)
고인돌군	평균	51.1	63.6	34.5
	표준편차	30.8	24.0	4.7
	중앙값	44.5	64.0	33.5
	사분위수 범위	19.8	36.0	3.5

표 6.2. 청동기시대 전·중·후기의 주거 유적과 고인돌 유적들의 시계(단위: 수치표고모델(DEM)에서의 가시 범위 셀의 수)

시계 범위 (Viewshed)		전기	중기	후기
주거 유적	평균	9277.1	13410.9	22121.0
	표준편차	5059.6	8981.9	17424.5
	중앙값	8605.0	12538.5	16266.5
	사분위수 범위	7812.5	9266.5	11922.0
고인돌군	평균	4434.3	5830.5	5991.3
	표준편차	3635.4	5071.2	4101.4
	중앙값	3364.0	5369.0	5877.0
	사분위수 범위	5001.8	8489.0	6721.8

2000: 74, 109; 이남규 외, 2006: 65~66; 장경호 외, 2004: 32; 서울대학교 박물관·서울대학교 고고학과, 1976: 10; 박경식·서영일 외, 2007: 58, 98). 한편, 산성 토양으로 인해 한반도에서는 무기로 인해 상처를 입은 인골을 확인하기가 어려웠으나, 청동기시대에 해당되는 일본의 야요이 시기(弥生時代: 기원전 300년경~기원후 300년경)의 후쿠오카현(福岡県) 스다레(スダレ) 유적에서 발굴된 마제 석검에 의해 손상된 흉추(胸椎)와 신마치(新町) 유적에서 출토된 마제 석촉에 의해 손상된 대퇴골 등의 증거들(弦本敏行·內藤芳篤, 1989: 110)에 비추어 볼 때, 그 당시 무력적 갈등이 있었

을 것으로 추정된다.

주거 유적의 경우와는 달리, 고인돌 유적들은 흔히 취락지들보다는 낮은 지대에, 그리고 비록 특정 주거 유적과 고인돌들을 연관시키기가 쉽지는 않지만 서로 연관되었을 것으로 추정되는 취락지의 주변 경작지 가까이에 축조되었던 것으로 판단된다. 이러한 경우, 이 고인돌들은 아마도 영역 표시(territorial marker)의 기능도 가지고 있었을 것으로 추정된다. 국토의 70%가 산지인 한반도의 지형적 특색으로 인해, 각 주거 유적을 중심으로 구해진 에너지 소비 조정 5㎞ 유적 자원(획득영역)은 이들 취락지를 산들로 둘러싸인 유형 내에 위치시키는 경향을 보이며, 이들 범위 내에 지류(支流)를 포함하는 경우가 대부분이다(그림 5.29, 5.30, 5.31 참조). 분석을 마친 45곳의 주거 유적들 중 약 2/3(31개 유적지)는 위에서 언급한 배치상태(configuration) 내에 위치하며, 이러한 패턴을 보이지 않는 나머지 1/3(14개 유적지)은 주요 하천이나 해안에 가깝게 위치해 있었다. 지형적 입지의 관점에서, 내륙에 위치한 주거 유적들은 이른바 풍수(風水) 사상에 의해서 정의되는 상서로운 위치 관념을 구현하는 명당(明堂)의 배치를 연상시켰다(그림 6.11 참조). 또한 내륙에 위치한 주거 유적들의 94%(29곳)에서 고인돌 유적들은 에너지 소비 조정 5㎞ 유적 자원(획득영역) 경계 내에서 발견되었고, 본 연구 대상 고인돌 유적들의 80%(185곳)가 이 경계 내에서 발견되는 것으로 볼 때, 청동기시대에 주거 유적들과 고인돌 유적들 사이에는 서로 밀접한 관계가 있었을 것으로 사료된다.

2. 청동기시대의 경관 분석을 통해, 신석기시대 말부터 철기시대 시작까지의 경관 선호도에 관한 사회적 변화를 확인할 수 있는가?

본 연구는 경관 고고학의 관점에서 주거 유적의 입지, 취락지 내의 주거지의 수, 고인돌 유적들과 환호 유적의 유무 등을 검토하였다. 확인할 수 있는 고고학적 증거에 따르면, 신석기시대의 주거 유적들은 주요 하천이나 해안 근처에서 확인되는 경

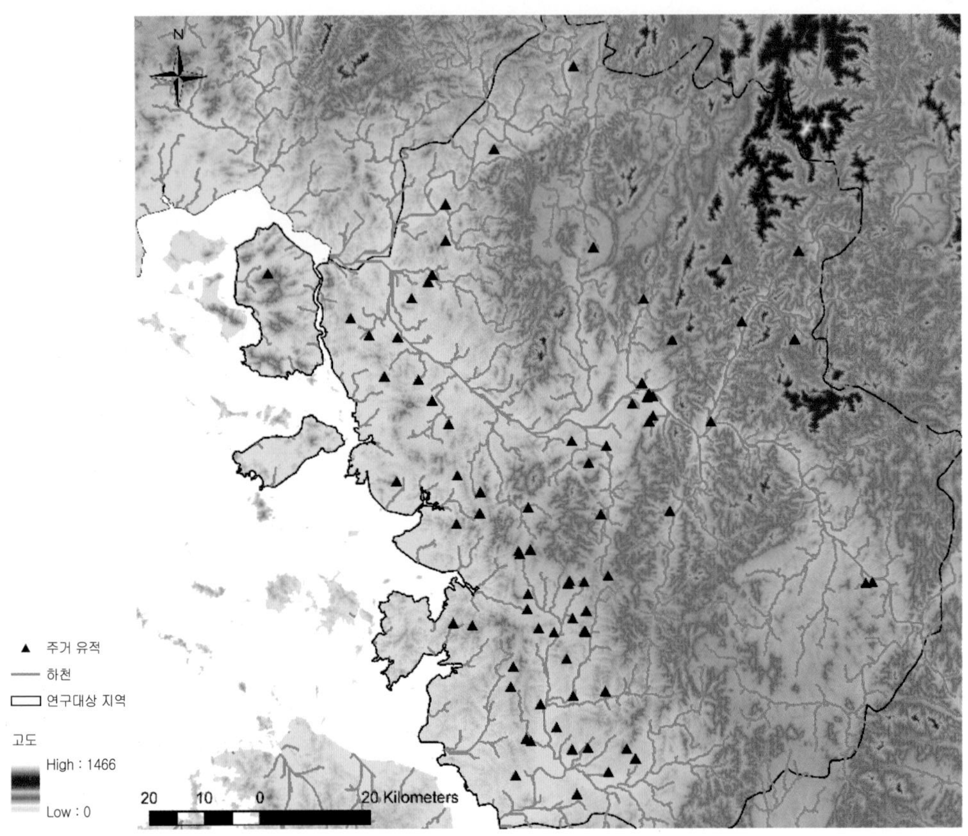

그림 6.4. 청동기시대 주거 유적 분포도

향이 있었고(그림 2.8 참조), 당시의 생계 경제는 어업, 수렵, 채집, 화전 농업 등으로 구성되어 있었던 것으로 추정된다. 이에 비해, 연구 지역에서의 청동기시대 주거 유적들은 인근 지류로부터 상당한 거리를 두고 분포되었다(그림 6.4 참조). 한편, 쌀의 경작에 관한 증거들은 신석기시대 중기부터 나타나지만(제5장 참조), 집약적인 벼농사는 청동기시대 중기가 되어서야 시작된 것으로 추정된다. 청동기시대 전기의 취락지들은 대체로 연구 지역의 주요 하천 인근에 위치하였는데, 이는 신석기시대와의 연속선상에서 이해되어질 수 있으며, 기존 연구 결과들에서도 확인된다(최몽룡 외,

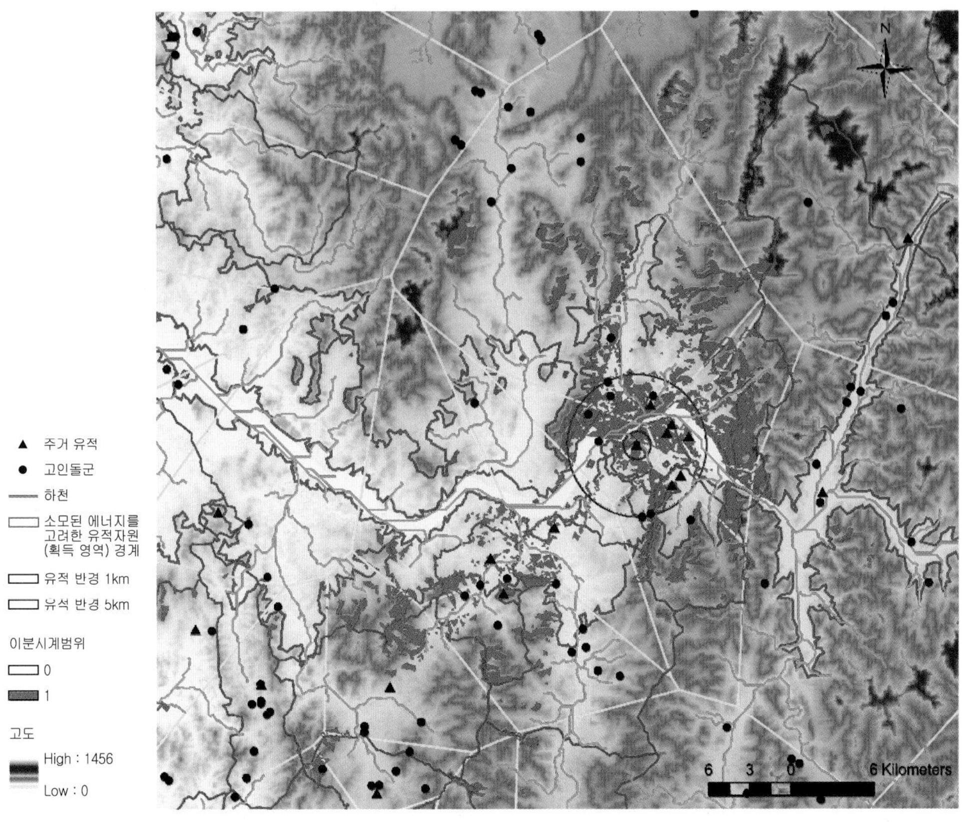

그림 6.5. 청동기시대 후기로 추정되는 주거 유적(유적번호 24번 서울 명일동 유적)으로부터의 시계

1993; 이상균, 2005).

또한, 본 연구의 결과에서 청동기시대 후기에 해당되는 특징으로는 이전 시기의 주거 유적들과는 기능적으로 차이를 가진 새로운 취락지들이 출현한다는 점이다. 즉, 후기의 주거 유적들은 철기시대에 등장하는 산성 유적의 전조로서의 역할을 했었던 것 같다. 서울 일원동 유적(고도 255m에 위치)을 제외한 이 시기의 나머지 주거 유적들은 비록 높은 고도에 위치한 것은 아니었지만, 대체로 넓은 시계(viewshed) 범위를 가지고 있었는데, 후기 4곳의 취락지 중 3곳은 한강 본류 인근에 위치해 있었

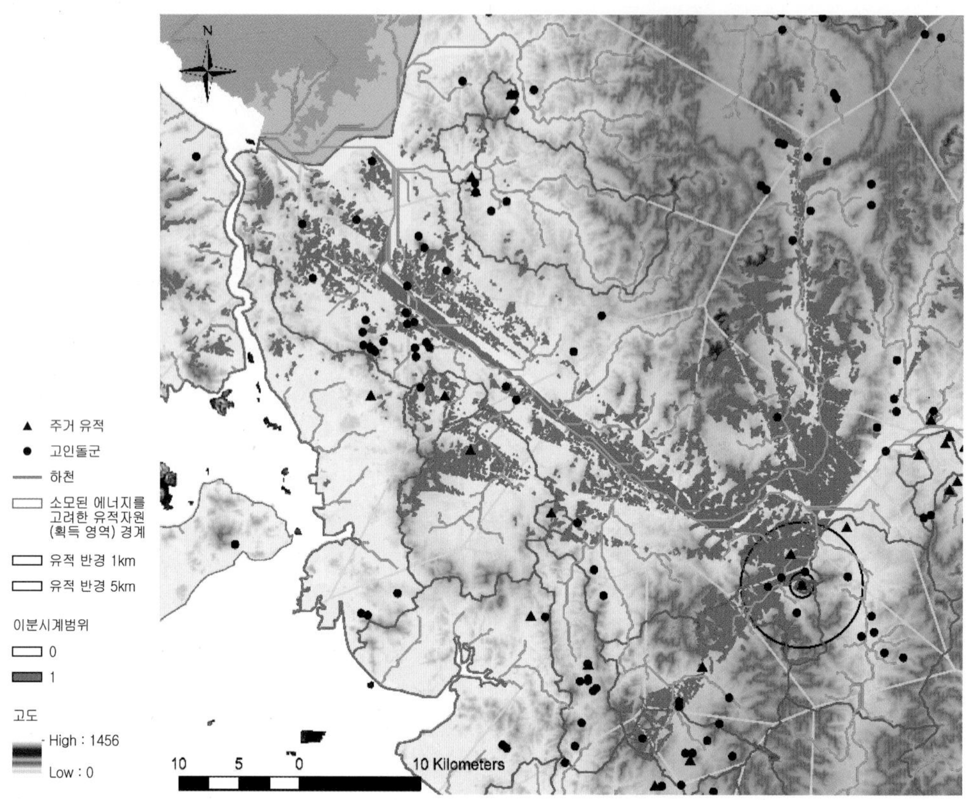

그림 6.6. 청동기시대 후기로 추정되는 주거 유적(유적번호 25번 서울 일원동 유적)으로부터의 시계

으며(그림 6.5, 6.6, 6.7 참조), 나머지 한 유적지는 서해안에 위치해 있었다(그림 6.8 참조). 이들의 위치는 강이나 연안 교통을 관측할 수 있도록 주의깊게 선택된 곳으로 보이는데, 아마도 이들 유적지들이 관측소로서의 기능을 가졌던 것이 아닌가 추정된다. 사마천(司馬遷, 기원전 145년~기원전 87년)의 『사기(史記)』 조선열전(朝鮮列傳)이나 진수(陳壽, 기원후 233년~297년)의 『삼국지』 위지 동이전(三國志 魏志 東夷傳)의 기록에 의하면(최몽룡, 2008: 105~114), 이 시기에 한강 유역이 여러 집단들 간의 쟁탈 지역이었기 때문으로 추정된다. 한편, 청동기시대 후기 취락지들은 철기시대의 산성(山城)의 출현과도 관련되었을 가능성이 있다. 예를 들면, 『삼국사기(三國史記)』

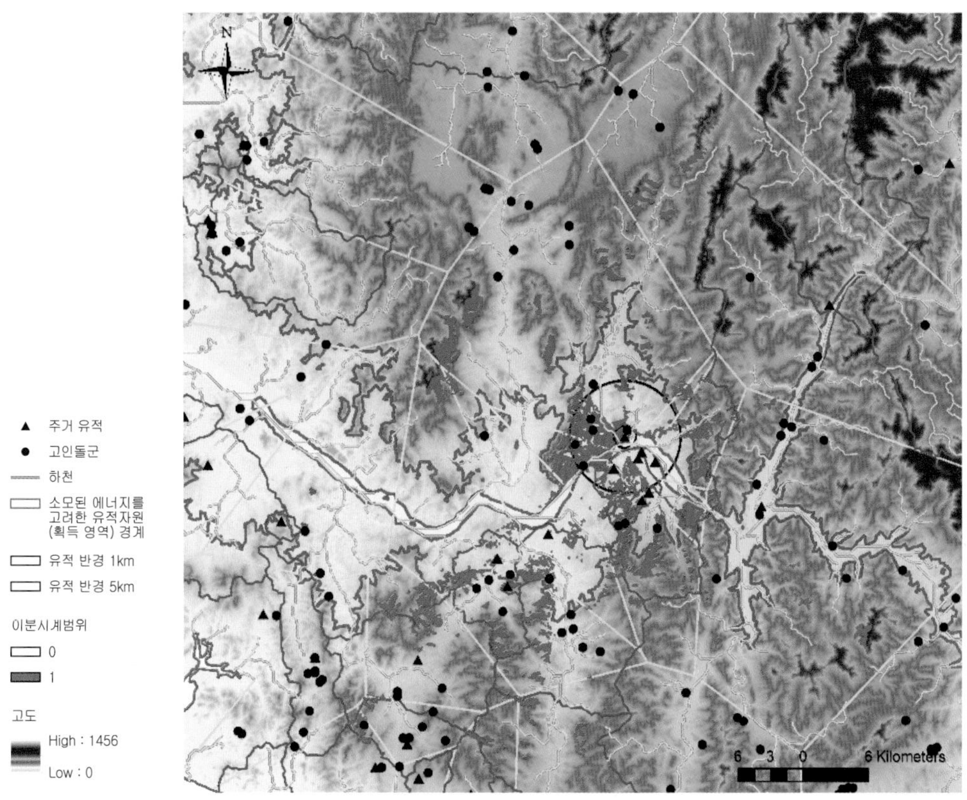

그림 6.7. 청동기시대 후기로 추정되는 주거 유적(유적번호 26번 남양주 수석리 유적)으로부터의 시계

에 아차산성(峨嵯山城)은 286년에 백제(百濟: 기원전 18년~기원후 660년)의 책계왕(責稽王, ?~기원후 298년)에 의해 축조되었다고 하는데(서울대 인문학연구소·서울대학교 박물관 공편, 2000; 국립문화재연구소, 2001: 304), 이 산성은 일원동 유적(그림 6.6)으로부터 한강 건너편의 대각선 방향에 위치해 있고, 고도 285m로 한강을 내려다 보는 넓은 시계 범위를 가지고 있다. 또한, 최몽룡은 일원동 유적을 제의 유적(ritual site)으로 추정하였는데(2008: 202~203), 1999년에 단 1기의 주거지(당시 2.4m×1.4m, 고도 279.4m)만이 발견된 것으로 보아 제의 행사에 사용되었을 가능성이 있다고 추정하였다. 그러나 제의 유적으로의 가능성과 함께, 시계(viewshed)

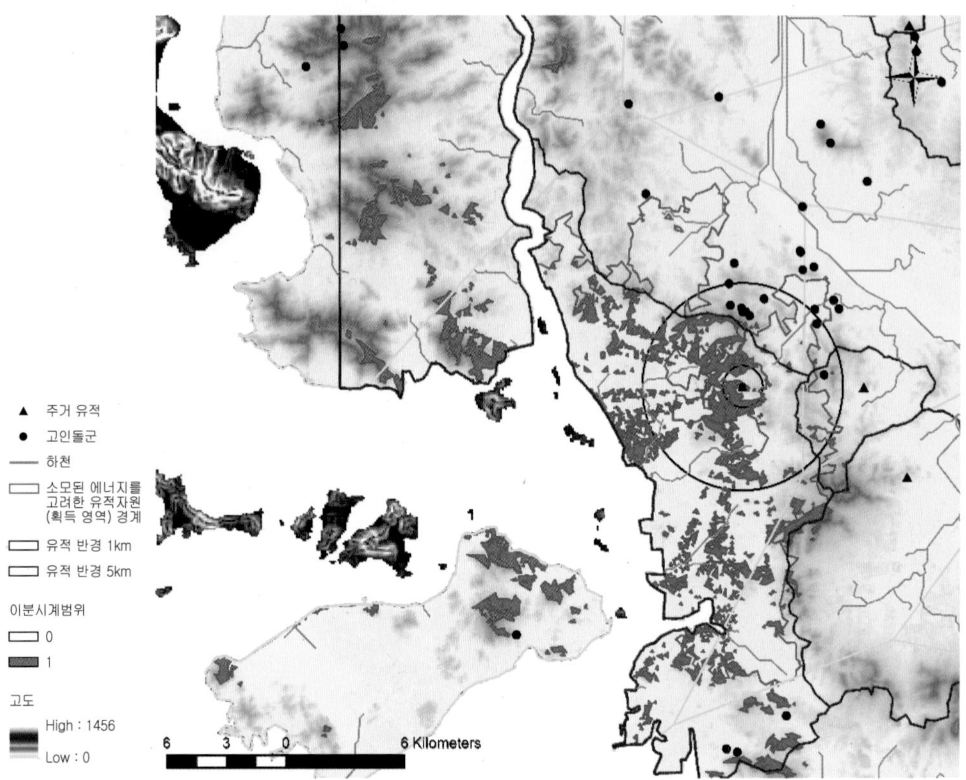

그림 6.8. 청동기시대 후기로 추정되는 주거 유적(유적번호 6번 인천 검단동 유적)으로부터의 시계

분석 결과와 고도(elevation) 등을 고려해 볼 때, 이 일원동 또는 대모산 유적은 철기시대에 나타나는 산성의 전조로서의 역할도 함께 했을 것으로 추정된다. 최병식(2008: 225~231)의 연구에 따르면, 18개의 성혈 흔적이 남아 있는 신앙석이 정상 가까운 동쪽 능선에서 발견되었으며 대형 암석은 다른 제의 유적(ritual sites)들에서도 흔히 발견되는 구조물이다. 한편, 이 일원동 유적이 위치한 대모산은 정상에서 한강 일대는 물론 강 건너 아차산까지 조망이 되는 방어에 유리한 시계 범위를 가졌던 관계로 백제시대에 산성으로서도 중요한 역할을 수행했을 것으로 추정하고 있다. 한강 주변에 위치하면서 높은 고도에 넓은 시계 범위를 가진 또 다른 예로는 하남의 이성

산성(二聖山城)을 들 수 있다. 이 유적은 고도 209.8m에 위치해 있으며 한강 주변 지역에 대한 넓은 시계 범위를 가지고 있는데, 삼국시대에 축조된 것으로 추정되고 있다(문화재청, 우리지역문화재).

이러한 특징들과 함께, 청동기시대 후기에 해당되는 주거 유적 인근에는 고인돌 유적들의 수가 매우 적은 것으로 나타난다. 본 연구 결과에 의하면, 4곳의 주거 유적과 관련된 고인돌 유적은 4곳이고, 이들 유적에서 14기의 고인돌들만이 확인되었다. 중국의 사서(史書)인 『사기(史記)』, 『한서(漢書)』, 『삼국지(三國志)』 위서 동이전(魏書東夷傳), 『후한서(後漢書)』 동이열전(東夷列傳)(국사편찬위원회, 중국정사조선전) 등에 따르면, 철기시대 전기(기원전 400년~기원전 1년, 최몽룡, 2006: 49; 2008: 21~22)에는 위만조선(衛滿朝鮮), 부여(夫餘), 고구려(高句麗), 옥저(沃沮), 동예(東濊), 삼한(三韓) 등의 복합 사회(complex society)들이 한반도와 만주에 존재했었던 것을 알 수 있는데, 청동기시대 후기는 철기시대 전기 바로 이전의 시기로서, 이 기간 중에는 조상숭배보다는 엘리트 혹은 '국가' 주도의 제의(worship)가 시작되었을 것으로 추정된다.

3. 본 연구에서 새롭게 발견된 사항이나 새롭게 주장된 견해들은 무엇인가? 본 연구 결과들이 한국 청동기시대에 관한 기존 연구 결과들과는 어떠한 관계가 있는가?

첫째, 한국 청동기시대에 대한 기존의 시기 구분은 토기 유형의 변화에 초점을 맞추어 제안되었다(최몽룡, 2008: 20~23). 본 연구에서는 연구 대상 지역 내 발굴된 주거지들에서 확인된 방사성탄소연대들을 활용하여 토기가 발견된 주거지들의 방사성탄소연대를 베이지안 모델링(Bayesian modelling)을 이용하여 각 토기 유형들이 사용된 시간적 범위를 구하였는데, 분석 결과들에 의하면 경기도 지역에서 확인되는 토기 유형들 간에 뚜렷한 시기 구분을 발견해내기가 어려웠다. 단지 적색마연 토기(홍도)만이 청동기시대 중기경부터 사용된 것으로 나타났다(제3장 그림 3.8 참조).

때문에 본 연구에서는 주거지 형태에 기초한 베이지안 모델들도 구하였다. 그 다음, 토기 유형과 주거지 형태를 함께 고려하여 6개의 잠정적 시기 구분을 시도하였고, 이들 결과를 바탕으로 몇 가지 유의미한 패턴을 확인할 수 있었다. 예를 들면, 청동기시대 중·후기로 갈수록 제사 유적과 환호 유적들이 등장하게 되었고, 주거 유적에서 주거지의 수가 증가하는 등 사회가 한층 더 복합화되어 가는 양상들이 나타났다.

두 번째로 언급해야 할 것은 고인돌 유형(typology)과 상석 규모의 변화이다. 시간이 경과함에 따라, 탁자식 고인돌의 수는 점차 감소하였고 청동기시대 중기 이후로는 본 연구 지역에서 거의 자취를 감추었다. 이에 비해, 개석식 고인돌들은 비록 그 수는 감소하였지만 청동기시대 후기까지 지속적으로 존재했었던 것으로 보인다. 한편, 두 가지 고인돌 유형 모두 청동기시대 중기에 상석의 규모가 가장 컸던 것으로 추정된다(본 연구의 잠정적인 시기 구분에 근거하였을 경우, 청동기시대 중기에는 단 1기의 탁자식 고인돌만이 확인된다)(표 6.3 참조). 이 같은 결과는 이전의 연구 결과들(유태용, 2002; 강동석, 2002)과 차이를 나타내었다. 즉, 이전의 연구 결과들에서는 상석의 무게와 고인돌 축조 당시 동원되었을 인구 수와의 관계에 기초하여 대규모의 고인돌들이 복합 사회 단계에 도달한 청동기시대 후기에 축조되었을 것으로 추정하고 있는데, 이 같은 견해는 사회진화론적 발전론(Fried, 1967; Service, 1962)에

표 6.3. 탁자식과 개석식 고인돌의 상석의 규모 (단위: ㎡)

상석의 규모		전기	중기	후기
탁자식 상석	평균	17242.0	80440.5	·
	표준편차	8103.2	·	·
	중앙값	14080.0	·	·
	사분위수 범위	13380.0	·	·
개석식 상석	평균	26879.0	66817.7	9563.1
	표준편차	77256.4	72075.6	7778.2
	중앙값	13345.0	37065.0	6557.2
	사분위수 범위	13931.1	104348.3	5785.3

입각했다고 볼 수 있다. 이들은 청동기시대 후기 사회를 족장이 지배하는 많은 인구의 계층화된 복합 사회로 보고 있다. 최몽룡(1984)은 고인돌 사회를 족장 사회(chiefdom society)로 보았고 고인돌들은 족장의 무덤이었을 것으로 추정하였다. 유태용(2003) 또한 족장(chief) 등 유력한 부족(lineage)의 후손들이 그들의 세력을 유지하기 위해 고인돌들을 축조한 것으로 보았다. 이러한 견해들은 매우 설득력이 있으나, 고인돌 유적들에 대한 연대 측정이 쉽지 않기 때문에 아직까지 완전히 입증된 것은 아니다. 따라서, 청동기시대의 사회구조를 규명하기 위해서는 고인돌 유적들의 신뢰할 수 있는 축조 연대의 계속적인 연구가 필요하다. 한편, 고인돌 수의 변화와 상석의 규모가 변화하는 과정을 통해서 청동기시대의 장기적 변화 양상에 대한 추론이 가능하리라 사료되며, 한국 청동기시대의 고인돌 역시 영국 청동기시대의 축조물들처럼 공동체의 유대를 공고히 하는(Hodder, 1990; Whittle et al., 1999; Gosden, 2011) 기능을 수행했을 것이라고 사료된다.

세 번째로, 탁자식 고인돌과 개석식 고인돌 간의 차이점을 살펴보기 위해 앞에서 시도한 시계(viewshed)와 고도, 분포 지역에 대한 연구 결과들을 정리해 보면 다음과 같다. 우선, 유적지 내에 많은 수의 고인돌이 존재할 경우, 편향된 결과를 피하기 위하여 개별 고인돌보다는 고인돌군을 분석에 활용하였다. 51곳의 탁자식 고인돌 유적들의 가시(visible) 범위 셀의 중앙값은 2947±5285(IQR)이었으며, 125곳의 개석식 고인돌 유적들의 가시 범위 셀의 중앙값은 2552±4805(IQR)였다. 두 집단 모두 정규분포를 보이고 있지 않아 만 위트니 유(Mann-Whitney U) 검정을 실시하였고, 탁자식 고인돌 유적들과 개석식 고인돌 유적들 간의 가시범위 차이를 발견하지 못했다(p값=0.89, 95% 신뢰도 수준). 또한, 탁자식 고인돌 및 개석식 고인돌 유적들과 고도 간의 관계도 살펴보았는데, 51곳의 탁사식 고인돌 유적들의 고도 중앙값은 60±56.8(IQR)m이고, 125곳의 개석식 고인돌 유적들의 고도 중앙값은 56±40(IQR)m로 두 유형의 고인돌 유적지들 간의 상대 고도에서도 차이가 나타나지 않았다(Mann-Whitney U-테스트, p값=0.71). 여기서 볼 수 있듯이, 시계 범위와 고도에 기초해서는 탁자식 고인돌 유적들과 개석식 고인돌 유적들 간의 분명한 차이를 확인하기 어려웠다. 단지 연구 지역 내 분포 범위에서만 기존 연구자들이 지적한 바와 같이 탁자식 고인돌 유적들이 좀더 북부 지역에 편중되어 분포되었다는 차이를 나타내었다(그림 5.24 및 5.25 참조). 아마도 청동기시대인들은 고인돌의 입지 선정에 있어서는 유사한 생각을 가졌었으나 고인돌의 유형 선택에 있어서는 자신들의 문화적 친연성과 역사적 관행을 보다 고려했던 것이 아닌가 생각된다.

마지막으로, 고인돌들이 어떠한 위치에 축조되었는지를 규명하기 위해 기존의 연구자들(유태용, 2002; 강동석, 2002; 하문식, 2007)도 많은 연구를 시도하였다. 이 연구들에서 고인돌들의 입지를 조사하였으나 연구 대상 지역의 전체적인 지형(topography)적 분포를 고려하지 못했기 때문에, 고인돌들의 위치에 대한 결과가 통계적으로 유의미한지 검증하지는 못하였다. 따라서 본 연구에서는 이러한 점을 보완하기 위해 지리정보시스템(GIS)을 활용하여 연구 대상 지역의 전체 지형적 특성에 대한 데이터를 추출하였다. 이를 통해 과연 경관에서 특정 지세가 자연적으로 넓은 범위를 차지하고 있었기 때문에 유적들도 그러한 지세에 임의(무작위)로 분포가 된 것인지, 아니면 청동기시대인들이 일부러 그러한 입지를 선택하여 그 위치에 유적을 축조하였던 것인지에 대하여 통계학적으로 유의미한 것인지를 검증할 수 있었는데, 이 점이 본 연구의 가장 큰 기여점이라고 할 수 있을 것이다.

4. 향후 과제

한편, 본 연구에서 드러난 다음의 두 연구 주제는 앞으로 좀 더 심도 있는 연구가 필요하다고 판단되어 향후 과제로 정리해 보았다. 그 첫 번째는 농업과 관련된 제의(rituals)와 한국 청동기시대 사회에서의 족장의 역할이며, 두 번째 주제는 풍수(風水)의 개념과 그 기원에 대한 연구이다.

우선 첫 번째 주제와 관련하여 살펴보면, 연구 지역 내의 환호 유적들(enclosure

sites)과 제의 유적(ritual site; 주거 유적 번호 48번 하남 덕풍동 유적)은 대체로 청동기시대 중기 경부터 발전된 것으로 보이는데, 이러한 유형의 유적들은 이 당시 생계 경제로서의 벼농사의 발전 및 확대와 관련 있다고 볼 수 있을 것이다. 비록 청동기시대의 농경의 최적 조건이 현재와는 차이가 있겠지만, 제의 의식은 아마도 벼농사에서 가장 중요한 요소 중의 하나인 강우량(precipitation)과 관련 있었을 것으로 벼가 제대로 성장할 수 있도록 돕고 풍요를 기원하기 위한 제의들이 거행되었을 가능성이 있다고 보여진다. 한편, 이러한 제의는 제정일치시기의 공동체의 지도자였던 족장이 샤만(shaman)[1]으로서의 역할도 같이 수행했을 것으로 추정된다. 이러한 가능성은 동경(銅鏡), 팔주령(八珠鈴) 등 무당(샤만)이 제례(ritual ceremonies)를 행할 때 사용했을 것으로 추정되는 청동 유물들의 발견에서 찾을 수 있으며(정경희, 1981; 이건무, 1987, 그림 6.9 및 6.10 참조), 이러한 제의 및 성소(sacred places)의 존재는, 『삼국지』「위서」 동이전 한전(『三國志』「魏志」 東夷傳 韓傳)의 기록에도 등장하는 철기시대의 소도(蘇塗)[2]로 이어진 것으로 생각된다.

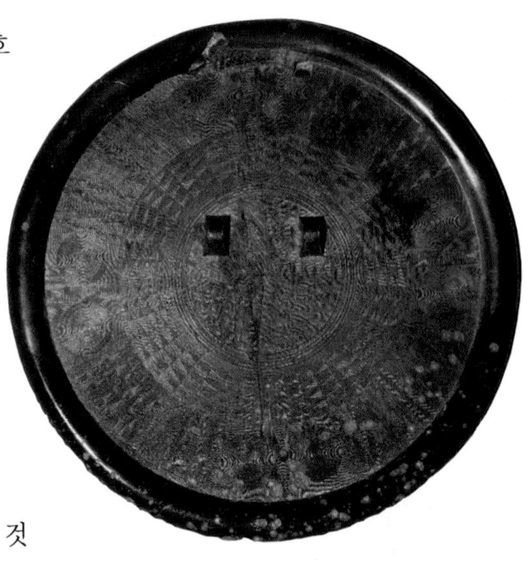

그림 6.9. 전 논산 출토 다뉴세문경 (지름: 21.2㎝, 국보 141호, 국립중앙박물관·국립광주박물관, 1992: 34/숭실대학교 한국기독교박물관 소장)

1) '샤먼(shaman)'의 개념은 북아시아 지역에 살며 퉁구스 언어를 사용하는 에벤크족(Evenks)에서 기원했다고 전해지는데, 이들의 문화는 러시아 인류학자들에 의해 처음 연구되었고, 간행물들을 통해 국제 학술계에 알려지게 되었다(Price, 2011: 984~986). '샤먼'은 제의(rituals)를 행하는데, 이를 통해 산 자와 자연의 영적(靈的) 기운 혹은 죽은 자와의 사이에서 매개자(mediator)로서 역할을 한 것으로 알려져 있다(*Ibid*, 985). 그러나 프라이스(Price)에 의하면, '샤머니즘(shamanism)'에 대해서는 보다 다양한 시각에서 논의가 이루어져야 한다고 하는데, 그 이유는 광범위한 지역에서 발견되는 고고학적 증거들이 좁은 의미의 '샤머니즘'에 대한 정의를 허용하지 않기 때문이다(*Ibid*, 996~998).

2) 철기시대의 종교적 제의 장소로, 높은 나무 막대를 세우고 종(bells)과 북(drum)으로 장식했다(김

두 번째 주제는 풍수(風水)의 개념이다. 내륙 지역에 위치한 주거지들의 지형적 입지(topographic location)는 풍수 사상에서 길하다고 여겨지는 장소를 가리키는 명당(明堂)(그림 6.11)의 개념을 연상시킨다.

그림 6.10. 전 덕산(傳德山) 출토 팔주령(국립중앙박물관 · 국립광주박물관, 1992: 36/박영철 소장)

비록 풍수 이론의 기원이 언제부터인지는 아직 확실하지 않으나[3] 기원후 300년경에 중국에 존재하였으며, 이후 한국의 풍수 사상에 크게 영향을 끼친 것으로 추정된다. 최창조는 풍수 이론의 확립이 명백히 중국에서 이루어졌으나, 중국의 풍수와 우라 나라의 풍수를 같은 것으로 규정하는 것은 잘못이라고 지적하였고, 한국에서의 풍수 개념은 농업적 생산양식 위에 나타난 사고 방식으로 생계 경제인 벼농사로의 전환이 이루어지는 것과 깊은 관련이 있었을 것이라고 추정하였다(최창조, 1993; 성동환, 1993: 182~184). 아마도 청동기시대인들은 그들의 환경에 적응하면서 그들이 생활하기에 또는 묻히기에 가장 적합한 입지를 찾고, 그 위치를 문화적으로 해석하고, 그곳에 의미와 상징성을 부여하는 등 그들의 경험을 토대로 길한 장소라는 개념적 틀을 발전시켜나간 것이 아닌가 생각된다.

최창조(1992: 425~426)에 의하면, 명당이라고 불리는 길한 입지의 '주변 산세는 사신사(四神砂)의 원칙인, 현무수두[玄武垂頭, 뒤쪽의 현무(검은 거북) 형상의 산이 길지를 향해 머리를 숙인 듯해야 하고], 주작상무[朱雀翔舞, 길지의 안산인 주작(붉은 봉황) 형상의 산이 새가 춤추며 날아드는 듯해야 하며], 청룡완연[青龍蜿蜒, 왼쪽 산인 청룡은 구불구불 길게 뻗어야 하고], 백호순부[白虎馴頫, 오른쪽 산인 백호는

광언 외, 2004: 183; Hudson, 1992: 147).

3) 하효흔(2014: 69)에 의하면, 풍수가 오래된 점복(占卜)에서 유래되어 술수[術數: 음양(陰陽), 복서(卜筮) 따위로 길흉을 점치는 방법]와 공존하다가, 춘추, 전국, 진 한대를 거치면서 독자적인 학설로 발전한 것으로 보고 있다.

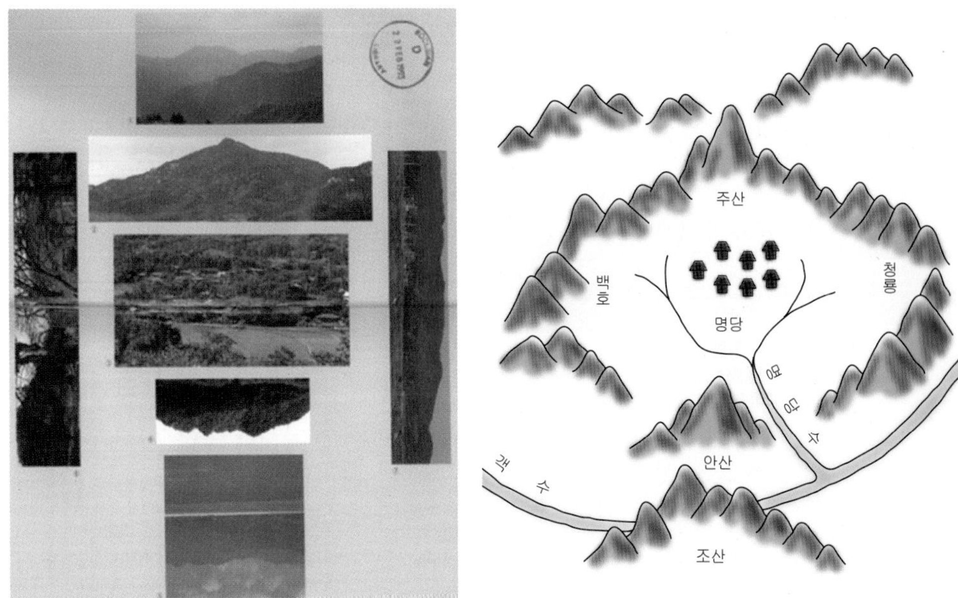

그림 6.11. 이상적인 명당(明堂)의 배치도(좌: 최창조, 1992: 2~3, 우: 이우평, 2002: 296 수정)

순한 호랑이가 웅크리고 다정하게 주저앉은 형상'를 갖추어야 하는데,[4] 이론 상 사신(四神), 즉 동쪽의 푸른 용(좌청룡; 左靑龍), 서쪽의 흰 호랑이(우백호; 右白虎), 남쪽의 붉은 봉황(남주작; 南朱雀), 북쪽의 검은 거북(북현무; 北玄武)으로 명명된 산들로 둘러싸인 둥근 모양의 입지를 말한다. 이러한 입지는 방어에도 유리하고 동시에 실용적인 면에서도 유리한데, 즉, 겨울에 강하고 찬 북서풍의 영향을 받는 한국에서는 바람을 막아줄 수 있는 실용적인 면에서도 이점을 가진다[5].

풍수 사상은 한국 역사에 있어서 상당한 기간에 걸쳐 인간과 자연의 상호작용에 의한 개념직 틀로 작용해 왔다. 사신도(四神圖)는 서기 4세경의 고구려 고분 벽화에

4) 대한풍수문화연구소, 청주한씨 시조 한란(韓蘭)의 묘 참조.
5) 한편, 45곳의 주거지 중 9곳의 주거지는 북서풍의 영향을 받을 수 있는 북서 방향의 경사면에 위치해 있었는데, 이들의 공통적인 특징은 경작지가 이들 유적지의 북서쪽에 위치해 있었다.

나타나고 있으며 무덤의 입지가 풍수에서 말하는 이상적 혹은 길지가 아닌 경우에 그 약점을 보완하기 위해 사신도가 그려졌다고도 한다(전호태, 2004: 24). 물론, 청동기시대 말(기원전 약 400년경)에서 고분 벽화가 그려진 시기까지에는 상당한 시차가 존재한다. 하지만 고구려(高句麗; 기원전 37년~기원후 668년)를 창건한 주몽(朱蒙; 기원전 58년~기원전 19년) 숭배가 고구려 재래의 사고에 일정하게 뿌리내리고 있던 종교적 관념을 바탕으로 이루어진 체계라고 한다면, 비록 약 400년의 시차가 존재하기는 하지만 두 시기 사이의 문화적 연속성을 밝히는 일도 불가능하지 만은 않을 것이다(전호태, 2008: 353~356). 한편, 신라(新羅; 기원전 57년~기원후 935년)시대 말기(9세기~10세기)의 승려이자 풍수지리설의 대가로 알려진 도선(道詵; 827년~898년)의 경험지리학적 풍수사상이 고려(高麗, 918년~1392년)의 창건시 수도를 송악[(松嶽; 개성(開城)의 옛 이름)]으로 정하는 데 큰 영향을 끼쳤다고 전해지며(최창조, 1992: 85~87), 조선(朝鮮, 1392년~1897년) 왕조의 태조 이성계(太祖 李成桂; 1335년~1408년)가 수도를 현재 한국의 수도인 한양(漢陽, 서울의 옛 이름)으로 천도했을 때에도 영향을 주었다고 전해진다(최창조, 1993; 한동환, 1993: 182~184). 논쟁의 여지는 있지만, 풍수 개념은 한국 역사상 거의 전 시기를 통해 확인이 가능한 것으로 보인다. 본 논문의 연구 결과에 의하면, 풍수의 개념은 선사시대로까지 소급이 가능해 보인다. 왜냐하면 본 연구에서 시도했던 주거 유적을 중심으로 구해진 에너지 소모가 고려된 5㎞ 유적 자원 획득영역의 지형적(topographical) 경계선과 그 경계와 관련된 고인돌 유적들의 분포 형상들이 풍수사상에서 말하는 소위 명당의 배치를 연상시키기 때문이다. 이는 풍수라는 개념이 이론화되기 이전에 청동기시대인들이 생계 경제로서의 농경을 채택하고 농경에 적응해가는 과정에서 본인들이 살고 있는 지역에서 가장 최적화된 조건의 입지를 경험을 통해 체득하여 인식하고 있었기 때문이라고 여겨지며, 이후 중국에서 이론화된 풍수 사상이 전해졌을 때, 본인들이 이미 터득하고 있었던 사항들과 잘 맞았기 때문에 하나의 이론체계로 쉽게 수용되었던 것이 아닌가 생각된다.

제 7 장

결 론

한국 청동기시대(기원전 1500년경~기원전 400년경)에 발생한 주요한 변화 중 상당수는 생계 경제로서의 벼농사의 발달에서 기인한 것으로 보인다(안승모, 1998d; 최기룡, 2001; 임효재, 2005). 본 논문은 한반도 중서부 지역의 청동기시대인들이 그들의 주거 유적과 매장 유적의 선택과 관련하여 내린 여러 결정들과 그러한 결정을 내리기까지 어떠한 요소들이 영향을 미쳤는지에 대해 알아보고, 경관에 남겨진 장기간의 변화 양상들에 대해서도 살펴보았다.

이러한 질문들에 답하기 위하여 서울·인천·경기도 지역에서 조사된 45곳의 주거 유적과 236곳의 고인돌 유적들의 정보를 수집하고 이들의 공간 분석을 위해서 지리정보시스템(GIS)을 활용하였다. 한편, 청동기시대 유적의 장기간의 변화 양상을 살펴보기 위하여, 본 연구 대상 지역에 위치한 16곳의 주거 유적들로부터 확보된 72개의 방사성탄소연대측정 자료를 이용하여 베이지안 모델링(Bayesian modelling)을 시도하였다. 이와 더불어, 토양·수리·지형 등의 자연환경적 요인들의 분석과 지세 선호도·시계(viewshed)·이동 범위·유구들의 장축 방향 등의 문화적 요인들도 분석하였다. 따라서 이 장에서는 위 분석들의 주요 발견 사항들을 요약하고 향후 연구 방향에 대하여 언급하고자 한다.

첫 번째로 자연환경 요인 분석들의 결과를 요약하고자 한다. 토양학적(pedological) 분석 결과에 따르면, 주거 유적들은 '수확량이 높은 밭농사(Dry-field_Good)' 범주의 토양과 정적(positive) 관계를 갖는 것으로 나타났다. 고인돌 유적들도 '수확량이 높은 밭농사'와 '수확량이 높은 벼농사' 범주의 토양에서 정적인 관계를 보여 주었다. '벼농사_수확량 높음'과 '벼농사_수확량 낮음' 범주의 토양에서 고인돌 유적들의 분포 비율이 주거 유적들의 분포 비율보다 더 높았다. 이는 고인돌 유적들과 농경에 적합한 토양 유형과의 정적인 관계는 농경의 개시가 선사인들에게 시간적·공간적으로 새로운 사고의 전환을 불러일으켰고, 거석 기념물들이 토지와의 관계의 중요성을 나타내는 지표의 하나였다고 주장한 브래들리(Bradley, 1998)의 가설을 뒷받침하는 것으로 보인다. 또한, 수리(水理) 분석 결과에서도 고인돌 유적들이 주거 유적들보다 지류(支流, water source)에서 더 가까운 거리에 위치하는 경향을 보였는데, 이 결과 또한 토양학적 결과와 더불어 고인돌 유적들이 경작 가능한 토지들과 관련이 있었다는 것을 반영하는 것으로 보인다. 한편, 지형 분석의 경우, 주거 유적들과 고인돌 유적들이 위치한 경사 방향에서는 통계적으로 어떠한 방향도 의미 있게 결과가 나오지 않았다. 그러나 경사도(Slope) 분석 결과에 따르면, 주거 유적과 고인돌 유적들이 0~10° 구간의 완만한 경사지에서 발견되어, 두 유적 모두 평지를 선호하였고 통계적으로도 유의미하게 나타났다. 한편, 경사도 15° 미만 지역은 벼농사와 밭농사에 적합한 지역이라는 점을 국립농업과학원에서 제공하는 '흙토람' 사이트에서 확인할 수 있는데, 이 결과 역시 청동기시대의 주된 생계 경제의 성격을 반영하는 것으로 보인다.

이와 같이 환경 요인 분석을 통해서 청동기시대의 주거 유적과 고인돌 유적들의 입지 정보를 확인할 수 있었고, 분석 결과들로부터 그 당시의 생계 경제에 대한 추론이 가능하였다. 그러나 자연환경적 요인들의 분석 결과들만으로는 주거 유적과 고인돌 유적들이 왜 그러한 입지에 위치하게 되었는가에 대한 충분한 설명이 이루어지지 못했다. 그리하여 지세(landform) 선호도, 시계(viewshed) 범위, 이동 범위, 각 유적의 장축의 지향(Orientation) 등 문화적 요인들에 대한 분석도 시도하게 되었다.

문화적 요인 가운데 우선, 지세(landform) 선호도 분석에서는 주거 유적들의 60%가 '산등성이(Ridges)' 범주에 위치해 있었으며, 고인돌 유적들의 약 60%는 경사진 '평면(Planes)'에 위치해 있었다. 유적 지도(그림 5.3)에서도 주거 유적들이 산등성이에 위치하는 경향을 확인할 수 있었는데, 즉, 주거 유적들은 고인돌 유적들에 비해 훨씬 높은 고도와 더 좋은 전망을 선호한 것으로 보여진다. 이에 비해, 경사진 '평면(Plane)' 범주에서 발견되는 고인돌 유적들은 인접한 경작 가능한 토지를 굽어보는 산의 끝자락에서 평지(plain)가 시작되는 점이지대(transitional zone)에 위치하는 경향을 확인할 수 있었다. 더불어 이분 시계 분석 결과에 의하면, 주거 유적들의 평균 시계(viewshed)(12098.7±10054.5)는 고인돌 유적들의 평균 시계(4176.2±5060.6)보다 3배 가량 넓었다. 시계 범위와 주거 유적의 고도 사이에는 r^2=0.36이라는 뚜렷한 양적 상관관계(p값=0.000014)가 나타났다[(도면 5.13에서 특이치를 제외시키면, 아직 유의미하기는 하지만 감소된 정적(positive) 상관관계(r^2=0.16, p값=0.00679)가 나타난다. 이에 비해, 고인돌 유적들과 고도의 상관관계는 거의 무시될 만한 선형관계가 도출되었다(r^2=0.0067)]. 이러한 결과들을 통해 유추해 볼 때, 이 시대 사람들은 주거 유적의 입지 조건으로 탁 트인 전망(view)과 높은 고도를 선호했던 것으로 보이며, 이 시기에 존재했을 것으로 추정되는 무력적 충돌을 피해 이러한 입지가 방어적 목적에 보다 부합되었기 때문인 것으로 사료된다.

한편 이동 분석의 결과에 의하면, 산이 많은 한반도의 지형적(topographic) 특성으로 인하여 에너지 소모를 고려한 5㎞ 유적 자원(획득영역) 경계의 결과들에서 주거 유적들이 산으로 둘러싸인 입지 내에 위치하는 경향이 있었고, 그 경계 안에 지류(tributary)들을 포함하고 있었다(도면 5.29, 5.30, 5.31 참조). 분석된 45곳의 주거 유적들 중, 내륙 지역에 위치한 약 2/3(31개 유적지)는 위와 유사한 배치형태(configurations)를 나타내었다. 이러한 형상은 이후에 나타나는 풍수 사상에서 길(吉)한 위치를 나타내는 명당(明堂)(그림 6.11)의 개념을 연상시켰다. 한편, 고인돌 유적들은 내륙에 위치한 주거 유적 대다수(31개 중 29개, 즉 94%)의 에너지 소비 조정 5㎞ 유적 자원(획득영역) 경계 내에서 발견되는데(그림 5.32 참조), 이들 주거 유적들의 평균(average) 고인돌 유적 수는 6(±5.3)이며 중앙값은 5(±6.5)이다. 본 연구 대상에 포함된 236곳의 고인돌 유적지들 중 185곳, 즉 80%는 주거 유적의 에너지 소비 조정 5㎞ 유적 자원(획득영역) 경계 내에서 발견된다. 이러한 결과들로 볼 때, 주거 유적과 고인돌 유적들은 그들이 축조된 경관 내에서 서로 밀접한 상호 관계를 가지고 있었던 것으로 추정된다. 또한, 지향 분석 결과도 언급할만한데 주거지와 고인돌들의 장축(axis) 방향이 유적들이 입지한 경사면의 방향 등 자연적으로 형성된 경관 지형(topography)과의 관계에서 통계적으로 유의미하게 나타났으며, 이러한 결과는 이전 연구자들의 연구 결과(김병모, 1981; 지건길, 1987)를 뒷받침하였다.

문화적 요인 분석의 이 같은 결과들은 자연환경 요인 분석 결과들과 더불어 한국 청동기시대 주거 유적과 고인돌 유적들의 입지에 대한 정보를 확인할 수 있도록 도와주었는데, 일부 결과는 한반도의 약 70%가 산지로 구성되어 있다는 사실과 밀접한 관련이 있어 보인다. 자신들이 생활하던 경관에 대한 한국 청동기시대인들의 인식[또는 지각 반응(perceptual response)]은 그들의 주위 환경과의 상호 작용을 통해서 즉, 그들이 살면서 형성해나간 문화적 사고방식 안에서 자연 경관을 해석해나간 것으로 추정된다. 다시 말해 그들은 자연으로부터 그들 자신을 구분했다기보다는 그들 자신을 자연 경관의 일부로 여겼던 것 같다. 아직 본 연구 대상 지역 외의 다른 지역에 대한 연구가 이루어지지 않아 단정짓기는 어렵지만, 한국 청동기시대의 '자연환경적 요인'과 '문화적 요인'에 대한 구분 자체가 무의미할 정도로 서로 얽혀 있던 관계로 판단된다.

결론적으로, 삶과 죽음에 관한 의례들(rituals)은 둘 사이의 상호작용 없이 존재할 수 없으며(Whittle, 2003:48~49; Schulting, 2004:22), 상징주의적 관점에서 인간의 행위는 생계의 필요성에 의해서뿐만 아니라 문화적 지향에 의해서도 결정된다(Hodder, 1990; Tilley, 1994)고 하였다. 즉, 인간 행동의 동인과 결정들은 환경적 요인과 문화적 요인 모두를 고려한 후에 동시에 결정되는 것으로 보이며, 나아가 인간행위를 보다 맥락적으로 이해하기 위해서는 그들이 존재했던 고유한 경관 자체를 이해하는 것이 필요하다(Gosden, 1994: 79)는 의견에 공감한다. 그러므로 비록 이 논문의 연구 질문들이 자연환경적 요인들과 문화적 요인들 간의 구분으로 시작되었지만, 분석 결과에 따르면 청동기시대인들은 산 자와 죽은 자들의 입지를 선정할 때 두 요소들을 모두 고려한 보다 전체주의적(holistic) 시각을 가지고 있었던 것으로 생각된다.

이러한 결론은 이 시기 유적들의 입지(location)가 전적으로 '최고(best)'의 토양 유형(물론 여기서 가장 적합한 토양이라고 하는 것은 경작되는 작물이나 당시의 기술 수준 등 다양한 요소에 의해 영향을 받을 것이다)이라는 환경적인 요인들에 의해서 결정되었다기보다는 지세나 시계(viewshed), 이동 범위(movement) 등과 같은 문화적 요인들이 결정에 더 많은 영향을 끼친 것으로 보여진다. 한반도 중서부 지방의 청동기시대인들에게 있어 자연과의 조화는 중요한 안건이었으며, 자연환경 및 문화적 요소들은 유기적 관계로 얽혀 있었던 것 같다. 그 결과, 청동기시대 공동체들의 자연환경에 대한 사회문화적 접근법의 하나로 표출된 원시적인 풍수적 사고방식의 출현은 그것을 통해 한반도 청동기시대인들의 경관에 대한 그들의 인식과 그들의 문화적 정체성을 엿볼 수 있는 계기를 마련했다는 데에서 본 연구의 의의를 찾을 수 있을 것이다.

마지막으로, 본 연구에서 다루지 못한 한계점들과 앞으로의 과제를 밝히면서 글을 마무리짓고자 한다. 본 연구는 경관 고고학의 관점에서 연구 대상 지역의 장기적 변화 양상을 살펴보기 위해 다소 거시적 관점에서 수행되었기 때문에, 각 시기별 개략적인 경향들은 보여줄 수 있었다. 그러나 유물 분석을 기반으로 하여 당시 사회를 좀더 미시적으로 분석하고, 당시 공동체 또는 개인들의 정체성을 살펴보기에는 한계가 있었으며, 다른 지역과의 교류 등을 살펴볼 겨를이 없었다. 그러므로 추후 문화적 교류 및 상호작용과 세부적인 문화적 정체성에 대한 연구를 위해서는 이 시기 물질문화에 대한 추가 연구가 필요할 것으로 사료된다. 또한, 본 연구에서는 시기 구분 중 '전기~중기', '전기~후기'와 '중기~후기' 등의 범주에 해당되는 자료들을 효율적으로 활용하지 못한 한계가 있다. 앞으로 이들 '시기'에 대한 분석을 위해서 다른 방법들을 지속적으로 모색해 나가고자 한다. 그리고 보다 독립적이고 신뢰성 있는 고인돌 유적들의 연대를 구할 수 있다면 청동기시대의 사회 구조를 밝히는 데 한 발 더 다가갈 수 있을 것이다. 마지막으로, 수전 농경(wet rice agriculture)의 개시를 밝히기 위해서는 더 많은 고환경 자료들(palaeo-environmental evidence)과 그에 대한 연구들이 필요한데, 이 부분에 대한 연구가 심화되면 농경과 관련된 사회적 변화 양상들의 심도 있는 연구들도 가능할 것으로 생각된다.

표 차례

그림 차례

34/숭실대학교 한국기독교박물관 소장)

그림 6.10. 전 덕산(傳 德山) 출토 팔주령(국립중앙박물관·국립광주박물관, 1992: 36/박영철 소장)

그림 6.11. 이상적인 명당(明堂)의 배치도(좌: 최창조, 1992: 2~3, 우: 이우평, 2002: 296 수정)

참고문헌

단행본

강인구 · 이건무 · 한영희 · 이강승, 1979, 『송국리 I: 본문』, 국립중앙박물관.

경기도박물관, 2001, 『임진강』 Vol.1, 환경과 삶, 용인: 경기도박물관.

경기도박물관, 2002, 『한강』 Vol.1~3, 용인: 경기도박물관.

경기도박물관, 2007, 『경기도 고인돌』.

경기문화재연구원 · 경기도박물관, 2009, 『경기발굴 10년의 발자취』.

경상남도 · 동아대학교 박물관, 1999, 『남강유역 문화유적 발굴도록』.

고려문화재연구원 · YM종합건설주식회사, 2008, 『평택 소사동유적: 유적복원도』.

국립문화재연구소, 2004, 『한국고고학 전문사전: 청동기시대 편』, 서울: 학연문화사.

국립문화재연구소, 2004, 『한국고고학사전』, 서울: 학연문화사.

국립중앙박물관, 1993, 『한국의 선 · 원사토기』, 서울: 도서출판 신유.

국립중앙박물관 · 국립광주박물관, 1992, 『한국의 청동기문화』, 서울: 범우사.

권동희, 2011, 『한국의 지형』, 파주: 한울아카데미.

김광언 · 이청규 · 이강근 · 윤용이 · 조은정 · 유홍준, 로데릭 위트휠드 감수, 2004, 『한국문화재용어사전』, 서울: 한림출판사.

김원룡, 1986, 『한국고고학개설』, 서울: 일지사.

김원룡, 2002, 『한국고고학개설』, 서울: 일지사.

김재원 · 윤무병, 1967, 『한국지석묘연구』, 국립박물관.

석광준, 2002, 『조선의 고인돌무덤 연구』, 사회과학원, 서울: 도서출판 중심.

우장문, 2006, 『경기지역의 고인돌 연구: 경기 · 서울 · 인천 지역의 고인돌』, 서울: 학연문화사.

유태용, 2003, 『한국 지석묘 연구』, 서울: 주류성 출판사.

이상균, 2005, 『한반도 신석기문화의 신동향』, 서울: 학연문화사.

이선복, 1988, 『고고학개론』, 서울: 이론과 실천.

이영문, 2002, 『한국 지석묘 사회 연구』, 서울: 학연문화사.

이우평 엮음, 2002, 『고교생을 위한 지리용어사전』, 서울: 신원문화사.

이형원, 2009, 『청동기시대 취락구조와 사회조직』, 서경문화사.

임효재 편저, 『한국 신석기 문화의 전개』, 서울: 학연문화사.

전호태, 2004, 『고구려 고분벽화의 세계』, 서울: 서울대학교 출판부.

전호태, 2008, 『고구려 고분벽화 연구』, 파주: 사계절 출판사.

최몽룡, 2006, 『최근의 고고학 자료로 본 한국고고학 · 고대사의 신연구』, 서울: 주류성 출판사.

최몽룡, 2008, 『한국 청동기 · 철기시대와 고대사의 복원』, 서울: 주류성 출판사.

최몽룡 · 이선복 · 안승모 · 박순발, 1993, 『한강유역사』, 서울: 민음사.

최몽룡 · 이청규 · 이영문 · 이성주, 1999, 『한국지석묘(고인돌)유적 종합조사 · 연구 I · II』, 문화재청 · 서울대학교 박물관.

최창조, 1992, 『좋은 땅이란 어디를 말함인가: 한국 풍수사상의 이론과 실제』, 서울:

서해문집.

하문식, 1999, 『고조선 지역의 고인돌 연구』, 서울: 백산자료원.

한국교원대학교 역사교육과 교수진, 2004, 『아틀라스 한국사』, 서울: 사계절.

논문

강동석a, 2002, 「강화 북부지역 지석묘사회의 취락유형 연구」, 성균관대학교 대학원 석사학위논문.

강동석b, 2002, 「강화 지석묘의 구조와 분포분석」, 『박물관지』4, 인하대학교 박물관, 43~64쪽.

강동석, 2007, 「강화도의 지석묘」, 『경기도 고인돌』, 경기도 박물관, 658~673쪽.

고일홍, 2010, 「청동기시대 전기의 농경방식 재조명」, 『한국상고사학보』 67호, 25~44쪽.

곽종철, 1993, 「선사·고대 稻 資料 출토유적의 토지조건과 도작·생업」, 『고문화』 42·43호, 3~78쪽.

곽종철, 2001, 「우리나라 선사~고대 논밭 유적」, 『한국 농경문화의 형성』, 부산: 한국고고학회, 21~73쪽.

구자진, 2005, 「옥천 대천리의 신석기시대 집자리 연구」, 『한국상고사학보』 47호, 5~36쪽.

宮里 修, 2005, 「무문토기시대의 취락 구성」, 『한국고고학보』 56, 49~92쪽.

권오영·이형원·신성혜·박중국, 2007, 『화성 반송리 청동기시대 취락』, 한신대학교 박물관.

김명진·이성준·박순발·홍덕균, 2005, 「베이지안 통계학(Bayesian statistics)을 이용한 한국 청동기시대 전기 可樂洞 類型의 연대 고찰」, 『한국상고사학보』 47호, 37~57쪽.

김범철, 2005,「금강 중·하류역 청동기시대 중기 취락분포유형 연구」,『한국고고학보』57, 99~124쪽.

김범철, 2006a,「금강 중·하류역 송국리형 취락에 대한 가구고고학적 접근: 다차원척도법을 이용한 가구간 빈부차/계층 분석을 중심으로」,『한국상고사학보』51호, 79~108쪽.

김범철, 2006b,「중서부지역 청동기시대 수도(水稻) 생산의 정치경제」,『한국고고학보』58, 79~108쪽.

김범철, 2011,「청동기시대 전기 주거양상과 가구발달주기: 호서지역 역삼동 및 흔암리 유형 취락을 중심으로」,『한국상고사학보』72호, 31~60쪽.

김병모, 1981,「한국 거석문화 원류에 관한 연구(I)」,『한국고고학보』10·11집, 55~78쪽.

김승옥, 2006,「송국리문화의 지역권 설정과 확산과정」,『호남고고학보』24권, 33~64쪽.

김승옥, 2006,「청동기시대 주거지의 편년과 사회변천」,『한국고고학보』60집, 4~37쪽.

김양선·임병태, 1968,「역삼동주거지 발굴보고」,『사학연구』20, 23~51쪽.

김원룡, 1961,「십이대영자의 청동단검묘」,『역사학보』16, 109~121쪽.

김원룡·임효재·최몽룡·려중철·곽승훈, 1972·1973,『흔암리 주거지』, 서울대학교 고고인류학과.

김장석, 2001,「흔암리 유형 재고: 기원과 연대」,『영남고고학』28호, 35~64쪽.

김정배, 1987,「청동기문화」,『한국사연구입문』, 서울: 지식산업사, 55~61쪽.

김정학, 1963,「광주 가락리 주거지 발굴보고, 고문화 2, 한국대학박물관협회, 11~25쪽.

김정학, 1978,「한국 청동기문화의 편년」,『한국고고학보』5, 1~16쪽.

김정학, 1984,「고고학상으로 본 강역」,『정신문화연구』21, 45~56쪽.

김정학, 1987,「고고학상으로 본 고조선」,『한국 상고사의 제문제』한국정신문화연구원 보고 논총 87~1, 67~96쪽.

김종욱 외, 2008,「제2장 산지 지형」,『한국의 자연지리』, 서울대출판부.

김종일, 2006,「경관고고학의 이론적 특징과 적용 가능성」,『한국고고학보』58집,

110~145쪽.

문화재관리국, 1974, 『팔당 · 소양댐수몰지구유적발굴 종합조사보고』

민덕식, 1997, 「철기시대 (4) 방어시설」, 『한국사 3 청동기문화와 철기문화』, 국사편찬위원회, 426~445쪽.

박경식 · 서영일 외, 2007, 『의왕이동 청동기유적 발굴조사 보고서』, 서울: 단국대학교 매장문화재연구소 · (주)대능 · 북일 종합건설.

박선주 · 권학수 · 이융조, 1996, 『평택 현화리 유적』, 평택시 공영개발사업소 · 충북대학교 선사문화연구소.

박성희, 2006, 「청동기시대 취락유형에 대한 고찰」, 『한국상고사학보』, 54호, 21~46쪽.

박희현, 1984, 「한국의 고인돌 문화에 대한 한 고찰」, 『한국사연구』 46, 1~24쪽.

배기동 · 강병학, 2000, 『부천 고강동 선사유적 제4차 발굴조사보고서』, 부천시 · 한양대학교 박물관 · 문하인류하과.

배기동 · 이화종, 2002, 『부천 고강동 선사유적 –제5차 발굴조사 보고서』, 서울: 부천시 · 한양대학교 문화재연구소.

백종오 · 오대양, 2007, 「경기도 고인돌의 현황과 특징」, 『경기도 고인돌 연구의 어제와 오늘』, 경기도 박물관, 17~43쪽.

부산대학교 박물관, 1993, 『김해 예안리 고분군 II–본문』.

서울대 인문학연구소 · 서울대학교 박물관 공편, 2000, 『아차산성: 시굴조사보고서』.

서울대학교 고고인류학과, 1974, 『흔암리 주거지』.

서울대학교 박물관 · 서울대학교 고고학과, 1976, 『흔암리 주거지 3』.

서울대학교 박물관 · 서울대학교 고고학과, 1978, 『흔암리 주거지: 1976, 1977년도 발굴진전보고』.

성낙준, 1997, 「철기시대 (3) 무덤」, 『한국사 3: 청동기문화와 철기문화』, 국사편찬위원회, 409~425쪽.

성동환, 1993, 「땅의 기란 무엇인가」, 『풍수, 그 삶의 지리 생명의 지리』, 서울: 푸른나무, 103~161쪽.

성춘택·이성준·츠치다 준코·최경환, 2007, 『화성 반월동유적』, 충남대학교 백제연구소·(주)애경건설.

손병헌, 1987, 「한국 선사시대의 무덤」, 『삼불김원룡교수 정년퇴임기념논총』 I 고고학편. 서울: 일조각, 73~84쪽.

손진태, 1934, 「조선 dolmen고」, 『개벽』 1, 16~26쪽.

손진태, 1948, 「조선 Dolmen에 관한 조사연구」, 『조선민족문화의 연구』, 1~41쪽.

송만영, 2001, 「남한지방 농경문화형성기 취락의 구조와 변화」, 『한국 농경문화의 형성』, 부산: 한국고고학회, 75~108쪽.

송만영·이소희·박경신, 2002, 『연천 삼거리유적』, 용인: 경기도박물관.

송호정, 1990, 「고조선의 위치와 족속문제에 관한 고찰: 미송리형토기의 분석을 중심으로」, 서울대학교 대학원 석사학위논문.

신숙정, 1992, 「우리나라 신석기시대의 자연환경」, 『한국상고사학보』 10호, 17~81쪽.

심봉근, 1991, 「한국 선사시대 도작농경」, 『한국고고학보』 27집, 5~57쪽.

심봉근, 1981, 「한·일 지석묘의 관계」, 『한국고고학보』 10·11집, 79~108쪽.

심봉근, 1999, 일본, 『한국지석묘(고인돌)유적 종합조사·연구 I』, 문화재청·서울대학교 박물관, 145~168쪽.

안승모, 1993, 「한강유역의 신석기 문화」, 『한강유역사』, 서울: 민음사, 21~114쪽.

안승모, 1998a, 「한반도 선사시대 출토 곡류와 농구」, 『동아시아 선사시대의 농경과 생업』, 서울: 학연문화사, 59~103쪽.

안승모, 1998b, 「한국선사시대의 식생활」, 『동아시아 선사시대의 농경과 생업』, 서울: 학연문화사, 395~410쪽.

안승모, 1998c, 「재배곡물로 본 동아시아의 신석기시대농경」, 『동아시아 선사시대의 농경과 생업』, 서울: 학연문화사, 371~392쪽.

안승모, 1998d, 「한국 선사농경연구의 성과와 과제」, 『동아시아 선사시대의 농경과 생업』, 서울: 학연문화사, 13~38쪽.

안승모, 1998e, 「한국 청동기시대연구의 현황과 문제점」, 『동아시아 선사시대의 농경과 생업』, 서울: 학연문화사, 39~46쪽.

안승모, 1998f, 「신석기시대 강원지방의 사회상과 생업」, 『동아시아 선사시대의 농경과 생업』, 서울: 학연문화사, 411~436쪽.

안재호, 2000, 「한국 농경사회의 성립」, 『한국고고학보』 43집, 41~66쪽.

연합통신, 1997, 『연합연감』, 서울: 연합통신.

우장문, 2005, 『경지지역의 고인돌 문화 연구』, 경기대학교 박사학위논문.

유태용, 2001, 「한국 청동기시대 지석묘 사회의 연구: 축조집단의 사회계층 문제를 중심으로」, 한양대학교 박사학위논문.

유태용, 2002, 「강화도 지석묘의 축조와 족장사회의 형성과정 연구」, 『박물관지』 4, 인하대학교박물관, 13~42쪽.

유태용, 2003, 『한국 지석묘 연구』, 서울: 주류성 출판사.

윤세영 · 이홍종, 1994, 「미사리」제5권, 미사리선사유적발굴조사단 · 경기도공영개발사업단.

이건무, 1987, 『韓國 靑銅儀器의 硏究: 소위 異形銅器를 中心으로』, 한양대학교 석사학위논문.

이건무, 1992a, 「한국의 요녕식동검문화」, 『한국의 청동기문화』, 133~137쪽.

이건무, 1992b, 「한국식동검문화」, 『한국의 청동기문화』, 133~137쪽.

이남규 · 권오영 · 이기성 · 이형원 · 신성혜 · 조성숙 · 이진민 · 한지선 · 김여진, 2006, 『화성 천천리 청동기시대취락』, 한신대학교 박물관.

이남석 · 이훈 · 이현숙, 1998, 『백석동유적』, 공주대학교 박물관 · 충청북도 천안시.

이백규, 1974a, 「경기도 출토 무문토기 · 마제석기」, 『고고학』 3, 53~129쪽.

이백규, 1974b, 「경기도 출토 무문토기 마제석기: 토기편년을 중심으로」, 서울대학교 석사학위논문.

이백규, 1984,「흔암리 출토유물에 대하여」,『윤무병박사회갑기념논총』, 서울: 통천문화사, 39~51쪽.

이백규, 1986,「한강유역 전반기 민무늬토기의 편년에 대하여」,『영남고고학』2, 31~57쪽.

이상균, 2003,「한반도 신석기시대 주거의 변천과 구조거 양상」,『고문화』61, 3~29쪽.

이상엽, 2007,「경기지역 환호의 성격검토」,『경기도의 고고학』, 서울: 주류성 출판사, 97~124쪽.

이성주, 1992,「신석기시대」,『한국선사고고학사』, 서울: 도서출판 까치, 77~168쪽.

이영문, 1993,『전남지방 지석묘 사회의 연구』, 한국교원대학교 박사학위논문.

이영문, 1999,「화순 지석묘」,『한국 지석묘(고인돌)유적 종합조사·연구(Ⅰ)』, 문화재청·서울대학교 박물관, 299~307쪽.

이진민, 2004,「중부지역 역삼동 유형과 송국리 유형의 관계에 대한 일고찰」,『한국고고학보』54집, 35~62쪽.

이진민, 2005,「중부지역 무문토기시대 전·중기 문화에 대한 일고찰」,『송국리문화를 통해 본 농경사회의 문화체계』, 고려대학교 고고환경연구소 편, 34~83쪽.

이청규, 1988,「남한지방 무문토기문화의 전개와 공렬토기문화의 위치」,『한국상고사학보』1호, 37~92쪽.

이형구, 1987,「발해연안지구 요동반도의 고인돌 무덤 연구」,『정신문화연구』32, 203~221쪽.

인천광역시 서구청·인하대학교 박물관, 2005,『대곡동 지석묘-인천 대곡동 지석묘 정밀지표조사』.

인천광역시·대한불교조계종 문화유산발굴조사단, 2002,『강화의 문화유적-강화문화유적 지표조사 보고서』.

임효재, 2005,「한국 선사시대의 농경」,『한국 신석기 문화의 전개』, 서울: 학연문화사, 341~366쪽.

임효재 · 김성남 · 이진민, 2002, 『화성 고금산 유적』, 서울대학교 박물관.

임효재 · 양성혁, 1999, 『강화도 고인돌군–정밀지표조사보고서』, 서울대학교인문학연구소 · 강화군.

장경호 · 김성태 · 김성수 · 김영화 · 서길덕, 2004, 『수원 율전동유적』, 기전문화재연구원 · 대한주택공사.

장경호 · 김성태 · 김아관 · 서봉수 · 서길덕, 2002a, 『시흥 계수동 안골유적–시흥시 계수~과림간 도로개설구간내 시 · 발굴조사 보고서』, 경기문화재단 부설 경기문화재연구소 · 시흥시.

장경호 · 김성태 · 소상영 · 김기태 · 서길덕 · 김한식, 2002b, 『안양 관양동 선사유적발굴조사보고서』, 기전무화재연구원 · 한국수자원공사.

정경희, 1981, 「단군사회와 청동기문화」, 『한국학보』 7권 2호, 2109~2158쪽.

조유전, 1992, 「제3장 청동기시대」, 『한국선사고고학사』, 까치, 169~287쪽.

조화룡, 2000, 「제6장. 지형」, 『한국지리』, 제29차세계지리학대회조직위원회, 서울: 교학사.

지건길, 1982, 「동북 아시아 지석묘의 형식학적 고찰」, 『한국고고학보』 12집, 245~261쪽.

지건길, 1987, 「거석문화의 동과 서」, 『삼불 김원룡교수 정년퇴임 기념논총』 I, 서울: 일조각, 689~701쪽.

최기룡, 2001, 「한반도의 벼농사의 개시기와 자연환경」, 『한국 농경문화의 형성』, 부산: 한국고고학회, 9~19쪽.

최남선, 1927, 「암석숭배로서 거석문화에까지」, 『동광』, 6~19쪽.

최몽룡, 1978, 「전남지방 소재 지석묘의 형식과 분류」, 『역사학보』 78집, 1~50쪽.

최몽룡, 1981, 「전남지방 지석묘 사회와 계급 발생」, 『한국사 연구』 35집, 1~14쪽.

최몽룡, 1982, 「전남지방 지석묘사회의 편년」, 『진단학보』 53집, 1~10쪽.

최몽룡, 1993, 「한성시대의 백제」, 『한강유역사』, 서울: 민음사, 225~267쪽.

최몽룡, 1999a, 「서문」, 『한국지석묘(고인돌)유적 종합조사 · 연구 Ⅰ』, 문화재청 · 서울대학교 박물관, 4~5쪽.

최몽룡, 1999b, 「한국지석묘의 기원과 전파」, 『한국지석묘(고인돌)유적 종합조사 · 연구 Ⅰ』, 문화재청 · 서울대학교 박물관, 18~31쪽.

최몽룡, 2000, 「Origin and Diffusion of Korean Dolmens」, 『한국 지석묘 연구 이론과 방법』, 서울: 주류성 출판사, 18~31쪽.

최몽룡, 2003, 「총설」, 『한국사』 1, 과천: 국사편찬위원회, 1~22쪽.

최몽룡, 2011, 「부여 송국리유적의 새로운 편년」, 『21세기의 한국 고고학』 vol.Ⅳ, 서울: 주류성 출판사, 211~226쪽.

최몽룡 · 이청규 · 이영문 · 이성주, 1999, 『한국지석묘(고인돌)유적 종합조사 · 연구 Ⅰ』, 문화재청 · 서울대학교 박물관.

최몽룡 · 최상훈, 2002, 「Ⅱ단원: 선사시대의 문화와 국가의 형성」, 『고등학교 국사』, 서울: ㈜두산, 16~43쪽.

최병식, 2007, 「서울 대모산성의 역사 · 지리적 성격에 대한 연구」, 『경기도의 고고학』, 서울: 주류성 출판사, 223~246쪽.

최성락, 1987, 「전남지방 무문토기 문화의 성격」, 『삼불김원룡교수 정년퇴임기념논총』 Ⅰ 고고학편. 서울: 일조각, 243~272쪽.

최성락, 1997, 「철기시대의 유적: 집터」, 『한국사』 3: 청동기문화와 철기문화, 국사편찬위원회, 396~403쪽.

최성락 · 한성욱, 1989, 「지석묘 복원의 일례」, 『전남문화재』 2집, 11~24쪽.

최숙경, 1987, 「고고학 성립 이전의 유적유물관」, 『삼불김원룡교수 정년퇴임기념논총』 Ⅰ 고고학편. 서울: 일조각, 747~754쪽.

최정필 · 하문식 · 황보경 · 최민수 · 유용수, 2005, 『강화지역 고인돌 실측보고서』, 세종대학교 박물관 · 강화군.

최정필 · 하문식 · 황보경 · 김진환 · 오대양 · 문창희, 2007, 『하남 덕풍골 유적 Ⅱ』, 세종대학교 박물관·하남시.

최정필·하문식·황보경·이경준·최민정·유용수, 2002, 『하남 미사동-2001년 시굴조사 보고서』, 서울: 세종대학교 박물관·하남시.

최정필·하문식·황보경·최민정·유용수, 2003a, 『연천지역 고인돌 유적-시·발굴조사 보고서』, 세종대학교 박물관·연천군.

최정필·하문식·황보경·최민정·유용수, 2003b, 『평택 방축리-시굴조사 보고서』, 세종대학교 박물관·모젤산업(주)·한진전자(주).

최창조, 1993, 「'왕조실록'에 나타난 서울 정도(定都) 논의」, 『풍수, 그 삶의 지리 생명의 지리』, 서울: 도서출판 푸른나무, 337~378쪽.

하문식, 1985, 「우리나라 고인돌 문화의 연구: 금강과 남한강 유역을 중심으로」, 연세대학교 석사학위논문.

하문식, 1988, 「금강과 남한강유역의 고인돌 비교 연구」, 『손보기박사정년기념 고고인류학논총』, 서울: 지식산업사, 519~568쪽.

하문식, 1997, 『동북아세아 고인돌문화의 연구: 중국 동북지방과 서북한지역을 중심으로』, 숭실대학교 박사학위논문.

하문식, 2002, 「서울 경기지역의 청동기시대 연구 현황」, 『고고학』 1, 59~68쪽.

하문식, 2004, 「망월동 집자리」, 『한국고고학전문사전-청동기시대 편』, 국립문화재연구소, 193쪽.

하문식, 2007, 「경기도 고인돌문화의 성격」, 『경기도 고인돌』, 경기도 박물관, 611~631쪽.

하문식·김주용·이진영, 2004, 「GIS 분석을 통한 고인돌 유적의 입지조건 연구」, 『기전고고』제4호, 기전문화재연구원, 277~299쪽.

하효흔 저·태극풍수지리연구회·이윤석 공역, 2014, 『중국 풍수사』, 논형.

한동환, 1993, 「풍수를 알면 삶터가 보인다」, 『풍수, 그 삶의 지리 생명의 지리』, 서울: 도서출판 푸른나무, 163~215쪽.

허문회, 1991, 「한국 재배도의 기원과 전래」, 『한국고고학보』 27집, 59~95쪽

온라인 자료

과천문화원, 과천의 산, http://www.gccc.or.kr/source/data/gc/data_list_view2.html?Dsdv=3&Dsid=139[접속일: 2012년 4월 17일]

국사편찬위원회, 한국사데이터베이스, 중국정사조선전, 史記 朝鮮列傳 http://db.history.go.kr/item/level.do?levelId=jo_001_0010 [접속일: 2016년 9월 24일].

국사편찬위원회, 한국사데이터베이스, 중국정사조선전, 漢書 朝鮮傳 http://db.history.go.kr/item/level.do?levelId=jo_002_0010 [접속일: 2016년 9월 24일].

국사편찬위원회, 한국사데이터베이스, 중국정사조선전, 後漢書 東夷列傳 http://db.history.go.kr/item/level.do?levelId=jo_003_0010 [접속일: 2016년 9월 24일].

국사편찬위원회, 한국사데이터베이스, 중국정사조선전, 後漢書 東夷列傳 韓傳 http://db.history.go.kr/item/level.do?levelId=jo_003_0010_0070_0030 [접속일: 2016년 9월 24일].

국사편찬위원회, 한국사데이터베이스, 중국정사조선전, 三國志 魏書 東夷傳 http://db.history.go.kr/item/level.do?levelId=jo_004_0010 [접속일: 2016년 9월 24일].

김선희, 2007. 2.7. 우리나라 최고급 쌀 생산 최적 조건, 농수축산신문, http://www.aflnews.co.kr/news/articleView.html?idxno=47876, [접속일: 2011년 5월 4일]

농촌진흥청 국립농업과학원, '흙토람', http://soil.rda.go.kr/soil/index.jsp [접속일:

2010년 8월 14일].

대한풍수문화연구소, 청주한씨 시조 한란(韓蘭)의 묘 http://cafe.naver.com/pungsoo/9475 [접속일: 2016년 7월 30일]

문화재청, 2000, 우리지역문화재-하남 이성산성, http://www.cha.go.kr/korea/heritage/search/Culresult_Db_View.jsp?mc=NS_04_03_02&VdkVgwKey=13,04220000,31 [접속일: 2011년 12월 27일].

한국고전번역원, '한국고전종합 DB', 이규보, 동국이상국집 제23권 남행월일기, http://db.itkc.or.kr/index.jsp?bizName=MK[접속일: 2016년 9월 15일]

한국농촌경제연구원, http://www.krei.re.kr/kor/info/infor_qnaview.php?bn_idx=5121&cpage=1& [접속일: 2011년 1월 25일].

한국민족문화대백과, 안성유기, http://terms.naver.com/entry.nhn?docId=579809 [접속일: 2012년 4월 2일].

외국

有光教一, 1990~1999, 「朝鮮磨製石劍の研究」, 『有光教一著作集』, 京都: 同明舍出版, pp.137~223, 圖版.

弦本敏行·內藤芳篤, 1989, 「病氣·外傷」, 『彌生文化の研究 1. 彌生人とその環境』, 東京: 雄山閣出版株式會社, pp.105~117.

BAR-YOSEF, O. 2011. The transition to cultivation in North and South China: a view from the Levant Part 1. Paper given at UCL, ICCAHA (International Centre for Chinese Heritage and Archaeology).

BARRETT, J., BRADLEY, R. & GREEN, M. 1991a. *Landscape, Monuments and*

Society. Cambridge: Cambridge University Press.

BARRETT, J., BRADLEY, R. & GREEN, M. 1991b. *Papers on the Prehistory of Cranborne Chase*. Oxford: Oxbow books monograph 11.

BARTZ, P. M. 1972. *South Korea*. Oxford: Clarendon Press.

BAYLISS, A., BRONK RAMSEY, C., VAN DER PLICHT, J. & WHITTLE, A. 2007. Bradshaw and Bayes: Towards a timetable for the Neolithic. *Cambridge Archaeological Journal*, 17: 1~28.

BOURDIEU, P. 1990. The Logic of Practice. Trans. R. Nice Cambridge: Polity Press.

BRADLEY, R. 1998. *The Significance of Monuments: On the Shaping of Human Experience in Neolithic and Bronze Age Europe*. London, New York: Routledge.

BRADLEY, R. 2000. *An Archaeology of Natural Places*. London, New York: Routledge.

BRONK RAMSEY, C. 2009. Bayesian analysis of radiocrbon dates. *Radiocarbon*, 51: 337~360.

BRONK RAMSEY, C. 2009b. Dealing with outliers and offsets in radiocarbon dating. *Radiocarbon*, 51: 1023~1045.

BUCK, C. E., CHRISTEN, J. A., KENWORTHY, J. B. & LITTON, C. D. 1994. Estimating the duration of archaeological activity using 14C determina-tions. *Oxford Journal of Archaeology*, 13: 229~240.

BUCK, C. E., KENWORTHY, J. B., LITTON, C. D. & SMITH, A. F. M. 1991. Combining archaeological and radiocarbon information: a Bayesian ap-proach to calibration. *Antiquity*, 65: 808~821.

BUCK, C. E., LITTON, C. D. & SMITH, A. F. M. 1992. Calibration of radiocarbon results pertaining to related archaeological events. *Journal of Archaeological Science*, 19: 497~512.

CHAPMAN, H. P. & GEAREY, B. R. 2000. Palaeoecology and the perception of prehistoric landscapes: some comments on visual approaches to phenomenology. *Antiquity*, 74: 316~319.

CHAPMAN, R. 1981. The emergence of formal disposal areas and 'the' problem' of megalithic tombs in prehistoric Europe. In: CHAPMAN, R., KINNES, I. & RANDSBORG, K. (eds.) *The Archaeology of Death*. Cambridge: Cambridge University Press.

CHILDE, V. G. 1934. *New light on the most ancient East: The oriental Prelude to European Prehistory*. London: Kegan Paul.

CHILDE, V. G. 1951. *Man makes himself*. New York: Mentor Books.

CHILDE, V. G. 1957. *The Dawn of European Civilization (6th ed)*. London: Routledge & Kegan Paul LTD.

CHISHOLM, M. 1966. *Rural Settlement and Land Use*. London: Hutchinson.

CHOE, J. P. 1982. The diffusion route and chronology of Korean plant domestication. *The Journal of Asian Studies*, 41: 519~530.

CHOI, M. L. 1984. *A Study of the Yongsan River Valley Culture: The rise of Chiefdom Society and State in Ancient Korea*. Seoul: Dong Song Sa.

CHOI, M. L. 2008. 「New perspectives in the research of the Korean Bronze, and Former & Later Iron Ages: The Origin of the Korean Culture and Northeast Asia in terms of the Polyhedral Theory and Establishing New Chronology」, 『한국 청동기 · 철기시대와 고대사의 복원』, 서울: 주류성 출판사, 20~23쪽.

CHOI, M. L. & RHEE, S. N. 2001. Korean archaeology for the 21st Century:

from Prehistory to State formation. *Seoul journal of Korean Studies*, 14: 117~147.

CONOLLY, J. & LAKE, M. 2006a. *Geographical Information Systems in Archaeology*. Cambridge: Cambridge University Press.

CONOLLY, J. & LAKE, M. 2006b. *Geographical nformation Systems in Archaeology*. Cambridge: CAmbridge University Press.

COONEY, G. 1983. Megalithic tombs in their environmental setting: A settlement perspective. In: REEVES-SMYTH, T. & HAMOND, F. (eds.) *Landscape Archaeology in Ireland*. Oxford: BAR British Series 116.

CRAWFORD, G. W. & LEE, G. A. 2003. Agricultural origins in the Korean Peninsula. *Antiquity*, 295: 87~95.

CUMMINGS, V. & FOWLER, C. (eds.) 2004. *The Neolithic of the Irish Sea: Materiality and traditions of practice*, Oxford: Oxbow Books.

CUMMINGS, V. & WHITTLE, A. 2003. Tombs with a view: landscape, monuments and trees. *Antiquity*, 77: 255~266.

DARVILL, T. 2004. *Long Barrows of the Cotswolds and Surrounding Areas*. Stroud: Tempus.

FLEMING, A. 1999a. Phenomenology and the megaliths of Wales: a dreaming too far? *Oxford Journal of Archaeology*, 18: 119~125.

FLEMING, A. 1999b. Phenomenology and the megaliths of Wales: a dreaming too far? . *Oxford Journal of Archaeology*, 18: 119~125.

FLEMING, A. 2005. Megaliths and post-modernism: the case of Wales. *Antiquity*, 79: 921~932.

FLEMING, A. 2006. Post-processual Landscape Archaeology: a Critique. Cambridge *Archaeological Journal*, 16: 267~280.

FRIED, M. H. 1967. *The Evolution of Political Society : An Essay in Political Anthropology*. New York: Random House.

FULLER, D. Q. & QIN, L. 2010. Declining oaks, increasing artistry, and cultivating rice: the environmental and social context of the emergence of farming in the Lower Yangtze Region. *Environmental Archaeology*, 15: 139~159.

GAFFNEY, V. & STANČIČ, Z. 1991. The Hvar case study. *GIS Approached to Regional Analysis: A Case Study of the Island of Hvar: Preface by Kenneth Kvanne*. Ljubljana: Znanstveni inštitut Filozofske fakultete.

GOSDEN, C. 1994. *Social Being and Time*. Oxford and Cambridge: Blackwell.

GOSDEN, C. 1999. The organisation of society. In: BARKER, G. (ed.) *Companion Encyclopedia of Archaeology*. London: Routledge.

GOSDEN, C. 2006. Material Culture and Long-term Change. In: ROWLANDS, M., TILLEY, C. & SPYER, P. (eds.) *Handbook of Material Culture*. SAGE.

GOSDEN, C. 2011. English landscape and identities. Paper at the English Faculty, University of Oxford.

GOSDEN, C. & LOCK, G. 1998. Prehistoric histories. *World Archaeology*, 30: 2~12.

GOWLAND, W. 1895. Notes on the Dolmens and other Antiquities of Korea. *The journal of the Anthropological Institute of Great Britain and Ireland*, 24: 316~331.

GRÄSLUND, B. 1987. *The Birth of Prehistoric Chronology : Dating Methods and Dating Systems in Nineteenth-Century Scandinavian Archaeology*. Cambridge: Cambridge University Press.

HODDER, I. 1984. Burials, houses, women and men in the European Neolithic. In: MILLER, D. & TILLEY, C. (eds.) *Ideology, Power and Prehistory*. Cambridge: Cambridge University Press.

HODDER, I. 1990. *The Domestication of Europe: Structure and Contingency in Neolithic Societies*. Cambridge: Blackwell.

HODDER, I. & HUTSON, S. 2003. *Reading the Past: Current Approaches to Interpretation in Archaeology (3rd edition)*. Cambridge: Cambridge University Press.

HUDSON, M. J. 1992. Rice, Bronze, and Chieftains: An archaeology of Yayoi Ritual. *Japanese Journal of Religious Studies*, 19: 139~189.

INGOLD, T. 1994. Introduction to culture. In: INGOLD, T. (ed.) *Companion Encyclopedia of Anthropology*. London, New York: Routledge.

JIANG, L. & LIU, L. 2006. New evidence for the origins of sedentism and rice domestication in the Lower Yangzi River, China. *Antiquity*, 80: 355~361.

KIM, G. T. 2002. *A study of the Boseong river valley culture: The growth of complex society in southwest Korea*. PhD., The Graduate School of the University of Oregon.

KIM, J. B. 1975. Bronze Artifacts in Korea and their Cultural Historical Significance. In: PETER H. LEE (ed.) *The Traditional Culture and Society of Korea: Prehistory*. Honolulu: The Center of Korean Studies, University of Hawaii.

KIM, J. H. 1978. *Prehistory of Korea*. Honolulu: The University of Hawaii.

KIM, J. I. 2002. An Archaeology of Death. *Seoul Journal of Korean Studies*, 15: 101~128.

KIM, W. Y. 1981a. Korean Archaeology Today. *Korea Journal* Vol.21 No.9:

22~43.

KIM, W. Y. 1982b. Discoveries of Rice in Prehistoric Sites in Korea. *The Journal of Asian Studies*, Vol.41 Issue 3: 513~518.

KUNA, M. & ADELSBERGERROVÁ, D. 1995. Prehistoric location preferences: an application of GIS to the Vinorsky potok project, Bohemia, the Czech Republic. In: LOCK, G. & STANCIC, Z. (eds.) *Archaeology and Geographical Information Systems: A European Perspective*. London Taylor & Francis.

LEE, K. B., TRANSLATED BY, WAGNER, E. W. & SHULTZ, E. J. 1984. *A New History of Korea*. Seoul: Iljogak (In Korean).

LOCK, G. 2009. Human activity in a spatial context. In: CUNLIFFE, B., GOSDEN, C. & JOYCE, R. A. (eds.) *The Oxford Handbook of Archaeology*. Oxford University Press.

LOCK, G. & BELL, T. 2000. Topographic and cultural influences on walking the Ridgeway in later prehistoric times. In: LOCK, G. (ed.) *Beyond the Map*. Amsterdam, Oxford: IOS Press.

LOCK, G. & DALY, P. 1999. Looking at Change, Continuity and Time in GIS: an example from the Sangro Valley, Italy. In: BARCELÓ, J. A., BRIZ, I. & VILA, A. (eds.) *New Techniques for Old Times CAA 98: Computer Applications and Quantitative Methods in Archaeology, Proceeding of the 26th Conference, Barcelona, March 1998*. Oxford: BAR International Series 757.

LOCK, G. & POUNCETT, J. 2010. Walking the Ridgeway Revisited: The methodological implications of scale dependency for the derivation of slope and the calculation of least-cost pathways. In: FRISCHER, B., CRAW-

FORD, J. W. & KOLLER, D. (eds.) *Making History Interactive: Computer Applications and Quantitative Methods in Archaeology (CAA)*. Oxford: BAR International Series 2079.

LOCK, G. & STANČIČ, Z. 1995. *Archaeology and Geographical Information Systems–A European Perspective*. London: Taylor & Francis.

MCCLINTOCK, J. 2006. *The Stonehenge Companion*. London: English Heritage.

NAHM, A. C. 1996. *Korea: Tradition & Transformation (the 2nd edition)*. New Jersey, Seoul: Hollym International Corp.

NELSON, S.M. 1973. *Chulmun Period Villages on the Han River in Korea: Subsistence and Settlement*. Ph.D. thesis, University of Michigan.

NELSON, S. M. 1975. *한강즐문토기: A study of early Neolithic Korea*. Washington: Western Washington state college.

NELSON, S. M. 1993. *The Archaeology of Korea*. Cambridge: Cambridge University Press.

OH, C. K. 1958. *Handbook of Korea*. New York: Pageant Press, INC.

PEARSON, G. W. & STUIVER, M. 1986. High–precision calibration of the radiocarbon time scale, 500~2500 BC. *Radiocarbon*, 28: 839~862.

POUNCETT, J. 2009. Workshop 2: Inter site spatial analysis. Oxford: Institute of Archaeology.

PRICE, N. 2011. Shamanism. In: INSOLL, T. (ed.) *The Archaeology of Ritual and Religion*. Oxford: Oxford University Press.

REIMER, P. J., BAILLIE, M. G. L., BARD, E., BAYLISS, A., BECK, J. W., BLACKWELL, P. G., BRONK RAMSEY, C., BUCK, C. E., BURR, G. S., EDWARDS, R. L. E., FRIEDRICH, M., GROOTES, P. M., GUILDER–

SON, T. P., HAJDAS, I., HEATON, T. J., HOGG, A. G., HUGHEN, K. A., KAISER, K. F., KROMER, B., MCCORMAC, F. G., MANNING, S. W., REIMER, W. R., RICHARDS, D. A., SOUTHON, J. R., TALAMO, S., TURNEY, C. S. M., VAN DER PLICHT, J. & WEYHENMEYER, C. E. 2009. IntCal09 and Marine09 Radiocarbon Age Calibration Curves, 0–50,000 Years cal BP. *Radiocarbon*, 51: 1111–1150.

RENFREW, C. 1976. Megaliths, territiriesand populations. In: DELAET, S. J. (ed.) *Accultration and continuity in Atlantic Europe*. Brugge: De Tempel.

SAMPLE, L. L. 1974. Tongsamdong: A Contribution to Korean Neolithic Culture History. Arctic Anthropology, Vol. 11, No. 2: 1~125.

SAMPIETRO VATTUONE, M. M., NEDER, L., ROLDAN, J. & VATTUONE, M. A. 2008. Mother Earth: soil and people relationships during the prehistoric period (Northwest Argentina). *World Archaeology*, 40: 190~205.

SCHULTING, R. 2004. An Irish sea change: some implications for the Mesolithic–Neolithic transition. In: CUMMINGS, V. & FOWLER, C. (eds.) *The Neolithic of the Irish Sea: Materiality and traditions of practice*. Oxford: Oxbow books.

SCHULTING, R. J. 1998. *Slighting the Sea: The Mesolithic–Neolithic Transition in Northeast Europe*. PhD., University of Reading.

SCHULTING, R. J. 2009. Archaeological Practical. Institute of Archaeology, University of Oxford.

SERVICE, E. R. 1962. *Primitive Social Organization : An Evolutionary Perspective*. . New York Random House

STOUT, G. & STOUT, M. 2008. *Newgrange*. Cork: Cork Univsersity Press.

STUIVER, M. & PEARSON, G. W. 1986. High–precision calibration of the ra–

diocarbon time scale, AD 1950~500 BC. *Radiocarbon*, 28: 805~838.

THE KOREAN OVERSEAS INFORMATION SERVICE 2003. *Handbook of Korea (11th edition)*. Seoul: The Korean Overseas Information Service.

TILLEY, C. 1994. *A Phenomenology of Landscape: Places, Paths and Monuments*. Oxford: Berg.

TRIGGER, B. 1990. Monumental architecture: a thermodynamic explanation of symbolic behaviour. *World Archaeology*, 22: 119~132.

VITA-FINZI, C. & HIGGS, E. S. 1970. Prehistoric economy in the Mount Carmel area of Palestine: Site Catchment Analysis. *Proceedings of the Prehistoric Society*. Cambridge: Department of Archaeology and Anthropology. University of Cambridge. .

WHEATLEY, D. & GILLINGS, M. 2000. Vision, perception and GIS: developing enriched approaches to the study of archaeological visibility. In: LOCK, G. (ed.) *Beyond the Map*. Amsterdam and Oxford: IOS press.

WHEATLEY, D. & GILLINGS, M. 2002. *Spatial Technology and Archaeology: The Archaeological Applications of GIS*. London, New York: Taylor & Francis.

WHITTLE, A. 2003. *The Archaeology of People*. London and New York: Routledge.

WHITTLE, A., BARCLAY, A., BAYLISS, A., MCFADYEN, L., SCHULTING, R. J. & WYSOCKI, M. 2007. Building for the Dead: Events, Processes and Changing Worldviews from the Thirty-eighth to the Thirty-fourth Centuries cal. BC in Southern Britain. *Cambridge Archaeological Journal*, 17: 123~147.

WHITTLE, A., POLLARD, J. & GRIGSON, C. 1999. *The Harmony of Symbols:*

The Windmill Hill Causewayed Enclosure, Wiltshire. Oxford: Oxbow.

YI, S. H., KIM, J. Y., YANG, D. Y., OH, K. C. & HONG, S. S. 2008. Mid- and Late-Holocene palynofloral and environmental change of Korean central region. *SienceDirect*, 176~177: 112~120.

Online material

ARCGIS 10 HELP. 2011a. *Analyze Visibility* [Online]. [Accessed 2nd, Aug. 2011].

ARCGIS 10 HELP. 2011b. *How Aspect works* [Online]. [Accessed 5th April 2012].

ARCGIS 10 HELP. 2011c. *How Stream Order works* [Online]. [Accessed 7 March 2008].

ARCGIS 10 HELP. 2011d. *Understanding cost distance analysis* [Online]. [Accessed 26th, Aug. 2011].

ARCGIS 10 HELP. 2011e. *Understanding path distance analysis* [Online]. [Accessed 26th, Aug. 2011].

ARCGIS.COM & ESRI.COM. *Deriving runoff characteristics* [Online]. Available: http://help.arcgis.com/en/arcgisdesktop/10.0/help/index.html#//009z0000005p000000.htm [Accessed 7 March 2008].

BETA ANALYTIC RADIOCARBON DATING. 2016. *고목 효과 (Old Wood Effect)*. [Online]. Available: http://www.radiocarbon.com/korean/old-wood-effect.htm [Accessed 30 July 2016].

CGIAR-CSI (CONSULTATIVE GROUP ON INTERNATIONAL AGRICULTURE RESEARCH - CONSORTIUM FOR SPATIAL INFORMATION). *DEM (SRTM 90m grid)* [Online]. Available: http://srtm.csi.cgiar.org/ [Accessed October 2008].

CULTURAL HERITAGE ADMINISTRATION. 2000. *Iseong-sanseong* [Online]. Available: http://www.cha.go.kr/korea/heritage/search/Culresult_Db_View.jsp?mc=NS_04_03_02&VdkVgwKey=13,04220000,31 [Accessed 27th Dec. 2011].

ESRI.COM. 2011. *World countries* [Online]. [Accessed 25th, Sept 2012].

FISHER, P., WOOD, J. & CHENG, T. 2004. *Where is Helvellyn? Fuzziness of Multiscale Landscape Morphometry* [Online]. Transactions of the Institute of British Geographers, 29(1): 106~128. Available: http://www.soi.city.ac.uk/~jwo/tibg/ [Accessed 6th, May 2011].

Shreve stream ordering method [Online]. Available: http://help.arcgis.com: How Stream Order works [Accessed 7 March 2008].

Strahlar stream ordering method [Online]. Available: http://help.arcgis.com: How Stream Order works [Accessed 7 March 2008].

WOOD, J. 1996. *Morphometric Characterisation in The Geomorphological Characterisation of Digital Elevation Models, PhD Thesis, University of Leicester* [Online]. City University, London. Available: http://www.soi.city.ac.uk/~jwo/phd/05feat.php [Accessed 6th, May 2011].